Anny Duperey

Der schwarze Schleier des Vergessens

Eine Frau auf der Suche nach ihrer Vergangenheit

Aus dem Französischen von
Martine Gernay und Karl Schieck

Knaur®

Ich weiß:
Was ich sage, kommt einem endgültigen Schlußstrich gleich.
Durch all mein Grübeln werde ich letztlich nur das flüchtige Spiegelbild dessen finden, was gesagt wurde, ohne jemals niedergeschrieben worden zu sein. Ihr Schweigen und
meine Sprachlosigkeit sind gleichermaßen empörend …
Ich schreibe.
Ich schreibe, weil wir zusammengelebt haben. Ich schreibe, weil sie mich geprägt haben – unauslöschlich geprägt. Und das sichtbare Zeichen eben dieser Prägung ist mein Schreiben.
Es ist die Erinnerung an ihren Tod und die Behauptung meines Lebens.

Georges Perec
W oder: Erinnerung an die Kindheit

Eigentlich hatte ich vorgehabt, die folgenden Seiten der Erinnerung meinen Eltern zu widmen – besonders meinem Vater. Die meisten der Fotos, auf denen dieses Buch beruht und deretwegen es eigentlich geschrieben wurde, stammen nämlich von ihm.
Seltsamerweise widerstrebt es mir, ihnen dieses Buch zu widmen … und das kommt für mich ganz überraschend.
Aber ich nehme an, daß mir im Verlauf des Wagnisses, in das ich mich da gestürzt habe, noch weitere Überraschungen bevorstehen. Wenn man an das Schweigen und an die Düsternis rührt, die seit so langer Zeit das einhüllen, was nicht mehr ist, so tut man dies nie ungestraft.
Ja, es widerstrebt mir! Ihnen dieses Buch zu widmen, erscheint mir ein Ausdruck falscher und nutzloser Eitelkeit. Nie habe ich auch nur eine Blume auf ihr Grab gelegt, nicht ein einziges Mal war ich wieder auf dem Friedhof, auf dem sie begraben liegen. Warum also sollte ich heute diese Seiten der Leere widmen?
Mein Vater hat diese Fotos gemacht. Ich finde sie schön. Ich glaube, er war sehr talentiert. Schon seit Jahren hatte ich mir vorgenommen, sie zu veröffentlichen. Gleichzeitig spürte ich in mir einen dumpfen, immer stärker werdenden Drang zu schreiben, ohne mich dabei hinter der Maske der Fiktion zu verstecken … Ich wollte über meine zweigeteilte Jugend schreiben. Diese beiden Wünsche haben sich schließlich ganz von selbst ergänzt und gegenseitig gerechtfertigt. Denn diese Fotos sind für mich sehr viel mehr als schöne Bilder: Sie stehen für meine verlorenen Erinnerungen.

Ich erinnere mich nämlich weder an meinen Vater noch an meine Mutter. Der Schock, zu begreifen, daß sie plötzlich nicht mehr da waren, hat die Jahre vor diesem Ereignis wie in einen undurchsichtigen Schleier gehüllt, ganz so, als hätten sie nie existiert.
Eigentlich verweigere ich ihnen bereits auf diesen ersten Seiten den Status der Lebenden – lebend… wie? wo? in welcher Gestalt? –, und dies, obwohl das ganze Buch paradoxerweise nichts anderes sein wird als die Suche nach ihnen. Zweifellos reagiere ich so, weil ich das Gefühl habe, daß mein Leben eigentlich erst mit dem Tag ihres Todes wirklich begonnen hat. Die Schwarzweißfotos sind das einzige, was mir von früher und von ihnen geblieben ist. Es betrifft sie daher nicht mehr, was ich mit diesen Bildern anstelle – genausowenig wie es sie berührt, was aus mir geworden ist. Möglicherweise verhalte ich mich so und nicht anders, weil ich ihnen ihren Tod einfach nicht verzeihen kann. Meine Eltern waren noch so jung. Sie waren noch so schön und voller Leben, als der Tod sie ereilte. Sie sind auf sinnlose Art und Weise gestorben, sozusagen aus Nachlässigkeit … Und das ist einfach unverzeihlich.
Bis heute war es mir nie gelungen, meinen Blick abzuwenden von der Wunde, die sie mir anstelle ihrer Liebe hinterlassen haben. Jetzt will ich es zum letzten Mal versuchen. Und bevor ich nun etwas zu diesen Fotos schreibe, wende ich mich dem Wesen zu, das mir von allen am nächsten steht, jener anderen Überlebenden, die mir so ähnlich ist, wie niemand sonst auf der Welt: meiner Schwester. Ich glaube, daß es für sie noch schwerer war als für mich, IHRE Abwesenheit zu verkraften.

Darum auch diese Widmung:
Für Pitou!

Es existiert kein Schmerz, den die Zeit nicht lindert.

Diese Weisheit stammt von einem unbekannten, sehr wahrscheinlich verstorbenen Autor.
Schade, denn nur zu gerne hätte ich ihn gefragt: »Und WIE LANGE braucht die Zeit dazu?«

Die Mumien-Kommode

Mitten in unserem Haus steht eine Kommode mit drei Schubladen. Wir haben sie nicht an irgendeine Wand gedrängt oder in eine entlegene Ecke verbannt, sondern sie steht tatsächlich mittendrin. Sie ist eine Art Raumteiler zwischen Sofa und Klavier und dient als Ablage für unsere Post und als Abstellplatz für Gläser oder für die Spielsachen der Kinder.

In der obersten Schublade liegen Partituren, und in der mittleren häuft sich der ganze häusliche Krimskrams, von dem man nicht so recht weiß, wohin damit.

Die dritte und unterste Schublade wurde eigentlich nie geöffnet. Dort lagen die Negative meines Vaters. Die fotografischen Platten aus Glas waren in lange Holzkisten einsortiert, die er eigenhändig gebastelt hatte. Kleine, von ihm selbst mit Etiketten versehene Pappschachteln enthielten die anderen Filmnegative.

Meine Schwester hatte sie vor fast zwanzig Jahren während eines Umzugs gefunden. Die ganze Zeit über hatten sie in Rouen auf dem Speicher eines Hauses der Familie im Dornröschenschlaf gelegen. Eines Tages kam plötzlich meine Schwester und sagte zu mir: »Ich habe die Fotos von Papa wiedergefunden.« Dieser Satz löste in mir ein Gefühl der Beklemmung aus. Zwar erinnerte ich mich noch an einige Abzüge dieser Bilder, die zum Beispiel im Haus eines Onkels und bei einer Tante gerahmt an der Wand hingen, aber daß es davon noch Negative gab, hatte ich nicht geahnt. »Gut«, sagte ich. Und es wurde wieder still um die

ganze Sache, genauso still wie es schon seit langer Zeit um SIE geworden war.
Einige Jahre lang bewahrte meine Schwester diese kleinen Schachteln ordentlich gestapelt im hintersten Winkel eines anderen Speichers auf. Da das Leben, das sie führte, es mit sich brachte, daß sie oftmals ihren ganzen Hausstand auflösen und alles zurücklassen mußte, brachte sie die Negative schließlich eines Tages zu mir.
Das Ganze fand in einer mittelgroßen Reisetasche Platz, die allerdings, aufgrund der Holzkistchen mit den Glasplatten, ziemlich schwer war. Eben diese Tasche stand nun vor uns auf dem Boden: ein kleiner Gegenstand, der für uns – und nur für uns – von so großer Bedeutung war. Ein wahrer Schatz, der die Katastrophe unbeschädigt überstanden hatte. Die kleinen Schachteln enthielten Bilder, die Zeugnis ablegten von all den Jahren, die ich vergessen und die sie, da sie ja erst einige Monate vor dem Tod unserer Eltern geboren worden war, überhaupt nicht bewußt erlebt hatte. Ein Teil der Aufnahmen waren sicher aus beruflichen Gründen entstanden, aber genauso zweifellos waren auch Familienfotos darunter, Bilder meiner Eltern … ihre auf Film gebannten lächelnden Gesichter. Keine Hand hatte diese Negative mehr berührt, seit mein Vater sie in ihre Klarsichthüllen gesteckt hatte. Alles, was uns von den Eltern geblieben war, lag da zu unseren Füßen: unversehrt.
Das Gefühl, das uns beschlich, war eine Mischung aus Furcht und Ehrfurcht. Am ehesten läßt es sich wohl mit dem vergleichen, was Archäologen empfinden, wenn sie sich endlich der Mumie gegenübersehen, die sie ausgegraben haben. Soll man sie untersuchen oder alles so belassen, wie man es gefunden hat? In unserem Fall handelte es sich natürlich nicht um Haut und Knochen, sondern vielmehr um das schwarzweiße Symbol der Vergangenheit. Andererseits: Kein Archäologe gräbt Gegenstände aus, die sein Vater einst besessen hat, und bei Nofretete handelt es sich auch nicht um seine Mutter …
Wir betrachteten die verblichenen Etiketten. Mit der professionel-

len Kürze eines ordnungsliebenden Menschen hatte mein Vater eigenhändig Daten und Orte vermerkt. Wir konnten der Versuchung nicht widerstehen, einige der Negative über einer Lampe zu betrachten, um herauszufinden, was wohl auf ihnen festgehalten worden war. Eine Landschaft, die Studie eines Seine-Ufers ... Die Tatsache, daß auf diesen Fotos nichts Persönliches zu sehen war, gab uns den Mut, eine weitere Schachtel zu öffnen. Als wir dann unter der Emulsionsschicht Gesichter entdeckten – Gesichter mit schwarzen Mündern und weißen Augen –, legten wir alles schnell zurück und verschlossen die Schachteln wieder. Da ich durch meinen Beruf die meiste Zeit in Paris verbrachte und außerdem von meinem Naturell her eher häuslich veranlagt war, kamen wir überein, daß ich die Fotos bei mir behalten würde.

Einige Zeit später – ich hatte begonnen, selbst Fotos zu machen und zu entwickeln – nahm ich mir vor, meinen alten Vergrößerungsapparat gegen ein moderneres Universalvergrößerungsgerät einzutauschen, um so von diesen quadratischen Negativen (die heutzutage kaum noch verwendet werden) selbst Abzüge machen zu können.

Immer wieder nahm ich es mir vor, aber natürlich tat ich es nicht. Und das Leben nahm seinen Lauf, ein ausgefülltes, gutes Leben. Der Mann, den ich liebe, ist an meiner Seite, und dann gibt es da auch noch das Theater, in dem ich mich verwirklichen kann, Freunde, auf die Verlaß ist, und schließlich die Kinder ...

Die Jahre vergingen, und die Negative lagen erneut im Dornröschenschlaf.

Von Zeit zu Zeit sprachen meine Schwester und ich über diese kleinen Schachteln. Aber wir konnten uns nie überwinden, sie erneut zu öffnen. Unsere Furcht war größer als unsere Neugierde.

Eines Tages schließlich kam sie wieder einmal zu Besuch und brachte in ihrer Tasche neue Zeugen unserer Vergangenheit mit. Bei der Entrümpelung des Speichers, auf dem die Negative meines Vaters zuletzt geschlummert hatten, hatte sie die Ausweispapiere unserer Eltern und ein Familienstammbuch gefunden. Wir warfen nur einen kurzen Blick hinein und legten alles schnell zu den anderen Reliquien in die Schublade, die dann sogleich wieder geschlossen wurde. In ihr schlummert übrigens auch ein Brief, von dem ich später vielleicht noch erzählen werde.

Ein, zwei Jahre gingen ins Land ... Die Kinder wuchsen heran. Mein Sohn ließ seine Spielzeugautos auf der Kommode fahren, und meine Tochter hielt sich bei ihren ersten Gehversuchen an ihr fest. Das Fotografieren interessierte mich noch immer. Eines war mir jedoch klar: Das beiläufige Interesse für diese Kunst, die jemand einmal als »Momentaufnahmen des unaufhaltsam fortschreitenden Todes« bezeichnet hatte, würde mich früher oder später veranlassen, eben diese Schublade wieder zu öffnen. Als ich eines Tages einem berühmten Fotografen und Fachmann für Schwarzweißfotografie begegnete, erzählte ich ihm unter anderem von meinen kleinen Schachteln. Weil dieser einfühlsame Mann sofort verstand, welch emotionales Gewicht für mich auf diesen Bildern lag, vertraute ich sie ihm an. Ich erwähne ihn hier, weil sein Einfühlungsvermögen und seine tiefe Menschlichkeit mich dazu bewegten, im wahrsten Sinne des Wortes, diesen Schritt »vom Negativen zum Positiven« zu tun. Hätte ich es mit jemandem zu tun gehabt, der das Ganze einzig und allein unter einem professionellen Aspekt gesehen hätte, so wäre diese Entscheidung wahrscheinlich anders ausgefallen. Ich gab ihm eine abermals sehr kleine und sehr schwere Reisetasche mit. Nun vergingen einige Monate, in denen er und seine Assistentin dies alles nach Feierabend mit äußerster Sorgfalt entwickelten. Als ich das Ganze zurückerhielt, war alles in Ordner einsortiert.

Da waren sie wieder, die Stimmungsbilder vom Flußufer, die Landschaften und die lächelnden Gesichter, diesmal jedoch mit weißen Zähnen.

Alles lag zwischen uns auf dem Tisch, und er lobte die Qualität, ja, die Schönheit dieser Fotos. Sein Urteil als Fachmann war mir in

diesem Fall sehr wichtig, denn allmählich reifte in mir der noch vage Entschluß, diese Bilder eines Tages zu veröffentlichen.
Als er gegangen war, saß ich noch lange Zeit nachdenklich vor den Ordnern. Danach blieben sie einige Tage auf dem Tisch liegen, und dann wanderten sie von einem Möbelstück auf das andere ... Sie waren im Weg. Ich konnte mich nicht dazu überwinden, sie durchzublättern. Das Ganze ist so kindisch, daß ich es kaum auszusprechen wage: Bald fanden sie sich zusammen mit den Negativen in der besagten Schublade wieder, wo sie noch für ein weiteres Jahr liegenblieben.
Die Kinder, die tägliche Routine, ein neues Theaterstück, die Ferien, die fehlende Zeit, alles kam mir gelegen, um eine erneute Konfrontation mit den Bildern hinauszuschieben. Ich glaube, nur wer schon einmal etwas Ähnliches erlebt hat, wird sich über diese emotionale Hemmung nicht lustig machen, über dieses undramatische, tränenlos stumme Gefühl, das einen ganz einfach lähmt. Und dann, wenn kein Weg mehr daran vorbeiführt, kommt endlich der Moment, in dem einem das eigene Zögern lächerlich vorkommt.
Auf weitere Einzelheiten möchte ich hier nicht eingehen, denn schließlich ist dieses Buch der greifbare Beweis dafür, daß ich die Fotos nicht nur betrachtet, sondern auch geordnet habe. Einige technisch äußerst hochwertige Aufnahmen sind dieser persönlichen Auswahl vielleicht zugunsten anderer, technisch weniger ausgereifter Aufnahmen, zum Opfer gefallen.
Bei der Durchsicht dieser Fotos fragte ich mich im übrigen, ob es überhaupt einen Sinn haben konnte, die Werke eines vor dreißig Jahren verstorbenen unbekannten Fotografen zu veröffentlichen. Nun erst wurde mir auch klar, was ich eigentlich wollte: Ich mußte zu diesen Fotos erklärend hinzufügen, was sie in mir auslösten.
Solch ein Unterfangen braucht seine Zeit, um Gestalt anzunehmen, denn das Ganze ist sehr persönlich: Es handelt sich ja weder um einen Roman, noch um eine Biographie.
So etwas läßt sich nicht einfach übers Knie brechen. Gerade mein

Vorhaben wird bestimmt von einzelnen Elementen, auf die ich keinerlei Einfluß habe. Da sind zum einen die Fotos, die ich nicht selbst gemacht, sondern bekommen habe, und zum anderen meine Gefühle und Reaktionen, die sich mir ohne mein Zutun aufdrängen. Sogar die Entscheidung, das Ganze schließlich in Angriff zu nehmen, selbst sie entspringt nicht wirklich meinem Willen. Es handelt sich vielmehr um eine Notwendigkeit, die über lange Zeit in mir herangereift ist. Schon seit langem hatte ich das Gefühl, daß ich eines Tages über meine zweigeteilte Kindheit schreiben würde. Ich fühlte mich außerstande, einen dritten Roman zu beginnen, und auch für ein neues Drehbuch fehlte mir einfach die Kraft. Aus all dem schloß ich, daß es mir wahrscheinlich deshalb nicht gelang, eine Fiktion zu erschaffen, weil mir eine wahre Geschichte nicht aus dem Sinn ging. Früher oder später mußte ich sie niederschreiben ... und zwar in der ICH-Form, ohne die schützende Maske einer erfundenen Person. Wirklich dazu gedrängt wurde ich von diesen Fotos, die ich schön finde und die die Zeugen einer vergessenen Seite meiner Kindheit sind.
Sobald ich diese Notwendigkeit erkannt und akzeptiert hatte, folgte eine Phase weiterer Fragen und erneuten Zögerns.
Schauspieler – zumindest die Sorte, zu der ich mich zähle – brauchen, um sich ausdrücken zu können, unbedingt eine Maske, sogar (und in meinem Fall GANZ BESONDERS) beim Schreiben. Natürlich wird man sich seiner selbst bedienen und alles, was man zur Verfügung hat, einsetzen, aber auf gar keinen Fall liefert man den Schlüssel zu sich selbst. Mehr noch als eine Frage des Schamgefühls und der Zurückhaltung, handelt es sich dabei um den Erhalt einer persönlichen Unversehrtheit: Alles übrige wird dem Blick und dem Urteil des Publikums ausgeliefert. Was trieb mich dazu, über das Ereignis zu schreiben, das meine Kindheit geprägt hat, mich, die ich bis zu diesem Augenblick darauf bedacht war, mein öffentliches Image von meinen privaten Unzulänglichkeiten streng getrennt zu halten?

Ich weiß es wirklich nicht. Der Sinn des Ganzen ist mir noch unklar. Ich taste mich langsam vor. Dieser DRANG nimmt auf nichts Rücksicht … Warum eigentlich genügt es nicht, wenn man dieses Drängen empfindet, sich in aller Stille und Zurückgezogenheit darüber klarzuwerden, was da eigentlich vor sich geht?
Leider ist das nicht so einfach. Ich glaube, wenn man alleine ist und sein Herz ausschütten will, sei es nun schriftlich oder anders, so bringt einen das nicht weiter. Es führt allenfalls dazu, daß man sich oberflächlich erleichtert, oder – was viel schlimmer ist – alte Wunden wieder aufreißt, ja, sogar vertieft. Man dreht sich im Kreis, man tritt auf der Stelle, man belügt sich selbst … Man macht sich so leicht etwas vor …
Aber … wenn ich das alles schon mit jemandem teilen muß, warum habe ich mir dann nicht einen treuen Freund ausgesucht? Meinen Lebensgefährten? Irgend jemanden aus meiner Familie? Oder jemanden, dessen Beruf es ist, zuzuhören? Ja, warum eigentlich nicht?
Mir schien – und das ist etwas ganz Neues für mich, denn bislang hatte ich eher das Gegenteil geglaubt –, mir schien also, daß das Gefühl der Scham und die Versuchung, dem Ganzen aus dem Weg zu gehen, im kleinen Kreis viel größer sein würde. Die Öffentlichkeit – ja, allein schon der Gedanke daran, gelesen zu werden – nötigt einen zu dem ehrlichen Versuch, sich nichts vorzumachen (was mir ohnehin nicht liegt!), und zwingt dazu, die eigenen Worte abzuwägen. Es gibt Augenblicke, in denen die Erinnerungen, die ich derart heraufbeschwöre, mich manchmal völlig deprimieren – ja, mich zum Weinen bringen, wie ein Kind. Vielleicht wird das bis an mein Lebensende so sein. Aber um diese Erinnerungen mit anderen Menschen teilen zu können, mit Unbekannten, mit Leuten, die ein anderes, mir fremdes Einfühlungsvermögen haben, muß ich psychisch stark sein. Wie sagte doch noch die große französische Schauspielerin Arletty: »Selbstbeherrschung, immer und überall.« Jetzt oder nie muß ich diesen großartigen Wahlspruch be-

herzigen. Aber dies wiederum könnte bewirken, daß die Art und Weise, wie ich das ausdrücke, was mir das Herz zerreißt, sehr kühl erscheint. Diesen natürlichen Schutzreflex habe ich mir mittlerweile so oft zueigen gemacht, daß ich schon darauf gefaßt bin, ihn wie einen roten Faden in all den Seiten wiederzufinden, die ich noch niederschreiben werde.

Jetzt mußte ich nur noch meine geheimsten Zweifel aus dem Weg räumen und dies zusammen mit der müßigen Frage, ob dieses ganze Thema überhaupt für jemanden – außer mir selbst – von Interesse war. Aber wurden Bücher nicht schon immer geschrieben, und Landschaften nicht seit eh und je gemalt und fotografiert …?

Aus all diesen Gründen, die eigentlich gar keine sind, habe ich heute morgen meinen Stift zur Hand genommen. Ich fühlte mich wie durch einen schwer zu beschreibenden Drang auf ein ungewisses Ziel hin vorangetrieben. Die einzige Gewißheit war mir dabei die bodenständige, »naive« Überzeugung, daß »alles zu seiner Zeit geschieht«. Außerdem hatte ich einen Rettungsanker an dem wahrhaft beruhigenden Gedanken, daß ich diese Seiten immer noch zusammen mit den Fotos vor neugierigen Blicken verstecken konnte, sobald meine Anstrengungen erst einmal vorbei sein würden … Und warum eigentlich nicht in jener bewußten Schublade?

Womit wir wieder beim dritten Schubfach der Mumien-Kommode wären. Die ganze Situation entbehrt nicht einer gewissen Komik … Es läßt sich einfach nicht umgehen, die Schublade wieder zu öffnen.

Ich muß nämlich das Familienstammbuch heraussuchen, weil ich mich an ein ganz bestimmtes Detail nicht erinnern kann: Ich habe das Datum ihres Todestages vergessen. Eigentlich wäre es richtiger zu sagen: Ich habe dieses Datum verdrängt, denn so etwas vergißt man nicht.

Erneutes Zögern. Das kleine vergilbte Buch liegt wochenlang zwischen meinen anderen Papieren.

In dieser Zeit betrachte ich die Fotos. Ich zögere, der Mut verläßt mich. Groß ist die Versuchung, alles einfach wieder in der Schublade zu verstauen.
Natürlich ist das genaue Datum ihres Todestages eigentlich gar nicht so wichtig. Ich könnte ganz allgemein darüber sprechen, ohne es anzugeben. So bliebe es mir erspart, das Buch zu öffnen. Oder ich könnte ja auch meine Schwester danach fragen. Aber irgendwie wäre das nicht das gleiche ... und ich will einfach niemanden nach ihnen fragen – weder danach, wie sie waren, noch wo sie gelebt haben. Ich will von anderen Menschen unbeeinflußt darüber sprechen, was sie mir hinterlassen haben. Diese Aufgabe wird schwer und undankbar sein, weil mir beinahe nichts von ihnen geblieben ist.
Vielleicht will ich mich gerade deshalb dazu zwingen, dieses Stück Papier anzuschauen, denn eigentlich ist es nichts als die offizielle »begreifbare« schriftliche Spur ihres Daseins.
Das Buch liegt aufgeschlagen vor mir. Die unglaubliche Kürze, mit der hier das menschliche Leben zusammengefaßt wird, beeindruckt mich: Geburtstag, Hochzeitstag, Todestag. Danach folgen die Geburtsdaten von mir und meiner Schwester. Das Datum unseres Ablebens ist natürlich noch nicht eingetragen. Diese Lücken werden sicher auch nie ausgefüllt werden, da der Familienverband ja gewissermaßen zerrissen wurde und das ganze Stammbuch eigentlich keine Daseinsberechtigung mehr hat. Die einzige Konsequenz seines Vorhandenseins ist die sehr bittere, daß ich es heute in meinen Händen halte.

Nun kann ich mein Vorhaben in die Tat umsetzen und niederschreiben, daß Lucien Legras und seine Frau Ginette am 6. November 1955 um 11 Uhr morgens verstorben sind. Beide standen in ihrem dreißigsten Lebensjahr. Ihre Geburtstage lagen nur einige Monate auseinander.
Meine Schwester war noch nicht ganz sechs Monate alt und ich

selbst war achteinhalb. (Wer aus solchen Angaben gerne Geburtsjahre errechnet, möge das getrost tun!)
Sie sind nicht freiwillig zusammen aus dem Leben geschieden. Es war ein Unfall. Kein lauter, spektakulärer Unfall, mit zerbeultem Blech. Es gab keinen Aufprall, keine Blutspuren, keinerlei sichtbare Anzeichen von Gewalt. Es war ein lautloser Tod. Ein Tod, der auf leisen Sohlen kommt, der die Körper der Toten unversehrt und schön erscheinen läßt, ganz so, als schliefen sie nur: der Erstickungstod.

Wir wohnten erst seit kurzem in dem nagelneuen Einfamilienhaus, das sie sich in einem Vorort von Rouen erbaut hatten. Das Haus war ganz neu und zu schnell fertiggestellt worden: Im Badezimmer gab es keinerlei Belüftung.
Zweimal waren sie auf die Gefahr aufmerksam gemacht worden. Verwandte, die bei uns geduscht hatten, waren beinahe ohnmächtig geworden. Ein in der Nachbarschaft ansässiger Installateur wurde bestellt, aber entweder hatte er zu viel zu tun, oder aber er hatte den Auftrag vergessen; jedenfalls ging er täglich an unserem Haus vorbei, ohne hereinzuschauen. Wie dem auch sei: Guter Dinge richtete man sich in den eigenen vier Wänden ein. Es war Frühling, Lebenslust und Temperatur nahmen von Tag zu Tag zu, und im Badezimmer ließ man einfach das Fenster offen.
Dann kam der Herbst. Eines Sonntagmorgens – es war ein Sonntag, daran erinnere ich mich noch, und wir waren bei meiner Patentante zum Mittagessen eingeladen – war es draußen bereits sehr kalt ... zu kalt, um sich bei offenem Fenster zu waschen. Also schlossen sie das Fenster und ... Kohlenmonoxid ist geruchlos.
Meine kleine Schwester schlief ganz brav in ihrer Wiege neben dem Ehebett. Ich war zwar schon wach, lag aber ebenfalls noch in meinem Bett.
Mein Leben verdanke ich nur der Tatsache, daß ich an jenem Morgen ungehorsam war. Ich hatte mich schlicht und einfach geweigert, mich zu waschen. Selbst die wiederholten Aufforderungen meiner Eltern hatte ich ignoriert und war schließlich wieder eingeschlafen.
Das Erwachen war bitter.

Für den Augenblick soll das genügen. Ich möchte jetzt nur diese Fotos ansehen, spüren, was sie mir zu sagen haben, wenn sie überhaupt zu mir sprechen können ... Ich weiß es noch nicht.
Falls nicht, so werde ich schweigen. Ich werde weiter schweigen ... Was sollte ich sonst auch tun?

Der Robec

Bis zum Tage des Einzugs in das verhängnisvolle neue Haus hatten wir zusammen mit der Schwester und dem jüngeren Bruder meiner Mutter bei meinen Großeltern mütterlicherseits gewohnt. Ihr Haus war jedoch für die vielen Leute bei weitem zu klein.

Obwohl ich mich an so gut wie nichts von »vorher« erinnere, weder an Gesichter noch an Ereignisse, so erinnere ich mich doch ziemlich genau an dieses Haus und an die Atmosphäre, die dort herrschte. Das Ganze ist mir als ein Ort in Erinnerung geblieben, an dem es sehr lebhaft zuging. Natürlich fällt es mir sehr schwer, meine eigenen Eindrücke von dem zu trennen, was mir im nachhinein erzählt wurde. Aber ist es nicht typisch für viele Kindheitserinnerungen, daß man später nicht mehr genau sagen kann, ob Erinnerungen, die man zu haben glaubt, tatsächlich auf eigenes Erleben, oder aber vielmehr auf die Erzählungen anderer zurückgehen?

Das Haus stand in einem etwas heruntergekommenen Arbeiterviertel von Rouen, das mittlerweile gar nicht mehr existiert. Weil es viel zu alt und baufällig war, wurde es inzwischen abgerissen. Wollte ich dorthin zurückkehren, um alte Erinnerungen aufzufrischen, so würde ich wahrscheinlich überhaupt nichts mehr wiedererkennen. Wo sich früher enge, gewundene Sträßchen mit mittelalterlichen Häusern hinzogen, erheben sich nun große neue Wohnblocks. In die offene Kanalisation, die meist mitten in der Straße verlief, ergossen sich zwischen den unebenen und oftmals wackeligen Pflastersteinen Haushaltsabwässer aller Art. Es war einer dieser Stadtteile, die zwar sehr malerisch wirken, in denen es aber abscheulich ist zu leben. Die alten, noch aus Lehm gebauten Häuser drohten in sich zusammenzubrechen und das ganze Labyrinth übelriechender Innenhöfe und verrotteter Treppen unter sich zu begraben. Man trug dort das Wasser noch in Eimern von der öffentlichen Wasserstelle in die Wohnungen hinauf und goß es, wenn es schließlich schmutzig war, einfach aus dem Fenster.

An den Namen der Straße, in der wir damals wohnten, erinnere ich mich nicht mehr – aber an den der Nachbarstraße. Sie hieß »Rue Eau-de-Robec«. Der Robec (schon alleine der Name klingt furchtbar), ein völlig verschmutzter Bach, floß durch diesen Stadtteil und gab ihm seinen Namen. Direkt vor unserer Haustür lag ein Kanal, der in diesen Bach mündete. Sein Wasser bestand zum größten Teil aus den Abwässern der großen Mühlen von Rouen und der Gerbereien oder Färbereien, die rings um unser Haus waren. Es färbte sich blau, grün oder rot, je nachdem, welche Chemikalien gerade in den Fabrikabwässern enthalten waren. Das war wirklich lustig anzusehen. Für die Kinder war diese Farbenpracht so faszinierend, daß keine Woche verging, ohne daß eines von ihnen hineinfiel. (Denn zu allem Überfluß war dieses verlockende Gewässer durch keinerlei Geländer gesichert.) Und wie sollte man auch der Versuchung widerstehen, ein Papierschiffchen auf diesem so wunderschön türkisfarbenen Bach schwimmen zu lassen, wenn man schon nicht »la Mer en Rouge« sehen konnte, dieses wirkliche Meer, das Guy Béard in seinem Lied so schön besingt? »Changer les couleurs du monde« … Der Welt andere Farben zu geben, war sicherlich der innigste und ganz und gar unpoetische Wunsch der Bewohner dieses ärmlichen Stadtteils.

Ich nehme an, daß ich als Kind mindestens einmal die benachbarte Färberei besichtigt habe, denn von diesem Besuch ist mir eine Horrorvision geblieben. Der Gestank und die dort herrschende Hitze waren fast nicht auszuhalten. Der ganze Ort war dunkel und stickig. Wahrscheinlich war dieses ganz aus Holz gebaute, beinahe

fensterlose Gebäude schon uralt. Ich weiß es nicht. Aber ich glaube nicht, daß ich mit meinen Kinderaugen die Trostlosigkeit und Baufälligkeit dieses Ortes übertrieben gesehen habe. Im Gegenteil. Auf schmalen Holzstegen überquerte man riesige Kessel. Große Leitern führten hinab in eine trübe Brühe, in der die Stoffe und Häute eingeweicht wurden. Sicher mußten die Arbeiter dort hineinklettern, um sie herauszufischen …
Der Ort, an dem wir wohnten, lag etwas außerhalb dieser uralten Gassen. Wir hatten ein ganzes Haus fast für uns allein, mit fließendem Wasser und einem mit einer Mauer umfriedeten Garten, der mich und meine kindlichen Spiele vor den farbenfrohen Versuchungen des Robec bewahrte. Wahrscheinlich hielt man uns für wohlhabende Leute. In Wirklichkeit waren wir zwar nicht reich, aber trotzdem war unser Leben dort angenehm und sehr fröhlich.
Wenn ich sage, daß wir das Haus FAST ganz für uns hatten, dann deshalb, weil wir lediglich den ersten Stock und ein auf den Garten hinaus gelegenes Zimmer gemietet hatten. Der Rest des Hauses diente den Arbeitern der Färberei als Kantine. In der hintersten Ecke des Hofes, neben einer Tür, die direkt in die Fabrik führte, befand sich eine Küche. Dort herrschte Marthe, die Köchin der Fabrik, über ihre Kohlenherde. Zwischen gigantischen Stapeln von Blechtellern rührte sie ohne Unterlaß in riesigen Kesseln voller Kartoffeln und Bohnen. Sicher hat sie manchmal auch etwas anderes gekocht, zumindest würde ich es den Leuten gewünscht haben. Im übrigen erinnere ich mich an eines ganz deutlich: Alles, was sie kochte, schmeckte köstlich. Bevor die ersten Arbeiter kamen und ich selbst zum Mittagessen mußte, tischte sie mir heimlich große Portionen Kartoffeln mit Bohnen auf. Aus dieser Zeit ist mir eine leidenschaftliche, wenn auch gefährliche Vorliebe für fast verkochte weiße Bohnen geblieben. Ich aß sie ganz genüßlich, und dabei saß ich auf einem Hocker in der Nähe des rußigen schwarzen Herdes. Sobald mein Teller leer war, holte ich mir mit der Schöpfkelle selbst eine neue Portion aus dem Kessel. Nichts schmeckte so gut

wie dieser weißliche Brei, an dessen Oberfläche kleine Bohnenkeimlinge schwammen, die kleinen weißen Maden glichen ... was sie manchmal vielleicht auch waren.

Das Zimmer im Erdgeschoß war das Schlafzimmer meiner Großeltern. Es war durch die zum ersten Stock führende Treppe von der Kantine getrennt. Dieses Zimmer lag auf den Hof hinaus, wo Gras wuchs und meine Großmutter Dahlien pflanzte. Sie hielt dort auch ein paar Hühner, die, wenn sie brüteten, sogar ins Zimmer durften. Ihre Tierliebe machte es ihr nämlich unmöglich, diese armen kleinen Geschöpfe draußen in der Kälte brüten zu lassen. Eigens zu diesem Zweck hatte sie ein paar strohgefüllte Kisten rings um ihr Bett aufgestellt (und ich habe noch immer dieses entzückende Bild eines Kükens vor Augen, das auf einer rosa Steppdecke seine Eischale aufsprengt ...).
Mein Großvater mußte sich, so nehme ich mal an, mit der Situation und den dazugehörigen Gerüchen abfinden.
Großmutter war Schneiderin und machte Heimarbeiten. Als Atelier und Anproberaum diente das im ersten Stock gelegene Zimmer meiner Tante. Ihr Spitzname war »Toutoune«, sie arbeitete als Sekretärin und war deshalb den ganzen Tag außer Haus. An der Wand lehnte ein großer, goldgerahmter Stuckspiegel. Wahrscheinlich hatte er einmal den Kamin eines alten Schlosses geziert und war nach dessen Abriß bei uns gelandet. Überall lagen Stoffe und Bänder herum, mit denen ich mich oft verkleidete. Es scheint, daß ich selten »normal« angezogen war. Oft war ich in weite Umhänge gehüllt oder zog lange Schleppen hinter mir her, und meine Großmutter verbrachte sehr viel Zeit damit, mir aus farbigem Kreppapier Kleider zu fertigen, wie sie sonst nur Feen tragen. Diese prachtvollen Roben mit ausgestellten Ärmeln, Abnähern und Rüschen waren natürlich einige Stunden später bereits zerrissen.
Alles, was amüsant sein und Freude machen konnte, war bei uns genauso wichtig wie die wirklich notwendigen Dinge des täglichen

Lebens. Ja, das Überflüssige hatte sehr oft sogar den Vorrang vor den Dingen des Haushalts, wie zum Beispiel der häuslichen Sauberkeit.

So geschah es zum Beispiel eines Tages – und das war sicher kein Einzelfall –, daß meine Großmutter (der ich wahrscheinlich zu sehr und zu ausdauernd am Rockzipfel gehangen hatte) mir in eine Hand ein Ei und in die andere eine Handvoll Mehl drückte. »Hör' endlich auf, mir auf die Nerven zu gehen«, sagte sie, »nimm dir einen Stuhl, und darauf backst du jetzt einen Kuchen!« Und das tat ich dann wohl auch unter den entsetzten Blicken jener Dame, die mir diese Episode später erzählt hat. Besagte Dame besuchte uns übrigens niemals, ohne in ihrer Handtasche ein Schwämmchen mitzubringen … Diese Nachlässigkeit betraf jedoch nur die Wohnung und die Einrichtungsgegenstände! Wir selbst waren sehr ordentlich. Blusen, Röcke und Hosen waren fleckenlos sauber und immer frisch gebügelt. Was das betraf, so ging es in diesem Haus zu, wie in einem jener afrikanischen Dörfer, in denen man ganz in Weiß gekleidete Männer und Frauen von exemplarischer und unerklärlicher Sauberkeit trifft – und das, obwohl sie in Lehmhütten auf dem Boden hausen und ständig bei der kleinsten Bewegung in dichte Staubwolken gehüllt sind. Genauso ging es auch der Familie meiner Großmutter. Auch sie verstanden sich auf diese mysteriöse Kunst, die darin besteht, in einem ständig schmutzigen Haus selbst immer makellos sauber zu sein.

Wichtig ist noch zu wissen, daß ich das einzige Kind in der Familie war. Wahrscheinlich wurde ich wie eine Prinzessin behandelt. Man ließ mir alles durchgehen. Der halbwüchsige Bruder meiner Mutter, Claude, wurde schon nicht mehr als Kind angesehen.

An ihn habe ich nur eine verschwommene Erinnerung. Ich weiß jedoch noch ziemlich gut, daß ich das ideale Opfer für seine Lausbubenstreiche war, wenn er und seine Schulkameraden in unserem Hof spielten. Er war damals gerade in dem Alter, wo sich alles um Cowboys und Indianer dreht. Wenn er sich im Lassowerfen übte, mußte ich stundenlang bewegungslos mit angelegten Händen ausharren und mich wie ein Paket verschnüren lassen. Ich erinnere mich dunkel daran, an einen Marterpfahl (d. h. einen Stützpfeiler des Hühnerstalls) gefesselt worden zu sein. Meine Großmutter war es, die mich schließlich aus dieser mißlichen Lage befreite, aber erst nachdem ich ziemlich lange aus Leibeskräften geschrien hatte. Die Jungen hatten nämlich inzwischen das Kriegsbeil begraben und sich nach einem anderen Spielplatz umgesehen.

Wo schlief eigentlich dieser junge Onkel? Ich weiß es nicht mehr, so wie ich überhaupt weiter gar nichts über ihn weiß, da ich ihn

wohl zwanzig Jahre lang nicht mehr gesehen habe. Vielleicht schlief er in einem Dachkämmerchen ... Wer weiß?
Meine Eltern hatten ihr eigenes Zimmer, ein winziges Mansardenzimmerchen, das ich bis zu meinem achten Lebensjahr (d. h. bis wir von dort wegzogen) mit ihnen teilte.
Eine ganze Weile habe ich an dieser Stelle nicht weitergeschrieben. Acht Jahre ... Acht Jahre des Zusammenlebens auf engstem Raum, denn sie schliefen – ja, zweifellos liebten sie sich sogar, sobald der Schlaf mir die Augen geschlossen hatte – nur zwei Schritte von mir entfernt. Und trotzdem erinnere ich mich an keine einzige Berührung, keine einzige Liebkosung, kein einziges, leise geflüstertes Wort. Nichts. Keine noch so vage Gestalt. Noch nicht einmal ein Schatten.
Und doch erkenne ich auf dem Foto das Fenster wieder, die altmodische Gardine, die Jalousie. Ja, das ist das Fenster unseres Zimmers. (Es ist mir schwergefallen, »unseres« zu schreiben. Ich? Und wer noch ... Wer?)
Warum hat mein Vater nicht jedes Zimmer des Hauses, jede Einzelheit unseres Lebens fotografiert? Das würde mir jetzt vielleicht helfen ... Haben die Japaner, die alles und jedes mit ihren Kameras auf Film bannen, vielleicht diese tief verwurzelte Angst vor einem Gedächtnisverlust? Könnte das nicht eine Erklärung sein, für diese gerade unter ihnen so weit verbreitete Angewohnheit.
In einer neben dem kleinen Zimmer gelegenen Besenkammer hatte sich mein Vater eine Dunkelkammer eingerichtet. In dieser unwirklichen, rot schimmernden Dunkelheit habe ich viele Stunden mit ihm verbracht. Doch erst sehr viel später, als ich selbst versuchte, Fotografien zu entwickeln, rief mir der Geruch des Fixierbades diese schemenhafte Erinnerung ins Gedächtnis zurück. Der Geruch war es, der sich mir eingeprägt hatte. Dieser ganz besondere Geruch des Dithionits führte mir plötzlich wieder den Ort, die rote Lampe und die Anordnung der verschiedenen Becken vor Augen, und auch dieses Gefühl des Staunens, das ich damals emp-

fand, wenn ich zusah, wie die Bilder bei der Entwicklung langsam sichtbar wurden. Aber das ist auch schon alles. Eine Erinnerung an meinen Vater habe ich immer noch nicht. Sosehr ich mich auch anstrenge. Ich sehe noch nicht einmal mehr seine Hände über dem Papier …

Meine Mutter war nicht berufstätig. Das heißt, sie war wahrscheinlich immer um mich herum, außer während der Schulstunden, als ich schließlich alt genug war, um in die Schule zu gehen. Auch an sie und an unseren gemeinsamen Tagesablauf zu Hause erinnere ich mich nicht mehr.

Und trotzdem: Wir lebten alle zusammen, wir arbeiteten, aßen und spielten an diesem völlig unordentlichen und fröhlichen Ort. »Alle zusammen«, darin waren auch so ziemlich sämtliche im Stadtteil herumstreunenden Katzen eingeschlossen. Dreizehn davon waren ständig bei uns, und wir spielten, schliefen und aßen mit ihnen. Etwas ist mir von dieser fröhlichen Zeit noch geblieben. Die Katze, die ich jetzt habe, kann sich mitten auf den Tisch setzen und ihre Nase in den Teller meiner Kinder stecken, ohne daß ich auch nur im mindesten darauf reagiere. Ich weiß, daß das überraschend sein mag. Die Erklärung dafür ist jedoch ganz einfach: Jahrelang habe ich mein Bett und meine Teller mit Katzen geteilt, ohne irgendwelche negativen Auswirkungen.

Meine Großmutter hatte ohne Zweifel ein besonderes Verhältnis zu Katzen. Zum Glück hatte sie keinen Hund, denn da selbst die Hühner ihren Platz am Fuße des Bettes hatten, hätte der Hund sicher seinen Platz IM Bett gefunden. Wer weiß, ob es nicht nur ein Machtwort meines Großvaters war (der im übrigen nur sehr selten ein Machtwort sprach), das sie davon abhielt. Ich kann es nicht beschwören, aber wahrscheinlich war dem so.

Von ihr habe ich das Bedürfnis nach körperlicher Nähe zu jenen Tieren geerbt, die ich gern habe. Und von ihr stammt wahrscheinlich auch meine Überzeugung, daß Tiere ein Anrecht darauf haben, gleichberechtigt am Familienleben teilzunehmen.

Meine Großmutter war jedoch bei weitem nicht der einzige Tierfreund in der Familie. Diese Leidenschaft teilte sie mit allen Hausbewohnern. In diesem Zusammenhang erinnere ich mich an eine »verrückte« Nacht. Durch ein verzweifeltes Miauen alarmiert, waren wir alle in Schlafanzügen und Nachthemden auf die Straße geeilt. Schrie da irgendeine streunende Katze oder eines unserer Tiere? Das spielte keine Rolle. Das arme Tierchen war in den berüchtigten Kanal vor unserem Haus gefallen. Mit den Krallen ihrer Vorderpfoten hatte sie sich gerade noch an ein Abflußrohr klammern können, und so hing sie jetzt schon zur Hälfte in dem rasch dahinströmenden Wasser (wenn man diese schwärzliche Brühe überhaupt Wasser nennen konnte). Die Katze war in einer verzweifelten Lage, da die Strömung in diesem Kanal, der schon zwei Straßen weiter in das unterirdische Abwassersystem mündete, ziemlich reißend war.

Irgend jemand – war es mein Vater oder mein Onkel? – wurde an den Beinen hinuntergelassen und versuchte so, mit dem Kopf über der schwarzen Brühe hängend, das Tier aus seiner lebensgefährlichen Lage zu befreien … vergebens! Das Abflußrohr ragte zu weit in den Kanal hinein. Das Miauen der Katze klang immer verzweifelter. Sie war am Ende ihrer Kräfte. Laute Schritte und das Geräusch schnell laufender Füße waren zu hören und jemand brachte von irgendwoher eine große Leiter herbei. Sie wurde in das relativ flache Wasser des Kanals hinuntergelassen, und so gelang es schließlich, das Kätzchen zu retten.

Ich erinnere mich noch ganz genau an diese Begebenheit, und auch an die Freude, die alle empfanden, das Tierchen gerettet zu haben. Aber wer letztendlich hinuntergeklettert war, weiß ich nicht … Ich sehe keines der Gesichter mehr vor mir.

Auch meinen Großvater habe ich ganz vergessen, obwohl er an jenem Abend sicher anwesend war, wie an allen anderen Abenden auch. Ich weiß, daß er ein begeisteter Tüftler war und ein begnadeter Radiobastler. Aus Leidenschaft, aus reiner Freundlichkeit

und meist ohne etwas dafür zu verlangen, reparierte er bis spät in die Nacht hinein die Radiogeräte von Nachbarn, Freunden und deren Bekannten, und dies nach einem langen Arbeitstag als Elektriker!
Wahrscheinlich war es auch die Herrschsucht seiner Ehefrau, vor der er in die Ruhe seines Schuppens floh. Dieses Haus wurde von Frauen regiert, und die Männer zogen sich nur zu gern entweder in ihre Werkstatt oder in ihre Dunkelkammer zurück und schlossen die Tür hinter sich zu …
Vielleicht war es dieses Leben in der Großfamilie, das meinem Vater auf die Nerven ging – und vermutlich auch meiner Mutter. Und irgendwie gehört es wohl auch in die heilige Ordnung der Dinge, daß ein Mädchen, wenn es erst einmal verheiratet ist, nicht ewig weiter an den Rockschößen ihrer Mutter hängt.
Man konnte ja schließlich nicht den ganzen Tag draußen verbringen … und wenn man dann endlich nach Hause kam, war die Zweisamkeit für die Ehepartner wohl weder bei Tisch zu finden, wo sich die ganze Familie versammelte, noch im ehelichen Schlafzimmer, wo auch ich schlief.
Langsam, aber sicher erwarb sich mein Vater einen Ruf als Fotograf. Ich wuchs heran, meine Mutter erwartete ein zweites Kind, und das kleine Mansardenzimmer wurde ziemlich eng. Es war an der Zeit, selbständig zu werden. Es war an der Zeit, das elterliche Haus zu verlassen …
Man nahm sich jedoch keine Mietwohnung, und man kaufte auch kein altes Haus. Man fing ein neues Leben an: Ein Neubau wurde errichtet, etwas, das lange Zeit halten sollte, etwas Endgültiges – und das im wahrsten Sinne des Wortes!
… Und das wär's.
Sosehr ich mich auch anstrenge, sosehr ich mir auch das Hirn zermartere, von den ersten acht Jahren meines Lebens ist mir nur das geblieben, was ich jetzt niedergeschrieben habe. Ein paar Seiten mit vagen Erinnerungen an einen Stadtteil, an die Atmosphäre ei-

nes Hauses und an ein paar Details, von denen mir die meisten wohl im nachhinein erzählt worden sind.
Kein einziges Gesicht, kein Wort, kein Wesenszug der Menschen, die mir am nächsten standen. Mein Gedächtnis hat alles »Menschliche« meiner Kindheit ausradiert. Vor allem von IHNEN ist mir nichts geblieben, ganz so, als hätten sie überhaupt nie existiert. Es ist beinahe bestürzend. Auf jeden Fall schockiert es mich selbst, daß ich drei Seiten über irgendwelche Katzen schreiben kann, aber noch nicht einmal drei Zeilen über die Menschen, die mich in die Welt gesetzt haben. Als ich mich entschloß, dieses Buch zu schreiben, wußte ich, daß ich mit diesem Schatten konfrontiert werden würde. Aber ich hatte die naive Hoffnung, daß mir dank der Fotos, die ich schließlich aus der Schublade ausgegraben hatte, Bruchstücke von Erinnerungen und somit ein kleiner Teil meines Lebens, ja, mein Leben überhaupt, wieder vergegenwärtigt würden. Ich war nicht darauf vorbereitet, mich so schnell und so völlig hilflos wiederzufinden. Warum wollte ich gegen diese Wand anrennen? Genau wie IHRE ewige Ruhe, so hätte ich auch den Dornröschenschlaf dieser Bilder nicht stören sollen. Wenn irgend jemand behaupten würde, daß der Mann und die Frau, die von diesen Schwarzweißfotos lächeln, nicht meine Eltern sind, so gäbe es in meinem Herzen keine Gewißheit, die es mir ermöglichen würde, das Gegenteil zu behaupten. Ich kenne sie nicht. Sie sind mir gänzlich unbekannt, genauso wie das lächelnde Kind an ihrer Seite.
Ich fühle mich elend. Mir fehlt etwas. Ich bin in der Mitte meines Lebens angelangt – und bevor ich diese zweite Hälfte beginne, habe ich den Wunsch, mich selbst kennenzulernen. Dafür fehlt mir jedoch ein wesentlicher Teil meiner Selbst: mein Ursprung. Man sagt, daß die Zeit bis zum sechsten Lebensjahr das ganze restliche Leben prägt. Sie beeinflußt es zusammen mit dem Charakter, den man mitbringt, und mit all dem, was man von den Eltern ererbt oder was die Umwelt an Einflüssen auf einen ausgeübt hat. Was ist mein Anteil an dem Ganzen? Und was der ihre? Was haben sie

außer ihrer Liebe an mich weitergegeben – einer Liebe, die für mich ein abstrakter Begriff geblieben ist?
Es heißt, daß der »schwarze Schleier«, der sich über all jene Geschehnisse legt, die zeitlich vor einem großen Schock liegen, ein klassisches Phänomen ist. Jedoch ist die Zeitspanne des Vergessens manchmal nur von kurzer Dauer ... Ich kann mehr als dreißig Jahre später mit Sicherheit sagen, daß dies in meinem Fall nicht zutrifft. Man sagt auch, daß dieser Schleier eines Tages plötzlich aufreißen kann. Aber durch welchen neuen Schock? Und was müßte ich dafür zahlen, um meine Kindheit und ihre Gesichter wiederzufinden? Wäre der Preis nicht ein noch schmerzlicheres Bedauern? Es sei denn, es wäre an der Zeit, überhaupt nichts mehr zu bedauern ... Welch sinnlose Frage! Ich muß also weiter mit dem Eindruck leben, erst an jenem Tag wirklich geboren worden zu sein, an dem SIE gestorben sind. Und da es nötig war, sie auch in meiner Erinnerung sterben zu lassen, damit ich danach überhaupt weiterleben konnte, kann ich einfach nicht umhin zu glauben, daß dieser Gedächtnisschwund ein Segen ist.

Die Familie auf der Wiese

Ich mag dieses Foto sehr.
Die ganze Familie väterlicherseits ist darauf versammelt. Einerseits ist es eigentlich ein ganz gewöhnliches Familienfoto – andererseits wissen wir alle, wie schwierig es ist, eine ganze Familie für solch ein Foto zusammenzutrommeln. Eigentlich fehlt immer jemand, außer z. B. bei Taufen, Hochzeiten oder ähnlichen Anlässen, wenn sich alle auf den Kirchenstufen wiederfinden.
An dem Tag, an dem dieses Foto aufgenommen wurde, hatte meine Großmutter ihre zwei Töchter, ihre zwei Söhne, deren Ehefrauen und Ehemänner und die kleine Schar ihrer Enkelkinder um sich versammelt. Ich glaube nicht, daß es ein Zufall ist, daß sie sich ganz im Hintergrund und in der oberen Hälfte des Bildes befindet. Wahrscheinlich wollte sie es so. So konnte sie all die Ihren, all jene, denen sie in gewisser Weise das Leben geschenkt hatte, vor sich sehen und überblicken.
Ich liebe ihr unsäglich sanftes, ein bißchen unsicheres Lächeln mit diesem leicht schmerzlichen Ausdruck, der ihre Lippen umspielt. Sie scheint ihr Glück mit einem gewissen Abstand zu genießen. Einerseits ist sie ganz gegenwärtig, andererseits auch wieder nicht. Sie scheint mehr die Rolle einer Zuschauerin, als die einer Beteiligten zu haben. Zu viel Unglück, zu viel Trauer hindert sie wahrscheinlich daran, ganz einfach und ohne Hintergedanken fröhlich zu sein. Ihr Lächeln sagt mir, daß sie sich über die Vergänglichkeit dieser schönen Zeit und dieses zu ihren Füßen ausgebreiteten Glücks keine Illusionen macht.

Und dennoch, gerade an diesem Tag herrschte strahlender Sonnenschein. Die Bäume bogen sich unter ihren Früchten, und in dem gepflegten Gemüsegarten hinter ihr hingen die exakt ausgerichteten Stangen bereits voller Bohnen. Wahrscheinlich waren die roten Johannisbeeren schon abgeerntet und die Marmeladengläser bereits in der Speisekammer verstaut. Alles war gut und schön, alles wuchs und gedieh, auch die Enkelkinder machten da keine Ausnahme. Neben ihr saß der Mann, dem sie dieses Glück in gewisser Weise zu verdanken hatte – obwohl er nicht der leibliche Vater ihrer vier Kinder war. Die stammten nämlich aus zwei vorangegangenen Ehen. Und einige Jahre später sollte sie zum dritten Mal Witwe werden, ohne ihrem letzten und so gütigen Ehemann die Qualen seiner langen und furchtbaren Agonie abnehmen zu können. Aber als dieses Foto aufgenommen wurde, wußte sie das natürlich noch nicht …

Mein Onkel, der Bruder meines Vaters, dieser ernste und besonnene Mann, hatte seine Hose ausgezogen, ohne jedoch die Krawatte abzulegen. Wahrscheinlich spielte sich das Ganze nach dem Mittagessen ab. In der Hitze nach der Mahlzeit hatten es sich die Brüder bequem gemacht.

Bevor jeder dann einer anderen Beschäftigung nachging, sei es nun Dominospiel, Spaziergang oder Mittagsschläfchen, hatte man schnell noch einmal alle auf einer alten Decke zusammengetrommelt, gerade noch rechtzeitig, bevor die Kinder mit Purzelbäumen und Spielen ihren schönen Sonntagsstaat ruiniert hatten … mit Purzelbäumen, die unweigerlich in der Hecke am Fuße des Hügels endeten.

Ich sitze vor meinem Onkel und schaue finster drein. Mein Haarschleifchen habe ich noch, obwohl es bereits etwas schief hängt, und meine Söckchen sind auf die Sandalen gerutscht. Ich bin schon ganz ungeduldig und warte nur darauf, daß das Ganze endlich vorbei ist. Meinem Cousin, der vor mir sitzt, geht es wohl ähn-

lich. Mein Gott! Damals trugen selbst Sechsjährige noch kurze Strampelhöschen!

Die Damen sind wie aus dem Ei gepellt. Trotz der Hitze haben sie keine Kleidungsstücke abgelegt oder aufgeknöpft. Die Kleider sind bis zum Hals geschlossen. Meine Mutter, die meinen anderen Cousin, der fast noch ein Baby ist, bei der Hand hält, hat wenigstens ihre Ärmel bis zu den Ellenbogen hochgekrempelt.

Hinter ihr sitzt meine Tante. Sie, die heute (mit ihren 75 Jahren) Sommer wie Winter Wollschals und Mützen trägt, hat auch schon damals, vor über vierzig Jahren, unter dem weißen Kragen ihres Kleides einen Schal um den Hals geschlungen. Meine andere Tante hält sich im Bildhintergrund ... Sie ist es, die einige Jahre später eine Hauptrolle in meinem Leben spielen wird, ganz so wie ich in dem ihren, denn bei ihr werde ich aufwachsen. Zum Glück weiß sie noch nicht, daß ihr mit mir das Kind in den Schoß gelegt werden wird, das ihr in ihrer Ehe nicht vergönnt gewesen war. Mit dreißig Jahren war sie bereits als Witwe ins Elternhaus zurückgekehrt. Sie ist auf diesem Bild die einzige ohne Begleiter. Unauffällig wie stets hat sie sich in den Hintergrund zurückgezogen ... Sie lächelt.

Sicher war es mein Vater (er ist auf dem Foto nicht zu sehen, weil er hinter der Kamera stand), der die Decke gerade an diese Stelle gelegt hat. Mit dem Auge des guten Fotografen hatte er diesen Platz ausgewählt – halb in der Sonne, halb im Schatten, gerade nahe genug an dieser sonnenüberfluteten Stelle, so daß das Licht sich auf den Gesichtern widerspiegelt. Wahrscheinlich waren einige Bemerkungen wie »Simone, rutsch mal ein bißchen näher zu Paulette ... du bist nicht auf dem Bild ... Schau weiter nach unten, Toinette, du hast den Schatten eines Blattes direkt auf der Nasenspitze ...« zu hören gewesen, bevor dann schließlich mit einem Klick dieser idyllische Sonntag für immer auf die Platte gebannt war: ein Triumph des Lebens, bevor die Sonne untergeht und bevor man sich wieder in alle Winde zerstreut.

Paulette, Toinette, Ginette (meine Mutter) oder noch schöner: Hortense-Célestine (so hieß nämlich meine Großmutter), selbst diese Namen gehören mittlerweile der Vergangenheit an.

Etwas fällt an diesem Bild auf: Nicht eines der Kinder lächelt. Sicher geht es uns gegen den Strich, bewegungslos dazusitzen. Viel lieber würden wir spielen gehen. Die alte Decke ist fast noch rauher und kratziger als das Gras. Warum darf man jetzt nicht mehr herumtollen: nur um fotografiert zu werden, wo doch gar nichts Besonderes passiert? Das Gras, die Früchte, Mutter, die neben uns sitzt, und Omas Kuchen auf dem Tisch – alles erscheint so normal. Vielleicht befürchten die Erwachsenen, ohne es sich selbst einzuge-

stehen – ja, vor allem ohne es laut zu sagen –, daß ein so harmonischer Tag nicht so schnell – oder überhaupt nie mehr – wiederkommt. Deshalb haben sie wohl beschlossen, ihn für immer festzuhalten. Wer weiß, ob es im nächsten Sommer genauso schön sein wird, und ob alle noch zusammen sein werden?
Die Kinder hingegen lächeln nicht, weil sie keine Angst haben.

Jetzt weiß ich auch, warum ich dieses Bild ganz besonders mag. Zunächst hatte ich nach dem Tod meiner Eltern zwanzig Jahre lang all das, wofür dieses Foto steht, aus meinem Leben verbannt. Und nun erkenne ich, daß ich heute mit allen Kräften versuche, in meinem Leben genau das wiederherzustellen, was das Wesen dieses Fotos ausmacht.
Ich bin nicht mehr das übellaunige Kind, das nur darauf wartet, daß das Ganze endlich ein Ende hat. Mittlerweile weiß ich, was

Angst heißt. Im Geiste nehme ich den Platz meiner Mutter ein und halte die Hände der Kinder in den meinen. Auf einem anderen, ähnlich friedvollen Fleckchen Erde war ich es, die die Bäume und Johannisbeersträucher selbst gepflanzt hat ... in einer Gegend, in der es Pfade gibt, die seit Jahrhunderten unverändert die Landschaft durchziehen und die manchmal abends, wenn der Tag zur Neige geht, das Gefühl von Unvergänglichkeit vermitteln. Ich lerne hinzusehen, ich erfreue mich an den Blumen und an der Zeit, die vergeht. Ich genieße die einfachen Dinge des Lebens. Und alles dreht sich nur um eines: Werde ich es schaffen, ganz oben auf dem Foto anzukommen, dort wo meine Großmutter sitzt, um die zu meinen Füßen sitzenden Enkelkinder mit dem gleichen unsicheren Lächeln betrachten zu können?

Die Antikörper

An dem Morgen nach dem Tod unserer Eltern nahmen die Nachbarn meine Schwester und mich bis zur Ankunft der Verwandten zu sich.

Wie hatte man sie verständigt? Und wer von ihnen kam, um uns abzuholen? Meine Tante? Meine Großmutter? Ein Onkel? Ich weiß es nicht. Ich kann nicht mehr sagen, wie ich das Haus verließ. Ich hatte begonnen, auf die Ereignisse zu reagieren und Antikörper gegen den Schmerz zu bilden. Ohne auch nur eine Träne im Auge, trat ich meinen in Tränen aufgelösten Verwandten gegenüber: ein kleines, in einen Panzer aus scheinbarer Gleichgültigkeit gehülltes Mädchen. Das Wort »gegenübertreten« ist eigentlich zu hart, aber genau das ist der Ausdruck, der mir in diesem Zusammenhang in den Sinn kommt.

Ich glaube, daß man uns direkt zu meiner Großmutter mütterlicherseits und zu meiner Tante nach Hause gebracht hat. Man brachte uns auf den Hügel nach Bonsecours – in genau das Haus, in dem ich von da an leben würde. Anstelle des geplanten fröhlichen Mittagessens hielt die ganze Familie hier eine traurige Zusammenkunft ab.

Ich glaube, ich verhielt mich dort ganz so, als ob überhaupt nichts geschehen wäre. Ich spielte, ich tollte mit meinen Cousins im Garten herum, ich sprach über alles mögliche – ja, ich war beinahe fröhlich. Alles in allem mußte mein Verhalten die niedergeschlagenen und trauernden Erwachsenen wohl ziemlich schockieren.

Diese Reaktion meinerseits kann ich heute nachvollziehen. Sie ist wohl ziemlich klassisch, aber für Außenstehende nur sehr schwer verständlich.
Meine scheinbare Gleichgültigkeit war wohl so augenfällig und schockierend, daß man es für nötig hielt, mir noch einmal ausdrücklich zu sagen, daß meine Eltern tot seien.
Daß man es für nötig hielt ...: In diesen Worten, die mir heute im Zusammenhang mit den Geschehnissen jenes Tages in den Sinn kommen, schwingt noch einmal meine kindliche Reaktion mit auf das, was ich damals als zusätzliche und unnötige Grausamkeit empfand. Aber sie war nicht unnötig, ganz im Gegenteil! Denn natürlich wußte ich es. Ich hatte sie auf dem Boden liegend gefunden, ich hatte sie leblos auf ihrem Bett liegen sehen, und ich hatte auch gehört, was gesprochen wurde, nachdem man versucht hatte, sie wiederzubeleben: »Zu spät.« Aber inwieweit tat ich so, als ob ich es nicht wüßte? War es nicht so, daß ich die Wirklichkeit so sehr ablehnte, daß ich mir einredete, sie würden zurückkommen und mein Leben würde so weitergehen wie zuvor? Ein Leben ohne Papa und Mama, das konnte ich einfach nicht glauben ...
Der Nachmittag zog sich in die Länge, und zwischen zwei Spielen mit meinen Cousins begann ich wohl mich zu langweilen. Jetzt war ich des Ganzen überdrüssig, ich hatte genug. Ich ging also in den Raum, in dem die Verwandten sich versammelt hatten, und sagte, daß ich jetzt nach Hause wolle, zu IHNEN.
Da war mein Onkel, der ältere Bruder meines Vaters. Ich sehe ihn noch vor mir, wie er in sich zusammengesunken am Tisch saß, umgeben von meinen Großmüttern und meinen Tanten. Er war nicht allein, aber ich sehe nur ihn, ihn, der gesprochen hatte. Ich sehe sein Gesicht, seinen in sich zusammengesunkenen Körper. Er trug noch seinen Mantel. Sein Arm lag kraftlos auf dem Tisch, und ich höre noch genau, mit was für einer Stimme er die Worte aussprach, die er in diesem Moment sagte: »Aber deine Eltern sind doch tot, mein armes Kleines.«

Er schloß seinen Satz mit diesem: »… mein armes Kleines«.
Meine Abwehrreaktion darauf erfolgte augenblicklich und war niederschmetternd: »Also gut. Aber wann krieg' ich dann endlich meine Sachen?«
Furchtbar.
Wenn ich an all das zurückdenke, habe ich wirklich großes Mitleid mit dem kleinen Wesen, das ich damals war, das all seine Kräfte zusammennahm, um die Realität zu leugnen. Im nachhinein schmerzt mich auch der Gedanke daran, wie sehr sich meine Verwandten durch diese eisigen Worte und diese harte Haltung schmerzlich berührt fühlen mußten. Ich tat, was ich konnte. Ich leistete Widerstand auf meine Art und Weise, und die war gnadenlos.
Ich erinnere mich noch an das irritierte Schweigen, das sich nach dieser Antwort ausbreitete, und auch an die schmerzlichen und hilflosen Blicke, die sich auf mich legten.
Ich kapselte mich ab. Trotzig und übellaunig stand ich ihnen gegenüber. Sie waren so weit weg von mir, all diese weinenden Gesichter. Außerdem war in mir der ganze Stolz und das ganze Schamgefühl, deren ein Kind in solch einer Situation fähig ist. Tief in mir litt ich genug. Wieso sollte ich es auch noch zeigen? Ich konnte ihren Schmerz nicht teilen. Mein Schmerzensschrei war schon vorher erstickt worden, in jenem Haus, beim Anblick ihrer beiden leblosen Körper … im Keim erstickt durch die Hast der Hände, die mich von ihnen weggerissen und fortgebracht hatten. Von diesem Augenblick an war ich nur noch die personifizierte Ablehnung. Es war mir unmöglich, Trost und Wärme in den Armen irgendeines Erwachsenen zu suchen. Denn in welchen Armen, außer in den IHREN, hätte ich mich gehenlassen können? Deshalb empfand ich jeden Versuch, meinen Widerstand abzubauen, als Aggression.
Die Tage und Monate, die folgten, sind für mich wie in einen Nebel gehüllt, einen Nebel, der beinahe so dicht ist wie jener, der die

Jahre vor ihrem Tod verschwimmen läßt. Aber zwei oder drei Augenblicke, in denen ich gegen meinen Willen gezwungen wurde, hinter diesem Schutzwall hervorzukommen und mich von meinem Leid überwältigen zu lassen, sind in meiner Erinnerung noch ganz frisch und schmerzlich.

Zunächst einmal war da einige Tage später die Beerdigung. Sie fand in einer Kirche in Rouen statt, in der Kirche des Stadtviertels, aus dem wir kurz zuvor weggezogen waren und in der sie sich zweifellos auch hatten trauen lassen. Dorthin wurde ich mitgenommen.

Das Ganze ist mir als etwas Schreckliches in Erinnerung geblieben, und lange Zeit war ich entsetzt darüber, daß man mich gezwungen hatte, dieser Beerdigung beizuwohnen.

Ich glaube, daß ich die ganze Zeit über nicht aufgehört habe, zu weinen und zu schluchzen. Ich erinnere mich vor allem noch an die nicht endenwollende Schlange der Leute, die meinen Verwandten ihr Beileid aussprachen, während mir die Tränen über das Gesicht liefen und ich hemmungslos schluchzte. Von den unzähligen Umarmungen und Beileidsbezeugungen, die ich über mich ergehen lassen mußte, ist mir ein beinahe körperlicher Schmerz zurückgeblieben, den ich schon bei der bloßen Erinnerung an diese Ereignisse wieder verspüre.

Das Ganze zog sich sicher ziemlich lange hin, weil die Kirche überfüllt war und weil viele Leute, die drinnen keinen Platz mehr gefunden hatten, sich auf dem Vorplatz drängten.

Eine Verwandte, die über die große Anzahl der anwesenden Trauergäste erstaunt war, sagte zu mir: »Alle Leute hatten deine Eltern gern …« Das war eine der Aussagen über meine Eltern, die mich wirklich berührten. Ich nahm diese Informationen begierig in mich auf, jedoch ohne in irgendeiner Weise meine Betroffenheit zu zeigen – das Ganze wahrscheinlich aus einer Mischung unterschiedlichster Gefühle heraus. Einerseits war da wohl ein Gefühl

von Stolz, daß man sie so hochgeschätzt hatte, andererseits auch dieses Gefühl des brennenden Schmerzes, zu wissen, daß sie für immer von mir gegangen waren. Meine wunderbaren, meine jungen und schönen Eltern, die ich niemals mehr wiedersehen würde. Die Realität dessen, was mir da widerfuhr, überstieg bereits meine Kräfte. War es also wirklich nötig, daß ich zu allem Überfluß noch das lange, grausame Ritual dieser Zeremonie über mich ergehen lassen mußte? Lange Zeit war ich meiner Familie böse, daß man mir das alles aufgezwungen hatte. Ich nehme an, daß meine nächsten Verwandten, die selbst noch unter dem Schock standen, es nur natürlich fanden, daß ich an allem, was mit diesen Geschehnissen, die mich so unmittelbar betrafen, teilhaben sollte. Ich vermute, daß sie vorher lange darüber beraten haben (ich weiß es nicht, denn ich habe niemanden danach gefragt). Sie dachten wohl, daß es für mich besser wäre, daß ich stark genug wäre, um es zu ertragen, und die Tatsache, daß ich äußerlich so kalt und so wenig betroffen wirkte, hat sie sicher in ihrer Entscheidung bestärkt.
Viele Jahre später – genaugenommen brauchte ich über zwanzig Jahre dazu – hatten sich meine Gefühle, was das Begräbnis anbelangt, gemildert, und ich stellte mir die ehrliche Frage: Wie hätte ich an ihrer Stelle gehandelt? Hätte ich ein bereits unter Schockwirkung stehendes Kind auf die Beerdigung seiner Eltern mitgenommen, auch oder gerade dann, wenn es keinerlei Gefühlsregung zeigt?
Plötzlich erschien mir die Überlegung, das Kind zu Hause oder bei den Nachbarn zu lassen, schockierend. Es wirkte auf mich, als würde man es absichtlich ausschließen. Ja, dieser Gedanke erschütterte mich wirklich, und nach zwanzig langen Jahren verstand ich endlich die Entscheidung meiner Verwandten …
Erst nach zehn weiteren Jahren war schließlich auch ich überzeugt, daß sie richtig gehandelt hatten.
Es war richtig, mich auf die Beerdigung mitzunehmen.
Es war nötig, mich dazu zu bringen, die Realität zu »begreifen«,

selbst wenn das Ergebnis des ganzen Unterfangens das Gegenteil zu beweisen schien und ich nach der Beerdigung noch viel stärker all meine Kräfte daran setzte, diese Wirklichkeit abzulehnen.
Trotzdem hatten sie recht mit dem, was sie getan hatten. Ich hatte gesehen, daß meine Eltern tot waren, man hatte es mir gesagt. Nun mußte ich definitiv wissen, wo sie waren. Ich durfte mich nicht länger in meine Träume flüchten: Sie mußten wirklich tot sein, leblose Körper, die man begrub und nie mehr wiedersah.
Es war also richtig, gut und nötig. Aber der Schmerz, den ich dabei empfand, war so heftig, daß ich bis heute Begräbnisse meide, wo es nur geht – sogar wenn es sich dabei um Leute handelt, deren Tod mich nur wenig berührt. Nachdem nun dreißig Jahre vergangen sind, könnte ich mich natürlich »ein bißchen zusammenreißen« und an Begräbnissen teilnehmen, ohne mich dabei auf dem Boden zu wälzen. Und dennoch, diese Abwehrhaltung … ich habe sie bisher immer akzeptiert, ohne zu versuchen, sie zu überwinden. Ich umgehe. Ich verweigere. Ich will einfach nicht. Und ich gehe dann auch nicht hin.
Aber trotz allem haben sie recht gehabt.
Sie haben recht gehabt, und es ist nicht ihre Schuld, daß ich an dieser Prüfung nicht gewachsen bin.
Nein, es ist nicht ihre Schuld, wenn ich nicht gewachsen bin.

Opa Duperray

Opa Duperray war ein wunderbarer Mensch. Ich weiß, daß mein Vater ihn besonders gern fotografiert hat. Dieses Foto am Fenster ist mir von allen das liebste. Auf seinem Gesicht spiegelt sich diese Mischung aus Intelligenz, Humor und Güte, die für jene Menschen typisch ist, die aus ihrem lebenslangen Ringen besänftigt hervorgegangen sind. Ohne Groll, ohne erstickte oder enttäuschte Bitterkeit, nehmen sie im Einklang mit sich selbst den Alltag an. Da es nichts mehr gibt, was sie anderen abringen müssen, verlegen sie sich aufs Geben.

Ich habe ihn nur wenig gekannt. Aber ich habe ihn, als ich nach dem Unfall in dieses Haus auf dem Hügel von Bonsecours einzog, elend an Kehlkopfkrebs sterben sehen. Mir ist dieses Bild von ihm geblieben: Den Kopf in den Nacken gelegt, liegt er auf dem Bett, das man für ihn ins Erdgeschoß gestellt hatte, um ihn leichter pflegen zu können. Sein Mund war verzweifelt aufgerissen, während er versuchte, unter furchtbaren Geräuschen ein bißchen Luft zu bekommen. Damals gab es für Fälle wie den seinen keinerlei Hilfe und nichts, was seine Leiden hätte mildern können. Er mußte sein Martyrium bis zum bitteren Ende durchstehen.

Ich will dieses schreckliche Bild so schnell wie möglich aus meinem Kopf verbannen und es durch dieses Foto ersetzen. Früher betrat ich dieses Haus nur besuchsweise oder in den Ferien. Und jedesmal hatten meine Cousins und ich sehr viel Spaß mit Opa. Er war ein Mann, der gern mit Kindern spielte.

Er war Musiker, beinahe schon ein Profi. Früher war er »aufgetreten«, so hieß es in der Verwandtschaft. Sein Lieblingsinstrument war die Mandoline, und er besaß ein wundervolles Exemplar, dem er mit seinen Händen, diesen Händen, die gleichermaßen einem Virtuosen und einem Bauern zu gehören schienen, bebende Melodien entlockte, die melancholisch und fröhlich zugleich klangen. Aber er spielte noch andere Instrumente. Manchmal holte er aus einem alten Kasten eine Violine hervor, die allerdings schon in ziemlich schlechtem Zustand war. Wahrscheinlich war das auch

der Grund dafür, daß er sie bereitwillig uns Kindern überließ, damit wir uns an ihr versuchen konnten. Wir entlockten ihr markerschütternde Töne. Wenn er sie spielte, hörte es sich unvergleichlich schöner an – selbst wenn manchmal ein oder zwei gerissene Saiten am Geigenhals herunterbaumelten und der unzählige Male geflickte Bogen nur noch ein Schatten seiner selbst war.
Wenn wir es schließlich überdrüssig waren, auf diesem armen Instrument herumzukratzen, dann kam für ihn die Stunde des weitaus anstrengenderen Spiels mit der Schubkarre. Sie war riesengroß, ganz aus Holz, an den Seiten offen und diente eigentlich mit ihrem großen eisenbeschlagenen Rad zum Transportieren von Holzscheiten. Wir legten uns darauf, klammerten uns an den Seiten fest, und er chauffierte uns im Galopp durch den ganzen Hof, bevor es schließlich mit Karacho die Wiese hinunterging. Dabei wurden wir meist so sehr durchgeschüttelt, daß wir oft herunterfielen und ins Gras purzelten. Einmal, zweimal, dreimal, natürlich war er dieses anstrengenden Spiels viel schneller müde als wir.
Und dann bastelte er auch noch Dinge für uns, Spielzeug aus einfachen Holzstückchen und Schnur, oder er brachte uns mit »echten« alten Dominosteinen aus Ebenholz und gelbem Elfenbein das Dominospiel bei.
Und er verzauberte uns mit seinen Magierkünsten, die wir mit staunend aufgerissenen Mündern und Augen fasziniert bewunderten. Opa Duperray war ein echter Zauberkünstler. Seine Kommentare, seine kleinen Scherzchen, die eleganten Ablenkungsmanöver, mit denen er die verblüffenden Ergebnisse seiner Tricks vorbereitete, all das beherrschte er aus dem Effeff. Seine Glanznummer war der »Korkentrick«. Obwohl er nur stümperhaft überliefert worden ist, gehört er noch immer zu den traditionellen Familienspielen. Man schneidet einen Korken in vier Teile, und je ein Stück wird unter einen Hut auf den Tisch gelegt. Nacheinander nimmt man unter jedem Hut das Stückchen Kork hervor und schlägt es von unten gegen den Tisch. Wie durch Magie durch-

dringt der Korken dann die Tischplatte, und alle Stückchen landen schließlich unter dem vierten Hut. Natürlich funktioniert dieser Trick nur, wenn man von Anfang an einen intakten Korken in der Hand behält. Die Kunst des Magiers besteht darin, die Hüte geschickt aufzudecken und zurückzulegen. Mit ein bißchen Übung wird die Illusion perfekt.

Ich habe diesen Trick vor einiger Zeit – mit geringem Erfolg – vor meinen Kindern aufgeführt. Natürlich fehlten mir die Fingerfertigkeit, die magische Ausstrahlung und die Routine, die unbedingt nötig sind, um diesen doch relativ komplizierten Kniff zu beherrschen. Kurzum, es ging daneben. Natürlich haben die Kinder sofort das Korkstückchen entdeckt, das ich zwischen meine Finger geklemmt hatte, um es unauffällig unter einem der Hüte abzulegen. Und schon war die Vorstellung geplatzt. Ein für allemal war die Magie des »Korkentricks« dahin, und nur weil ich das Ganze nicht sorgfältig genug vorbereitet hatte ... Irgendwie war ich wohl nicht mit genug Begeisterung bei der Sache gewesen. Sehr schnell wandten sich meine Kinder wieder den Computerspielen und ihren anderen Beschäftigungen zu. Darüber war ich eigentlich sehr traurig – ja, ich fühlte mich fast schuldig, denn es war ganz so, als hätte ich ein kostbares, freudespendendes Geheimnis verraten. Die Kunst, Kinder zu verzaubern, verliert sich immer mehr ...

Am späten Nachmittag fand sich die ganze Familie immer am Kaffeetisch zusammen. Es gab Apfeltaschen, die Spezialität meiner Großmutter. Äpfel gab es, wie in der Normandie nun mal üblich, in jeder Art und Form. Roh, als Kompott, als Apfeltasche, als Apfelkuchen, als Apfelgelee. Es gab sie auf alle erdenklichen Arten und Weisen und zu jeder Jahreszeit. Die Bäume des Gartens trugen so gut, daß wir alle das ganze Jahr über mit Äpfeln überaus reichlich eingedeckt waren. Meine Großmutter lagerte sie im Schuppen. Dort lagen sie auf Regalen, fein säuberlich voneinander getrennt, damit sie ja nicht faulten. Tatsächlich hielten sie sich dort wirklich sehr gut, da die Temperatur wegen des gestampften Lehmbodens immer ziemlich konstant war.

Ich habe nur wenige Jahre in diesem ländlichen Haus verbracht. Als ich schließlich alt genug war, um aufs Gymnasium zu gehen, zogen wir in die Stadt hinunter. Aber in dieser Zeit habe ich so viele Äpfel gegessen, daß ich erst seit kurzem meinen Widerwillen gegen diese Frucht überwunden habe. Das ganze Haus war von ihrem Duft erfüllt, und noch viele Jahre später war für mich die Vorstellung vom Leben auf dem Lande verbunden mit diesem ganz besonderen süß-sauren, etwas modrigen Geruch nach Äpfeln, gestampftem Lehm und schimmligem Brot im hölzernen Brotschrank.

Meine Großmutter konnte nichts wegwerfen. Weder Äpfel, noch Brot, noch Speckschwarten. Sie verfügte über das gewissenhafte und erfinderische Können jener Menschen, die jede Brotkrume nutzen, um zu überleben. Wenn Kleider zu sehr abgewetzt waren, dann wurden sie kurzerhand aufgetrennt, gewendet und neu vernäht. Waren die Ärmel an den Ellenbogen bereits durchgescheuert, so wurde das Ganze einfach in ein kurzärmliges Kleid umgearbeitet. Und aus dem Stoff der Manschetten, die meist noch gut erhalten waren, wurden zusätzliche Taschen aufgenäht. War das Ganze dann wirklich zu geflickt und abgenutzt, dann konnte man immer noch eine Küchenschürze daraus machen.

Als sie Opa Duperray kennenlernte, hatte meine Großmutter eine kleine Kneipe gepachtet, in der sie auch Zigaretten und Briefmarken verkaufte. Damit brachte sie ihre Familie durch. Für eine alleinstehende Frau war das eine ziemlich harte Arbeit. Oft schuftete sie bis zu achtzehn Stunden täglich, um ihre Kinder zu ernähren. Als die dann schließlich aus dem Gröbsten heraus waren, schuftete sie, um ihren beiden Söhnen eine gute Ausbildung zu ermöglichen. Vielleicht war die Beziehung zu Opa Duperray das einzige wirkliche Geschenk, das das Leben ihr je gemacht hat.

Daß sie hilflos dem langsamen Dahinsiechen ihres geliebten Ehemanns zusehen mußte, und dies einige Monate nachdem sie ihren Sohn und ihre Schwiegertochter – meine Mutter – verloren hatte, wäre eigentlich Leids genug gewesen, um sie in eine jammernde alte Frau zu verwandeln. Aber nun kam ich ins Spiel. Da war ich mit meinen neun Jahren, ein Wildfang, auf den man aufpassen, den man einkleiden und ernähren mußte. Sie durfte sich einfach nicht gehenlassen, nein, meine bloße Anwesenheit machte das unmöglich. Da meine Tante tagsüber in der Stadt arbeitete, mußte sich notgedrungen meine Großmutter um mich kümmern.

Drei alleinstehende Frauen – drei verschiedene Generationen, ich eingeschlossen –, und hinter uns lagen schon so viele Tote, die wir zurücklassen mußten, um vorwärts zu blicken. Die Lebenden waren ganz und gar damit beschäftigt, weiterzuleben, und die Toten lagen auf dem Friedhof: Über sie wurde nie gesprochen.

Deshalb habe ich eigentlich nie viel erfahren über diesen sogenannten Großvater mit dem gütigen Gesicht und der blauen Handwerkerjacke. Ich kann nur bedauern, daß er meinen Lebensweg nur kurz gekreuzt hat, ohne daß uns Zeit genug blieb, unsere Zuneigung und unsere gemeinsamen Interessen auszuleben. Schon durch den Altersunterschied war es von vornherein klar, daß wir nur ein kurzes Stück des Weges gemeinsam gehen würden. Aber es gibt Menschen, die einem mehr fehlen als andere. Wir hätten uns sicher gemocht und wären gut miteinander ausgekommen.

Ich weiß von ihm nur, daß er seinen Lebensunterhalt als Friseur verdiente, daß er aber in Wirklichkeit ein echter Künstler war: Musiker, Aquarellmaler und manchmal auch Zauberer.

Als ich mit siebzehn Jahren einen Künstlernamen für die Bühne suchte, nahm ich seinen Namen an und änderte ihn ein wenig. Damals war mir nicht klar, warum überhaupt kein anderer Name für mich in Frage kam. Ich glaube, es war in gewisser Weise der Ausdruck einer echten Familienzugehörigkeit, die ich mir gewünscht hätte. Er war der Großvater, nach dem ich mich gesehnt hatte.

Und weil ich das Rad der Zeit nicht einfach weiterdrehen konnte, um mich als erwachsene Frau auf eben diesem Foto aus genau diesem Fenster lehnen zu können, so ist er durch seinen Namen trotz allem ein Teil meines Lebens und steht mit mir zusammen auf der Bühne.

Beim Durchlesen dessen, was ich gerade geschrieben habe, fällt mir diese Formulierung auf: »drei alleinstehende Frauen – und hinter uns lagen schon so viele Tote ...«. Dieser Satz gibt genau die Situation wieder, wie sie DANACH war. Ich weiß, daß der Nebel, der alles einhüllt, was dem schmerzhaften Bruch in meiner Kindheit vorausgegangen ist, sich auch über die darauffolgenden Jahre gelegt hat. Aber ich sehe niemand anderen in der Umgebung dieser drei einsamen Wesen. Und doch habe ich geschrieben, daß ich, kaum in diesem Haus angekommen, Zeuge der Agonie von Opa Duperray wurde.

Hier trügen mich meine Erinnerungen. Ich habe mich nämlich bei einer Verwandten danach erkundigt, und mir wurde plötzlich klar, daß ich die zeitliche Abfolge dieser beiden Todesfälle miteinander vertauscht habe. Aber der Tod meines Großvaters ist für mich unlösbar mit dem meiner Eltern verbunden. Er ist jedoch eine oder zwei Wochen vor ihnen gestorben und nicht nach ihnen. Ich wohnte also noch gar nicht in jenem Haus, als sich mir dieses schreckliche Bild eines auf seinem Sterbebett nach Luft ringenden alten Mannes einprägte. Demnach war dieser letzte Besuch bei dem Todkranken in Begleitung meiner Eltern erfolgt.

Das einzige, was mir von diesem Besuch geblieben ist, ist dieses einzigartig grausame, aus jeglichem familiären Zusammenhang herausgelöste Bild. War vielleicht ich es gewesen, die ihn unbedingt sehen wollte? Ich weiß es nicht. Etwas erscheint mir dabei seltsam: Hatten die Erwachsenen es wirklich zugelassen, daß ein kleines Kind das Zimmer eines Mannes betritt, der sich in einem schrecklichen Todeskampf befindet und seine Umwelt schon gar nicht mehr wahrnimmt?

Oder bin ich etwa von den anderen unbemerkt allein in dieses Zimmer gegangen?
Letzteres erscheint mir wahrscheinlicher.
Diese Erklärung leuchtet mir schon deshalb eher ein, weil der kleine Dickkopf, der ich nun einmal war, sich einfach nicht zurückhalten ließ und unbedingt wissen wollte, was da vor sich ging. Außerdem habe ich genau dieses Verhalten kurze Zeit später noch einmal gezeigt. Als meine Eltern gestorben waren, hatte ich mich nämlich einfach in das Zimmer gedrängt, in dem sie aufgebahrt lagen, obwohl man mir verboten hatte, es zu betreten. Auch in diesem Fall wollte ich selbst sehen, wollte es genau wissen … Meine Beweggründe waren die gleichen. Außerdem glaube ich, den Grund dafür zu kennen, warum ich instinktiv die beiden Todesfälle zeitlich miteinander vertauscht habe: Der Schock, den der Tod meiner Eltern auslöste – ein Tod, der mich viel härter und tiefer

traf –, war es, der im nachhinein dem Tod meines Großvaters in meiner Phantasie seinen endgültigen Stellenwert gegeben hat. In meiner Vorstellung hing deshalb der Tod von Opa Duperray mit dem ihren zusammen, ja, war eine direkte Folge ihres Todes und lag deshalb zeitlich danach.

Ich glaube nicht, daß ich bei seiner Beerdigung dabei war. Entweder habe ich sie völlig aus meiner Erinnerung verdrängt, oder aber man hatte uns Kinder zu Hause gelassen. Das einzige Begräbnis, an das ich mich sehr genau erinnere, ist mein eigenes. Natürlich meine ich das meiner Eltern. Auf diesen Lapsus will ich nicht näher eingehen, weil er mich selbst überrascht. Aber irgendwie war es tatsächlich auch MEINE Beerdigung, die wichtigste Beerdigung in meinem Leben. Ja, damals wurde mein Leben, oder zumindest ein Teil davon, in gewisser Weise tatsächlich begraben … Vielleicht werde ich später noch darüber schreiben. Ich weiß es nicht. Was Opa Duperray betrifft, so wurde er auf dem Friedhof von Bonsecours beerdigt, nicht weit vom Haus meiner Großmutter, einem sehr schönen, an einem Hang gelegenen Friedhof, von dem aus man das ganze Tal von Rouen überblicken kann. Der Ort ist wunderschön. Es wird erzählt, daß mein Vater, nachdem er mit dem geschulten Blick des Fotografen diese wunderschöne Landschaft und die sich hindurchschlängelnde Seine betrachtet hatte, gesagt haben soll: »Wenigstens hat er eine schöne Aussicht …«

Ein ständig wiederkehrender Alptraum

Seit langer Zeit – seit wie vielen Jahren genau, weiß ich nicht – habe ich immer wieder den gleichen Traum. Manchmal kommt er in etwas abgeänderter Form wieder, aber er endet immer gleich. Mitunter bleibt er für ein, zwei Jahre aus, aber dann ist er wieder da. Und gerade jetzt, einige Tage nachdem ich diese letzten Seiten über den Tod meines Großvaters und meiner Eltern niedergeschrieben habe, hatte ich ihn wieder.
Eigentlich habe ich nie wirklich versucht, zu analysieren, woher er rührt. Aber diesmal ist mir ein Zusammenhang aufgefallen zwischen diesem Traum und der Art und Weise, wie sie alle drei gestorben sind. Diese Übereinstimmung und die Tatsache, daß ich ihn gerade letzte Nacht wieder hatte, sind vielleicht ein Zufall. Aber wenn ein Traum über Jahre hinweg immer und immer wieder genau gleich auftritt, und dann gerade in diesem Zusammenhang wieder auftaucht … kann es dann sein, daß es sich dabei lediglich um ein einfaches, nächtliches Hirngespinst handelt? Das kann ich einfach nicht glauben.
Wenn die Überlegungen, die ich am Tag zuvor angestellt hatte, zwar nicht den Traum als Ganzes erklären, so werfen sie doch wenigstens ein Licht auf seinen Ursprung, allein schon, weil sie im Zusammenhang stehen mit seinem erneuten Auftreten. Bei der Interpretation dessen, was dann folgt, kann ich mich jedoch auf weniger Anhaltspunkte stützen …
Mein Traum fängt immer auf die gleiche Weise an:

Ich weiß, daß ich sterben werde. Ich bin bereits dem Tod geweiht. Aber das hält mich nicht davon ab, meinen alltäglichen Verpflichtungen nachzugehen, herumzulaufen, mich zu unterhalten. Allmählich wird das Ganze immer bedrückender, da mir das Atemholen immer schwerer fällt. Das macht mir jedoch keine besondere Angst – ja, es überrascht mich nicht einmal, weil ich mir bewußt bin, daß ich bald überhaupt nicht mehr atmen werde. Alles läuft sehr sanft, sehr langsam, sehr bewußt und absolut unausweichlich ab.

Ich verfolge also die Weiterentwicklung der Situation, die fortschreitende Lähmung meiner Atmung. Ich versuche, meinen Atem zu sparen, indem ich nur in kurzen Zügen Luft hole. Seltsamerweise empfinde ich das Ganze kaum als störend. Ich weiß, daß mir nur noch wenig Zeit bleibt, bevor ich überhaupt nicht mehr atmen kann, aber das ist eine rein sachliche Überlegung, die ich keineswegs als Gefühl verinnerliche. Ich habe keine Angst, und ich leide nicht. Ich empfinde höchstens ein gewisses Gefühl der Beunruhigung, weil ich mich frage, was wohl DANACH aus mir werden wird.

Ich empfinde so wenig Schmerzen dabei, daß ich sogar die Menschen meiner Umgebung, die sich um mich sorgen, beruhige: »Macht euch doch keine Sorgen um mich, es tut überhaupt nicht weh ...«

Das Ganze ist sehr langsam, dauert sehr lange. Es läuft immer gleichmäßig ruhig ab, und ich weiß, daß der Moment kommen wird, wo ich aufhören werde zu atmen.

Und schließlich kommt dieser Moment wirklich.

Auch dieser »Einschnitt« erfolgt sehr sanft, und genauso wie ich vorher wußte, daß ich aufhören werde zu atmen, weiß ich nun, daß ich tot bin. Ich bin auf die andere Seite hinübergewechselt, fast ohne es zu merken. »Das war's«, sage ich mir. Zunächst empfinde ich eine gewisse Angst vor dem Unbekannten, das mich da erwartet. Aber dann verspüre ich eine unsägliche Erleichterung, weil ich fest-

stelle, daß sich nichts verändert hat, daß alles so ist wie vorher. Ich bin noch bei mir zu Hause, umgeben von den Meinen.
Da meine Angst sich weniger darauf bezog, was aus mir werden würde, sondern vielmehr darauf, daß ich die verlieren könnte, an denen mein Herz hängt, fühle ich mich ganz erleichtert. Ich bin nicht »von ihnen gegangen«. Sie sind noch bei mir. Ich bin gleichermaßen glücklich und überrascht.
»Das ist also der Tod, nichts weiter? Aber das ist ja gar nicht schlimm. Warum hat man vor so einer einfachen und ungefährlichen Sache nur solche Angst?«
Und ich gebe mich ganz dem Glücksgefühl hin, nicht zum anonymen Geistwesen geworden zu sein, das in irgendein Reich der Seelen – wer weiß wohin – entflohen ist. Ich habe mich nicht verloren. Ich bin noch immer ich selbst. Und ich habe auch meine Kinder und meinen Lebensgefährten nicht verloren. Sie sind in meiner Nähe. Alles ist mir noch vertraut. Eigentlich ist alles genauso wie vorher – oder zumindest scheint es auf den ersten Blick so ...
Deshalb kann ich noch fröhlich und leichten Herzens – oh, so leichten Herzens! – bei allem dabeisein, was sie tun. Ich kann alles sehen, hören und an allem teilhaben, was ich wunderbar finde. Alles ist in Ordnung. Ich habe nichts verloren, überhaupt nichts ...
Dieser Zustand des Glücks währt eine gewisse Zeit, und dann – und von diesem Augenblick an geht alles schrecklich schief – merke ich so langsam (zunächst mit totaler Verblüffung und dann mit kaltem Grausen), daß sich zwar für mich überhaupt nichts geändert hat, für meine Familie jedoch etwas grundlegend anders geworden ist: ich bin nicht mehr da. Sie sehen mich nicht, sie hören mich nicht, ich existiere nicht mehr. Und langsam und allmählich werde ich überwältigt von Schmerz und Panik. Was bringt es mir, immer noch dazusein, wenn ich überhaupt keinen Kontakt mehr mit ihnen haben kann, wenn ich für sie tot und unsichtbar bin?

Ich versuche, einzugreifen, sie irgendwie auf meine Anwesenheit aufmerksam zu machen. Aber es gelingt mir auf keine Art und Weise, diese Mauer zu durchdringen und ihnen ein Zeichen meiner Anwesenheit zu geben. Ich habe keinen Körper mehr, und sie können meine Stimme nicht hören. Plötzlich steigt in mir die ganze Panik auf, die ich eigentlich beim Herannahen meines physischen Todes hätte verspüren müssen. Jetzt erst beginne ich furchtbar zu leiden. Ich kämpfe. Ich schreie vor Ohnmacht und Schmerz. Sie bewegen sich weiter, sie sprechen weiter miteinander, sie leben weiter, ohne mich. Die grausame Ausweglosigkeit meiner Situation und meine Einsamkeit werden unerträglich.

Und dann, dann wird mir voller Verzweiflung klar, daß mir nur noch eines übrigbleibt, nämlich ENDGÜLTIG zu sterben, um diesem Schmerz ein Ende zu bereiten. Es wird mir klar, daß ich keine andere Wahl habe. Und im Endeffekt sind sie es, die Lebendigen, die mich durch ihre Unerreichbarkeit ins Nichts drängen. Aber noch will ich nicht aufgeben. Ich leide zu sehr, ich kann das nicht akzeptieren. Ihre Wärme, ihre Blicke, ihre Zärtlichkeit fehlen mir, und ich glaube, ersticken zu müssen.

Das Schlimmste ist jedoch, diesen übermächtigen Drang zu empfinden, sie zu berühren, sie zu umarmen, denn sie spüren mich überhaupt nicht, ja, auch ich selbst kann nichts mehr fühlen.

In meinem Alptraum habe ich diese Situation niemals bis zu meinem endgültigen Fortgang ins Nichts erlebt, weil ich immer vorher aufwache – und zwar in ziemlich mitgenommenem Zustand. Seit einigen Jahren macht mir dieser Traum nicht mehr so oft zu schaffen, weil es mir meist gelingt, ihm zu entkommen.

Schon wenn er beginnt, erkenne ich ihn, diesen anhänglichen Alptraum, und durchleide ihn bis zu einem gewissen Punkt. Dann plötzlich sage ich mir »Jetzt ist es genug«, und ich wache auf. Aber jedesmal bin ich gleichermaßen betroffen, und es dauert lange, bis dieses bedrückende Gefühl nachläßt.

Die Gemeinsamkeit zwischen diesem Traum und den Todesfällen, die sich in meiner Kindheit ereignet haben – und ich bin überrascht, daß sie mir erst jetzt aufgefallen ist – ist die Todesart. Meine Eltern sind erstickt, mein Großvater lag röchelnd in seinen Kissen, und auch meine Großmutter ist zehn Jahre später unter ganz ähnlichen Umständen verstorben. Allen fehlte im Augenblick ihres Todes die Luft zum Atmen. Jeder dieser Todesfälle war mehr oder weniger ein Erstickungstod. Grund genug, davon ein Trauma zurückzubehalten und, zumindest im Traum, eine Art »Familientradition« weiterzuführen.
Seltsam an dem Ganzen ist jedoch in meinen Augen mein zweifacher Tod. Der erste, physische Tod ist völlig schmerzlos, und ich erfahre ihn beinahe gleichgültig, ohne überrascht zu sein. Ich kenne und akzeptiere ihn von vornherein als eine einfache Formalität, die man durchlaufen muß. Der zweite Tod, oder besser gesagt, mein wirklicher Todeskampf, macht mir furchtbare Angst, und die Schmerzen, die ich dabei empfinde, kommen daher, daß die Menschen, die ich liebe, sich meiner Gegenwart nicht bewußt sind und nicht spüren, daß meine Liebe immer noch lebendig ist. Ich sehe zwei mögliche Deutungen dieses Traumes, ohne jedoch zu wissen, inwieweit sie richtig sind …
Die erste Erklärung ist die einfachere der beiden. Vielleicht ist der Traum ein Symbol für mein Leben, für meine Existenz als Schauspielerin, die nur dadurch ihren Wert erhält, daß andere Menschen sie bemerken.
Ja, diese Erklärung ist einfach, vielleicht ein wenig zu einfach. Natürlich fühle ich und fühlte ich bereits in der Vergangenheit noch sehr viel stärker dieses Verlangen nach »Publikum«, diesen Narzißmus, der für einen guten Start einer Karriere als Schauspielerin unabdingbar ist. Mir scheint, daß der Schmerz und die tiefe Verzweiflung, die ich am Ende meines Traumes empfinde, übersteigert sind und daß diese Erklärung deshalb nicht auf sie zutrifft. Es sei denn, daß ich die ganze Weite dieses Phänomens unter-

schätze, und zwar ebenso wie meinen subjektiven Eindruck, daß es sich im Laufe der Zeit abschwächt. Weshalb also dieses erste Sterben? Warum dieses qualvolle Ersticken, dieser unentrinnbare Tod und schließlich diese Feststellung, daß meine Seele unversehrt noch weiter unter den Lebenden weilt? Wenn es nur darum ginge, die beifälligen Blicke der anderen zu verlieren, würde es doch genügen, daß ich zum Beispiel zum Krüppel würde. Warum also der Tod? Und darüber hinaus handelt es sich in meinem Traum nicht um irgendwelche andere Menschen, um ein anonymes Publikum oder einfach nur Bekannte, sondern ausschließlich um jene Menschen, die ich wirklich liebe. Und vor allem leide ich ja an meiner eigenen Unfähigkeit, sie weiter berühren zu können ... Und dieses Leiden ist der eigentliche Gegenstand des Traumes.

Tatsächlich ist der ganze Anfang des Traumes nur ein Vorspiel, das man, wie in einem Drehbuch, erweitern, ausschmücken und variieren kann, um so das Wesentliche besser hervorzuheben. Dieser Anfang ist nicht besonders wichtig. Aber er hat alle Charakteristika eines guten Krimis. Und wie ein Regisseur kann ihn mein Geist so sehr ausweiten, wie es ihm paßt. Ohne sich von Gefühlen beirren zu lassen, ist er nämlich nur auf das eine bedacht: die Auflösung des Ganzen, meinen unsäglichen Schmerz, besonders zu betonen.

Ich glaube, ich beginne zu verstehen, was ich mit diesem Traum durchlebe, weil ich gemerkt habe, daß er viel schmerzlicher ist, seit ich selbst Kinder habe. Ganz so, als hätte er in ihnen und in meiner Liebe zu ihnen sein eigentliches Ziel gefunden, sozusagen die perfekte Steigerung des Szenarios.

Die zweite Deutung ist gleichfalls sehr vage und subjektiv, aber bei ihr spüre ich, daß sie einen Teil meiner Wahrheit enthält, schon allein wegen des schmerzlichen Gefühls, das mein Herz erfaßt, wenn ich nur daran denke.

Dieser Traum drückt aus, daß ich furchtbar unter dem Schuldgefühl leide, meine Eltern vergessen zu haben. Er ist die Strafe dafür, daß ich sie ins Reich der Schatten verbannt und in meiner Erinnerung ausgelöscht habe. Ich bin gleichermaßen ich selbst UND sie: SIE, meine armen unschuldigen Toten, die so früh dahingerafft worden sind, die – ohne es zu wollen – an jenem Morgen und in jenem Haus, ja, in diesem Leben, ihre Kinder allein zurückgelassen haben. Vielleicht versuchen sie ja (... wer weiß schon, wie und auf welche Weise?) mit uns Kontakt aufzunehmen, mit uns weiterzuleben, ohne jedoch fähig zu sein, sich uns mitzuteilen, mit uns zu sprechen, körperlich gegenwärtig zu sein, uns zu umarmen? Und ICH, dieses kleine, in sich selbst zurückgezogene Menschenwesen ohne wirkliches Elternhaus, das sich ganz zurückgezogen hat in das Schneckenhaus seines Schmerzes, in diesen kleinen Kern seiner Selbst, der inmitten einer trostlosen Wüste zum Mittelpunkt der Welt geworden ist. Der Schock dieses »niemals mehr«, der plötzlich über ES hereingebrochen ist, hat es für IHRE unsichtbare Anwesenheit blind und taub gemacht, für ihren Wunsch, der vielleicht noch existiert, nicht aufzuhören zu lieben und teilzuhaben. Vielleicht ...

Ich konnte nicht anders. Wirklich nicht. Ich war gerade erst neun Jahre alt ...

Vielleicht läßt sich meine Reaktion durch meine Jugend und durch die Grausamkeit der Situation erklären. Jedenfalls ist mir einerseits klar, daß ihre Körper begraben und der Verwesung überantwortet wurden. Andererseits habe ich in mir selbst alles, was sie vorher waren, erbarmungslos wie mit einem schwarzen Schleier verhüllt – ihre unnütz und schmerzlich gewordene Liebe, die unerträgliche Erinnerung an ihre Zärtlichkeit, an ihre Hände, ihre Stimmen, diese Stimmen, die mich vielleicht noch riefen, ohne daß ich es zu hören vermochte. Vielleicht ... Wer weiß? Um selbst überleben zu können, habe ich alles, was mit ihnen zu tun hatte, abgelehnt, ich, dieses arme Wesen, das sich in seinem Traum selbstquälerisch an ihre Stelle setzt, an die Stelle seiner hilflosen Eltern.

Vielleicht habe ich recht mit dieser Deutung, vielleicht unrecht. Vielleicht verhält es sich auch ganz anders. Diese Erklärung, die ich heute für mich gefunden habe, ist sicher nicht zutreffender als irgendeine andere, die vielleicht zu einem anderen Zeitpunkt meines Lebens logischer erscheinen würde. Gibt es auf diesem Gebiet überhaupt eine absolute Wahrheit? Jedenfalls ist es wahr, daß ich bis heute noch nicht verarbeitet habe, sie an jenem Morgen tot aufgefunden zu haben. Ich kann es noch nicht akzeptieren, daß ich aus heiterem Himmel diesen vernichtenden Schicksalsschlag hilflos hinnehmen mußte und gezwungen war, zuzusehen, daß das Leben weiterging, obwohl mich die Kälte meines erstarrten Blutes von den anderen isolierte. Denn das Leben ging weiter. Die Mutter des Nachbarkindes war immer noch da, die Menschen um uns bewegten sich, sprachen miteinander wie zuvor – alle Menschen, außer meinen eigenen Eltern.

Ich konnte das nicht akzeptieren, und ich kann es noch heute nicht – würde ich sonst den Drang verspüren, dieses Buch zu schreiben? Und so langsam beginne ich, mir selbst zu sagen, daß ich wohl niemals fähig sein werde, es zu akzeptieren. Und schließlich und endlich: Ob dieser Traum nun dies oder jenes bedeutet, ist letztlich nicht ausschlaggebend für mich.

Die Wahrheit ist wohl, daß mein Lebenswille und mein Wille, nicht zu leiden, meine Trauer so sehr überlagert, so sehr zurückgedrängt haben, daß sie sich nun wieder ausgebreitet hat, und zwar um so stärker, je weniger ich mich dagegen wehre. Und diese Trauer … ist sie schließlich und endlich nicht das einzige, was mir von ihnen wirklich noch geblieben ist? Ich entferne mich nie sehr weit von dieser Trauer, ich wende mich ihr immer wieder zu, ich lege sie immer wieder frei, wie eine schlecht heilende Wunde unter ihrem Schorf.

Bester Beweis hierfür: Es ist Sommer, alles rings um mich wächst und gedeiht, die Rosensträucher blühen, und meine beiden lebensfrohen gesunden Kinder spielen draußen in der Sonne … ohne mich. Ich bin nicht bei ihnen, sondern ich habe mich hier eingeschlossen in diesen vier Wänden, mit euch, meinen jungen Eltern, die ihr jetzt schon so alt wärt. Ich gehe ganz auf in dem Versuch, euch, die ihr mir für immer verloren seid, wiederzufinden. Ich habe euch verloren, aber vielleicht leidet auch ihr noch immer darunter, mich verloren zu haben? Wer weiß?

Wenn ihr es also seid, die mir diesen Traum schicken, so sollt ihr mir jede Nacht willkommen sein. Aber laßt nicht zu, daß ich die schönen Tage und das Glück des Sommers versäume. Ich bitte euch: Tretet nicht aus dem Schatten hervor, den ich, obwohl es doch kaum einen Sinn hat, zu durchdringen versuche. Sicher ist es besser so.

Die Löwin

Meine Großmutter mütterlicherseits an ihrer Nähmaschine.
Obwohl meine verschleierte Erinnerung mir keinerlei Bilder von ihr gelassen hat, so nehme ich doch an, daß ich sie so vorfand, wenn ich abends aus der Schule nach Hause kam.
Als erstes fällt mir auf diesem Foto ihre Lebenskraft auf. Mein Gott, welche Energie diese Frau ausstrahlt! Man erahnt diese Lebenskraft bereits, wenn man sich nur ihre Arme ansieht, ihre breiten Schultern oder diese markanten Gesichtszüge mit einer Stirn, die unter ihrer Löwenmähne Willenskraft, ja Dickköpfigkeit verrät. Im Gegensatz hierzu steht die überraschende Anmut ihres Handgelenks und der auf dem Schwungrad der Maschine ruhenden Hand.
Und dann, hinter ihr, beinahe ganz vom Schatten verschluckt, bescheiden und zurückhaltend, steht ihre Schwester, meine Großtante Juliette, diese treue Seele, die sich wie immer schüchtern im Hintergrund hält. Aber etwas anderes blieb ihr wohl auch kaum übrig, denn es war sicher sehr schwer, selbst als Erstgeborene, einer Löwin die Führungsrolle streitig zu machen. Ich glaube, sie hat nie geheiratet. Und soweit ich weiß, blieb sie bis zu ihrem Tod in der Nähe und unter der Fuchtel meiner Großmutter, dieser tragenden Säule des Familiengebäudes. Wie alle anderen Schwestern, Ehemänner, Kinder und Enkelkinder, war sie von der Löwin abhängig, wurde von Kopf bis Fuß von ihr eingekleidet und hatte ihr ihr Auskommen zu verdanken. Sie waren geborgen in der Wärme

dieser Lebenskraft, in diesem Heim, das nach Eintopf und hausgemachtem Kuchenteig roch. Irgend etwas brutzelte immer in der Backröhre, und im Hintergrund summte pausenlos dic Nähmaschine. Denn es verging kein Tag, an dem nicht ein Kleidchen oder ein Mantel genäht wurde. Wir waren umgeben von all diesen hausgemachten Dingen, die gut schmecken oder die man anziehen kann. Abgerundet wurde das Ganze durch die dazugehörige Unterhaltung, die für das Wohlbefinden beinahe genauso wichtig ist wie gutes Essen, wo ein Wort das andere gibt und alles sich zusammenfügt wie viele einzelne Zweige zu einem Nest. Diese dauerhaften Bindungen hat sie mit ihren Händen, mit ihren Armen und mit ihrem unerschöpflichen hausfraulichen Erfahrungsschatz geknüpft. Nicht verwunderlich, daß man die draußen herrschende Kälte noch viel stärker verspürte, wenn man das so heimelige und sichere Nest verließ.

Sie war eine dieser unermüdlichen Mutterfiguren, die so sehr vor Energie strotzten, daß es ihnen ständig zu warm war. Selbst im Winter reichte ihr eine kurzärmlige Bluse völlig aus … und außerdem sind Ärmel ständig im Weg! Alles bleibt an ihnen hängen: der Teig, der gerade geknetet wird, oder der Stoff, den man gerade vernäht. Darum krempelte sie die Ärmel auch immer hoch, um die Hühner zu füttern oder die Katze oder bei der Gartenarbeit. Ständig hatte sie irgend etwas mit ihren Händen zu tun, und da war es schon besser, kurze Ärmel zu tragen. Der ersparte Stoff ließ sich dann noch für zusätzliche Taschen verwenden.

Welche Energie …

Selbst ihre Haare spiegelten diese Energie wider. Sie hatte eine kaum zu bändigende, mehr als üppige Haarpracht – obwohl diese Haarpracht, als das Foto aufgenommen war, nur noch ein blasser Abglanz dessen war, was ehedem ihren Kopf geziert hatte. In ihrer Jugend war es noch nicht Mode, sich die Haare abzuschneiden. Man hat mir erzählt, daß ihre Haare jeden Morgen zu fünf gleichgroßen, beinahe armdicken Zöpfen geflochten wurden, die man ihr, um dieses große Gewicht gleichmäßig zu verteilen, um den Kopf wickelte. Ich kann mir kaum vorstellen, wie das Endresultat dieser Prozedur wohl ausgesehen haben mag. Das Ganze muß unbequem und schwer gewesen sein. Daher war es nicht weiter verwunderlich, daß sie fast täglich unter starken Kopfschmerzen litt und sich abends Kopf und Nacken massieren lassen mußte.

Ich erinnere mich noch an den besonders respektvollen Tonfall, mit dem diese Geschichte in unserer Familie erzählt wurde, ganz so, als spräche man von einem Naturwunder. Ich weiß auch noch, daß diese übermäßige Haarpracht erblich bedingt war: Sowohl ihre Mutter als auch ihre Großmutter »litten« unter ähnlich starkem Haarwuchs. Eine von beiden hatte sogar für ein Werbefoto von Petrol Hahn Modell gestanden. Ich erinnere mich sogar noch, daß ich einmal als kleines Kind eine Packung dieses besagten Haarwassers gesehen habe, die meine Großmutter aufgehoben hat. Darauf war ein altmodisches Sepiafoto zu sehen, das mich damals sehr beeindruckt hatte. Es zeigte die Rückenansicht einer aufrecht stehenden Frau. Sie hatte den Kopf leicht nach links gedreht und in den Nacken gelegt. Ihre beinahe schon unnatürlich üppige Haarpracht verhüllte ihren ganzen Körper und reichte bis auf den Boden.

Dann kam der Erste Weltkrieg und mit ihm das Ende dieser lästigen Zierde. Die Haare wurden abgeschnitten, verkauft, zu Perücken oder Armbändern verarbeitet. Und ganz so, als wollte die Natur diesen neuen Modetrend fördern und unterstützen, schien der weibliche Haarwuchs generell nachzulassen. Schluß mit diesen bis zu den Füßen reichenden Haarkaskaden. Manchmal – und mittlerweile immer seltener – trifft man noch auf eine dieser unbelehrbaren Zeitgenossinnen, denen es gelungen ist, ihre Haare bis zur Hüfte wachsen zu lassen. Das Ganze wird dann angestarrt wie eine Kuriosität und man dreht sich auf der Straße nach ihr um. Diese Zeiten sind nun endgültig vorbei.

Und dann erinnere ich mich noch an Sonntage, Feiertage und die großen Feste wie Weihnachten, wenn Besuch kam. Erinnere ich mich wirklich daran, oder hat man mir davon erzählt? Schürze und Nudelholz kamen zu Ehren, wenn sich meine Großmutter der höheren Backkunst widmete. Manchmal standen zehn, ja zwölf verschiedene Kuchen auf dem Tisch. Zwei volle Tage war sie damit beschäftigt, Teig zu kneten und auszurollen, Eierschaum zu schlagen, Kekse mit Rum oder Kirschwasser zu verfeinern und Karamellen zu kochen. Und dann kam für mich der wunderbarste Moment überhaupt, wenn man von den obersten Küchenregalen die Einmachgläser mit kandierten Früchten und farbigem Marzipan herunterfischte. Da waren dann auch noch diese kleinen silbernen Zuckerkügelchen, die Zuckerveilchen, die farbigen Schokoladenstreusel, mit denen die Mokkatrüffel bestreut wurden, und die Rosen aus Zuckerguß mit ihren durchsichtigen Blättern. Am meisten liebte ich jedoch die langen, klebrigen Engelwurzstangen. Damit ich endlich aufhörte, alles anzufassen und zu kosten, gab man mir schließlich eine davon und verbannte mich aus der Küche. Es war unglaublich. Eine richtige Kuchenorgie! Ich weiß nicht, was wir normalerweise die Woche über aßen – ich glaube, es war mehr oder weniger Hausmannskost –, aber an solchen Tagen, da herrschte bei uns eine Atmosphäre festlichen Überflusses. Wenn dann die eigentliche Feier vorüber war, zehrte man noch eine ganze Woche von den köstlichen Resten. Sie wurden zum Frühstück, zum Kaffee und zu allen Mahlzeiten gereicht.

Aus dieser Zeit ist mir ein Rezept geblieben, das ich niemals vergessen habe. Für meine Schwester und mich ist es DER Kuchen überhaupt. Omas Kuchen. Der Kuchen unserer Kindheit, die einzige Kindheitserinnerung, die wir wirklich gemeinsam haben (...da meine Großmutter nach dem Tod meiner Eltern meine kleine Schwester aufzog, während ich in der Familie meines Vaters Aufnahme fand). Das Aroma dieses Kuchens ist also in gewisser Weise das Bindeglied zwischen unseren voneinander getrennt verbrachten Kinderjahren. Diesen Kuchen backe ich immer noch zu Weihnachten oder für Geburtstagsfeiern. Für mich ist er einfach

ein festliches Überbleibsel meiner Jugend, und in gewisser Weise führe ich so die einzige uns gebliebene Familientradition weiter. Und wenn die Feier schließlich vorbei ist, dann nehmen sich meine Schwester und ich die Zeit, diesen wunderbaren Kuchen wirklich in Andacht zu genießen, und zwar zum Frühstück, zum Nachmittagskaffee und schließlich als Nachtisch zu allen Mahlzeiten. Das zieht sich über einige Tage hin und geschieht zu Ehren unserer Großmutter. Es handelt sich bei diesem Kuchen um eine wahre Kalorienbombe, und wahrscheinlich ist er für alle anderen außer uns ganz und gar unverdaulich … Und hier nun das Rezept:
Kastanienpüree wird mit geschmolzener Bitterschokolade vermischt. Nun fügt man ausgelassene Butter hinzu, die man zuvor mit der gleichen Menge an Zucker vermischt hat. Es folgen geriebene Mandeln und ein Schuß Kirschwasser. Der fertige Kuchen wird mit Walnußstücken garniert und eine Nacht lang in den Kühlschrank gestellt. Die erkaltete Butter gibt dem Ganzen schließlich Form und Festigkeit. Den krönenden Abschluß bildet ein Überzug aus Puddingcreme (ungefähr zwölf Eigelb auf einen Liter Milch). Das wär's. Ein Gedicht. Einem normalen Menschen wird es nach höchstens drei Löffeln von dieser Mischung übel. Meine Schwester und ich können problemlos eine ganze Schüssel davon leer essen. Ob wohl die Sehnsucht nach den Tagen der Kindheit einen Einfluß auf den menschlichen Verdauungstrakt ausübt? In diesem Kuchen spiegelt sich das Wesen meiner Großmutter wider. Angenehm, aber schwer, häuslich, jedoch für schwächliche Naturen ziemlich ungesund. (Bei Neigung zu Gallenkoliken ist besondere Vorsicht geboten!)
Weniger angenehm sind mir die selbstgenähten Mäntel in Erinnerung, die ich tragen mußte. Sie hatte die Angewohnheit, sie immer zu knapp zuzuschneiden. Ärmel und Kragen waren viel zu eng. Ich erstickte beinahe in diesen Kleidungsstücken, und unter den Armen waren sie mehr als unbequem. Beim Anziehen gab es jedesmal eine Auseinandersetzung, die damit endete, daß man mir gewalt-

sam auch noch den obersten Knopf zuknöpfte, aber natürlich erst, nachdem man mir noch zusätzlich einen Schal um den Hals geschlungen hatte, damit ich mich ja nicht erkältete. Natürlich vergingen keine fünf Minuten, bis ich mir wieder Luft verschaffte. Doch diese Atempause war immer nur von kurzer Dauer, und wieder wurde der oberste Knopf zugemacht. Diese Mäntel, das Ergebnis einer klaustrophobieauslösenden Heimarbeit, erklären vielleicht meine Vorliebe für bequeme und weite Kleidung, mit sehr weit geschnittenen Ärmeln.
Zu Hause war sie die absolute Herrin, über alles und jeden. Aber vielleicht war sie sich dieser diktatorischen Herrschaft, die sie ausübte, gar nicht bewußt. Einerseits schreckt man davor zurück, diesen unmittelbaren Ausdruck ihrer Lebenskraft als Tyrannei zu bezeichnen, andererseits waren ihre Wesensart und ihr Verhalten nichts für schwächliche Naturen …
Als meine Eltern in ihr nagelneues Haus einzogen, ging ich von ihr weg, und damit auch aus diesem gemütlichen Haus und dem Leben in der Großfamilie. Meine Mutter war also nur für ganz kurze Zeit ihrer »Herrschaft« entronnen, bevor schließlich einige Monate später die tragischen Ereignisse ihren Lauf nahmen. War es fern von diesem Nest so kalt, daß man Gefahr lief, zu erfrieren?
Später habe ich meine Großmutter einige Jahre lang regelmäßig wiedergesehen, und zwar immer dann, wenn ich meine kleine Schwester besuchte.
Schließlich verließ ich meinen Geburtsort. Ich lief vor meiner Familie, meiner Vergangenheit und all den Dingen davon, die mich daran erinnern konnten, was ich verloren hatte. Von da an sah ich sie nie mehr. Ich sah sie nie mehr wieder. Und wie all die anderen, vergaß ich auch sie. Ich weiß noch nicht einmal – und es fällt mir schwer, das zu sagen – wo, wie und wann der Tod die Löwin bezwang.
Geblieben sind mir von ihr nur ihr Foto an der Nähmaschine, meine Vorliebe für gemütliche Häuser, in denen überall Teppiche und

Deckchen herumliegen, auf denen schnurrende Katzen vor sich hindösen. Geblieben ist mir auch ein kirschwassergetränkter Kastanienmandelkuchen, der auf der Zunge einen bittersüßen Nachgeschmack hinterläßt – so bittersüß wie meine verlorene Kindheit.

Nachdem ich diesen Text über meine Großmutter niedergeschrieben hatte, ging ich zu Bett. Als ich ihn am nächsten Morgen noch einmal las, traf mich die Grausamkeit dieser letzten Zeilen wie ein Pfeil ins Herz ... ja, die Grausamkeit! Denn plötzlich wurde mir eines klar: Nachdem ich meine Großmutter verlassen hatte, habe ich mich im wahrsten Sinne des Wortes nicht mehr um sie gekümmert. Der Gedanke, daß sie als ein lebendiger Mensch noch da war, bis zu dem Tag, an dem sie dann schließlich starb, war mir bis zu jenem Morgen nie, nicht ein einziges Mal, in den Sinn gekommen. Wie und wann meine Großmutter, die Frau, die mich fast bis zu meinem neunten Lebensjahr aufgezogen hat, gestorben ist, weiß ich nicht. Ist das nicht unglaublich? Hing meine eigene Fähigkeit, glücklich zu sein, wirklich davon ab, daß ich die Meinen so erbarmungslos aus meinem Leben verbannte?
Noch nachträglich hat mich die Ungeheuerlichkeit dieses Verhaltens übermannt, so sehr, daß meine Knie zitterten und meine Hände ganz kraftlos waren. Einen ganzen Morgen lang konnte ich nicht aufhören zu weinen, bis ich schließlich völlig erschöpft einschlief.
Lag es daran, daß ich ihr und den anderen einfach nicht verzeihen konnte, noch am Leben zu sein, während meine Eltern tot waren? War das der Grund dafür, daß ich ihre Existenz aus meinem Gedächtnis strich? Ist das die Erklärung? Habe ich sie auf diese Art und Weise getötet, all jene, die auf ungerechte Weise überlebt hatten, während diejenigen, die ich wirklich bei mir haben wollte, für immer unter der Erde waren?
Keine weiteren Worte. Kein Satz mehr.
Es wäre besser, du würdest jetzt schweigen.

Meine Mutter als Kind in ihrem Rolls-Royce, mit ihrem Pelzkragen. Erinnerung an das angenehme Vorkriegsleben, die Zeit, als man ins Kino oder in den Zirkus ging und teure Mäntel trug, bevor all das sich schließlich im Hagel der Bomben in Rauch auflöste.
Meine Großmutter vor dem Eingang eines Kolonialwarengeschäftes. Ich weiß nicht, wem der Laden gehörte.
Vor dem Schaufenster steht ihre Schwester, wie immer in ihrem Schatten, mit dem für sie typischen bescheidenen Lächeln und den hängenden Schultern. Und dann waren da noch meine Mutter (mit einem Werbeplakat in der Hand) und ihre kleine Schwester. Der einladende Gesichtsausdruck und die ganze Körperhaltung meiner Großmutter, wie sie so mit ihrer Hand auf der Hüfte und dem herrisch aufgesetzten Fuß in der Ladentür steht, machen eines deutlich: Es wäre ratsam, darauf zu achten, ihr beim Betreten des Geschäftes nicht auf die Füße zu treten.

Ich zog also zu meiner Großmutter väterlicherseits und zu meiner Tante, bei denen ich fortan leben würde.
Auch die Monate, ja, selbst die ersten Jahre nach dem Tod meiner Eltern liegen im Schatten dieses Vergessens, und ich habe keinerlei Erinnerung mehr an meinen Einzug in das Haus in Bonsecours. Im Gegensatz zu den klaren und scharfen Bildern, die mir vom Morgen der Katastrophe geblieben sind, hat meine Amnesie all das ausgelöscht, was danach geschah. Wahrscheinlich versuchte ich mit allen meinen Kräften, mein »Vorleben« zu vergessen und im wahrsten Sinne des Wortes wegzuwischen, um – ohne SIE – wiedergeboren zu werden. Denn darauf, so glaube ich, lief das Ganze hinaus: wiedergeboren zu werden, voller Bitterkeit gegen dieses so schmerzlich erlangte Bewußtsein des »nie wieder«.
Ich weiß nicht, was in mir vorging, durch welche Prozesse es mir gelang, mein Leid »auszublenden« und einen ganzen Abschnitt meines Lebens zu vergessen. Geschah dies schlagartig, oder hat mein Geist monatelang an diesem schwarzen Schleier gewebt? Ich weiß noch nicht einmal, ob sie mir nachts im Traum erschienen. Der Kampf in mir vollzog sich lautlos. Nach dem Erwerb dieses ersten instinktiven Schutzreflexes mußte ich all meine Kräfte daransetzen, diese Abwehrreaktion zu festigen, ohne daß die anderen – ja, ohne daß ich selbst – es merkten.
Ich sprach nie über sie. Ich zeigte weder Bedauern, noch Schwäche, und niemals ließ ich mich gehen. Nach außen wirkte ich wie ein

außergewöhnlich lebhaftes und fröhliches Kind ... vielleicht ein wenig zu fröhlich. Beim Spielen setzte ich so viel Energie frei, daß ich beinahe in Trance geriet. Und später hat man mir erzählt, daß es wirklich sehr schwer war, mich zu beruhigen. Wahrscheinlich konnte ich einfach nicht abschalten. Die Ruhe war noch zu gefährlich für mich ... Ich lebte. Ich überlebte. Was Lachen und Lärmen anging, so tat ich des Guten wohl zuviel. Weil ich überhaupt niemals traurig zu sein schien, sagten sich die Leute vielleicht, daß ich das Ganze »wohl sehr gut überwunden hatte« – oder aber sie waren über mein Verhalten entsetzt und sahen in diesem Kind eine Art Ungeheuer.
Ein Ungeheuer. Ein kleines, gleichgültiges Monster ... Ich glaube, daß meine Großmutter diesen Eindruck von mir hatte. Sicher verging kein Tag, an dem sie nicht den Tod ihres Ehemannes und ihres Sohnes beweinte, die sie in einer einzigen Unglückswoche verloren hatte.

Mein unbeugsamer Wille, ohne SIE weiterzuleben, mein Lachen und mein Lärmen waren wohl so unvereinbar mit ihrer eigenen Trauer, daß sie eines Tages versuchte, meine ungeheuerliche Gleichgültigkeit zu durchbrechen.
Und das gelang ihr auch. Und zwar so vollkommen, daß dieser Augenblick die einzige Erinnerung ist aus den Monaten nach dem Tod meiner Eltern. Eine Erinnerung, die genauso tief eingeprägt und genauso schmerzlich ist, wie die an ihr Begräbnis. Was genau in mir vorging, weiß ich nicht und kann ich auch nicht beschreiben. Aber die Tatsache, daß es einen so erschütternden Moment überhaupt gab in einer – was mich betrifft – sonst so nebelhaften Erinnerung an diesen Zeitabschnitt, beweist mir, daß sich in mir wohl eine echte Persönlichkeitsspaltung vollzog. Eine scharfe innere Trennungslinie bildete sich heraus zwischen einem wunden »Ich«, das um jeden Preis ausgelöscht werden mußte, und diesem neuen »Ich«, das überleben wollte, und dessen wei-

tere Existenz vielleicht überhaupt nur um diesen Preis möglich war.

Nur ein einziges Mal verletzte meine Großmutter diese Grenze, die noch so schwach gesichert war, daß eine einzige Geste genügte, und als diese Geste im richtigen Moment kam, löste sich meine oberflächliche Gefühllosigkeit in nichts auf.

Ich glaube, das Ganze geschah einige Monate nach dem Tod meiner Eltern, vielleicht ein halbes Jahr danach, denn ich erinnere mich noch an das schöne Wetter. Es war so warm, daß wir die Türen und Fenster zum Garten offengelassen hatten. Ich erinnere

mich dumpf an das Gefühl der Sonne auf meinen nackten Beinen und an ein Sommerkleid.
Meine Tante war im Geschäft, und meine Großmutter und ich waren allein zu Hause. Vielleicht war es an einem Donnerstag, dem Tag, an dem ich schulfrei hatte. Wie sonst auch, wie es meine Art war, spielte ich unter Verausgabung all meiner Kräfte im Garten. Ich war ganz in meiner Traumwelt verloren und hörte erst mit dem Spielen auf, als ich erschöpft war.
Völlig außer Atem und mit den Gedanken ganz woanders, ging ich (ich weiß nicht mehr, warum) auf mein Zimmer.
Der Schock traf mich wie ein Blitz. Ich spüre noch, wie ich mitten in der Bewegung innehielt und ein unsäglicher Schmerz mich zerriß. Mitten auf meinem Bett lag ein Foto meiner Eltern. Ich glaube, es war das erste Mal, daß ich nach ihrem Tod wieder ihre Gesichter sah. Ich hatte keine Zeit, mich dagegen zu wappnen. Ich sah sie und nahm ihre lächelnden Gesichter in mich auf. Zunächst stand ich wie gelähmt da – dann brach ich in Tränen aus.
Als meine Großmutter meine Schreie hörte, kam sie herbeigelaufen. Wahrscheinlich war sie ganz in der Nähe und hatte mich heimlich beobachtet, denn ich erinnere mich, daß sie fast augenblicklich nach diesem furchtbaren Moment des Schmerzes bei mir war. Sie schloß mich in ihre Arme und versuchte vergebens, diese Sintflut von Tränen einzudämmen. Es folgten endlos lange Minuten, in denen sie schwieg, weil sie einfach nicht mehr wußte, was sie tun sollte, um die Verzweiflung, die sie heraufbeschworen hatte, zu mildern.
Obwohl sie das Foto schnell versteckte, war es bereits zu spät. IHR Abbild hatte sich mir eingeprägt. Eine Bresche war geschlagen, und alles, was sich monatelang angestaut hatte, strömte unaufhaltsam aus mir heraus. Schließlich weinte auch meine Großmutter. Sie stand dem Ganzen völlig hilflos gegenüber. Mehrmals bat sie mich um Verzeihung. Und dann flüsterte sie mir verschüchtert diese Worte ins Ohr:

»Verzeih mir ... Ich wollte wissen, ob du überhaupt etwas empfindest.«

Wie sehr ich sie nun verstehe.
Nicht erst jetzt, sondern schon damals, gleich. Bereits in jenem Augenblick verstand ich sie, trotz meiner Verzweiflung. Und niemals habe ich ihr diese scheinbar so grausame Geste übelgenommen.
Nein, ich habe es ihr nicht nachgetragen. Und ich habe nie verstanden, warum nicht.
Ich hatte damals eigentlich keinen Grund, diese unbeholfene Geste rührend zu finden. Ich lehnte mich so sehr gegen den Schmerz auf, daß ich zum Beispiel meinen Verwandten nachtrug, mich dazu gezwungen zu haben, am Begräbnis teilzunehmen, einem Ereignis, das in mir einen ähnlich tiefen Schmerz ausgelöst hatte. Aber das hier war noch schlimmer ... Das Begräbnis meiner Eltern war ein unausweichliches, sozial bedingtes Ereignis, das schon kurze Zeit nach ihrem Tod in einer Atmosphäre der allgemeinen Trauer und des Schmerzes stattfand. Es hatte in mir einen solchen Widerwillen ausgelöst, daß dieses Gefühl noch Jahre später unvermindert lebendig war. Um wieviel stärker hätte eigentlich meine Reaktion auf diese mutwillige Geste einer Einzelperson sein müssen. Meine Großmutter hatte mir ganz bewußt das Foto meiner Eltern vor Augen gehalten, in einem Moment, in dem ich überhaupt nicht darauf vorbereitet war und mich nicht dagegen wehren konnte. Sie tat dies aus einem einzigen Grund heraus: Sie wollte feststellen »ob ich überhaupt etwas empfand«. Logischerweise hätte ich sie dafür bis an mein Lebensende hassen müssen.
Aber dem war nicht so. Nachdem der erste Schock vorbei war, sie meine Tränen getrocknet und das Foto in einen Schrank weggeräumt hatte, wußte ich bereits, daß ich ihr das Ganze nicht mehr nachtragen würde. Ja, ganz im Gegenteil, das freundschaftliche, verständnisvolle und innige Verhältnis, das zwischen uns bestand, verdanken wir wahrscheinlich diesem Ereignis.

Ich erinnere mich an einen langen Moment inneren Friedens, als wir nach diesem Vorfall zusammen in der Küche saßen. Meine Großmutter war noch ganz erschüttert und zitterte. Aber sie kümmerte sich um mich. Sie öffnete ein Glas Eingemachtes und machte mir Marmeladenbrote. Und während sie mir so zu essen gab, sprach sie sanft und beruhigend auf mich ein. Sie hätte alles getan, um mich über das hinwegzutrösten, was sie angerichtet hatte.
Müde und abwesend saß ich am Tisch und aß meine Brote. Ich fühlte mich kraftlos, wie jemand, der gerade dabei ist, sich von einer schweren Krankheit zu erholen, und es tat mir gut, etwas zu essen. Mir war ein bißchen schwindelig, ich fühlte mich leer, und meine Seele war wie reingewaschen. In diesem Zustand entdeckte ich aufs neue den Geschmack des Brotes und dieses prickelnde Gefühl von frischer Luft in den befreiten Lungen.
Ein kurzer Satz, ein Blick. »Willst du noch ein Brot?« Stille und Frieden ruhten auf uns und auf der Kühle dieses Raumes, in den die Sonne schien. Nach diesem Aufruhr verstrich nun die Zeit wieder gemächlich, und wir ließen sie verstreichen.
Ich weiß nicht, ob sie am Abend meiner Tante erzählt hat, was geschehen war. Ich weiß es nicht. Ich glaube eher, daß dieser Augenblick unter uns blieb. Wir haben nie mehr darüber gesprochen.
Nun war sie sicher beruhigt. Ich war kein gefühlloses Ungeheuer. Genau wie sie litt auch ich, jedoch ohne es zu zeigen. Von da an konnte sie mich liebhaben. Bevor sie sich dessen sicher war, war ihr das wahrscheinlich nicht mehr möglich gewesen. Das hatte ich schon damals gleich verstanden – und sie hatte das auch sehr verständlich gemacht. Aber in ihren Augen hatte ich auch gelesen, daß sie nicht stolz war auf die Art und Weise, wie sie ihre Zweifel über meine Gefühle aus der Welt geräumt hatte. Wahrscheinlich hatte sie die ganze Sache lange vorbereitet. Sie hatte ein Foto heraussuchen müssen, den richtigen Moment abwarten, einen Zeitpunkt, zu dem sie sicher sein konnte, daß außer uns beiden niemand zu Hause war. Vielleicht hatte sie gezögert, bevor sie schließlich das

Foto so offen und gut sichtbar hinlegte und aus einiger Entfernung meine Reaktion beobachtete. Ein unfehlbarer Instinkt hatte ihr wohl gesagt, daß nur durch einen Überraschungseffekt an mich heranzukommen war. Es konnte nur funktionieren, wenn ich keine Zeit hatte, mich auf das vorzubereiten, was da auf mich zukam. Sie mußte mir eine Art Hinterhalt legen. Das war es wirklich, ein Hinterhalt, und dafür schämte sie sich. Deshalb schwieg sie damals in der Küche.

Ja, das alles hatte ich wirklich gut verstanden.

Jedesmal, wenn ich später an diese Geschehnisse zurückdachte, fiel mir meine Großmutter ein. Was waren ihre Beweggründe, was mochte sie wohl davor und danach gedacht haben? Ich mußte immer wieder an ihre Erleichterung und dieses Gefühl der Scham denken, die ich beide so gut nachvollziehen konnte. Und daher brauchte ich mich nicht mit dem zu beschäftigen, was mir weiterhin unverständlich blieb: nämlich das, was ich selbst empfand.

Warum hatte ich mich nicht gegen das, was sie getan hatte, und gegen sie aufgelehnt? Warum hatte ich ganz im Gegenteil in der Küche diese Ruhe und diesen inneren Frieden gespürt? Woher kam überhaupt dieses tiefe Gefühl des Loslassens, das ich in meinem Inneren empfand? Dieser Eindruck, geläutert, offen und wiedergeboren zu sein? Der langersehnte Genesungsprozeß, der nun begonnen hatte, blieb mir ein völliges Rätsel.

Damals begriff ich das noch nicht. Erst heute verstehe ich endlich, daß ich diesen Moment unsäglichen inneren Friedens meiner eigenen Erleichterung verdankte. Mein Gott! Wie lange brauchen wir doch, um das zu verstehen, was uns am tiefsten berührt. Manchmal, wenn uns eine so einfache, so naheliegende Wahrheit durch eine Art Geistesblitz plötzlich aufgeht, dann fragen wir uns, durch welches Phänomen ein so dünner Schleier des Unverständnisses sie für so lange Zeit vor unserem geistigen Auge hatte verbergen können.

Dreißig Jahre hat es gedauert – und es will schon etwas heißen, sich so lange Zeit vor einer so einfachen Wahrheit zu verschließen –, dreißig Jahre mußten also vergehen, bis ich schließlich verstanden habe, daß ich meiner Großmutter ihr Verhalten an diesem Tag niemals nachgetragen habe, weil sie mir damit ein unschätzbares Geschenk gemacht hat. Mit dieser scheinbar grausamen, unbeholfenen Geste gab sie mir die Gelegenheit, dem ganzen Schmerz, der sich seit Monaten in mir angestaut hatte, freien Lauf zu lassen, ihn zu empfinden und ihn auszudrücken. Aber ihr größtes Geschenk an mich war, daß ich durch sie meine Fähigkeit erkannte, überhaupt etwas zu empfinden. So wurde auch mir klar, daß ich kein Ungeheuer war und auch ich konnte beruhigt sein. Es war ein kostbarer und heilsamer Moment der Versöhnung mit mir selbst und mit dem, was geschehen war.

Im Halbdunkel und in der Kühle dieser Küche war mein ganzer Kummer von mir abgefallen. Ich war ruhig und hatte mich aus meiner inneren Verschanzung herausbegeben. Nachdem ich mir meinen Schmerz eingestanden hatte, war er abgeklungen. Die Toten waren im Reich der Schatten, festgehalten auf ihrem Foto im Schrank, aber gleichzeitig trug ich sie in mir. Draußen warteten die Natur und der Sonnenschein, und ich sah sie durch das Fenster. Ich hatte eine Mitte gefunden, und in diesem Moment des Waffenstillstands begriff ich das eine wie das andere. Ich fühlte mich verbunden mit Schatten und Licht, ich spürte die Nähe der Toten und sah gleichzeitig das Leben vor mir.

Es war ein kurzer, ein sehr kurzer Moment voller Friede und Ausgewogenheit. Und dann nahm das Leben wieder seinen Lauf. Gespräche, Spiele, Beschäftigungen, kurz, das Leben mußte weitergehen, und dieser Moment der Ausgewogenheit gehörte schon wieder der Vergangenheit an.

Ich ließ meine Großmutter in der Küche zurück, ich ließ sie allein im Schatten mit den Toten und ihrem Bedauern. Mit kindlicher Energie stürzte ich hinaus, weg aus dieser Küche, weg von diesem gesegneten Augenblick, um im Sonnenschein mein Lärmen, mei-

ne Spiele und meine Ablehnung des Leidens wiederzufinden. Nachdem mir klargeworden war, daß meine Gefühllosigkeit nur eine Illusion war, stürzte ich mich aufs neue in diese Illusion mit aller Kraft meiner neun Jahre und kapselte mich wieder ab. Auch meine Tante lehnte sich wie ich gegen diese trübsinnige Nostalgie auf. Deshalb half sie mit ihrer Liebe und der ganzen Kraft ihrer Begeisterungsfähigkeit diesem Kind, das sie so spät erst empfangen hatte, eine Zukunft zu erschließen. Und so nahm ich, voller Optimismus, den Kampf wieder auf, diesen instinktiven Kampf für das Leben und gegen den Tod.

Bringt die Kinder zum Weinen

Endlich habe ich, wenn auch spät, den Weg erkannt, den ich gegangen bin, und der dazu geführt hat, daß ich dieses Buch schreibe. Wahrscheinlich hätte mich niemand daran hindern können, ihn einzuschlagen, so sehr lehnte ich es ab, zu leiden, und so stark war meine instinktive Reaktion, mich diesem Leiden zu verschließen und es zu leugnen. Deshalb fühle ich mich an dieser Stelle gedrängt, etwas zu sagen.

Man träumt immer davon, daß das, was man schreibt, irgend jemandem nützen wird – und sei es nur einem einzigen Menschen. Man hofft, daß das, was man unter großen Schwierigkeiten aus sich herausgeholt hat, kein steriler Monolog bleibt. Was hielte einen sonst davon ab, diese Seiten gleich in irgendeiner Schublade zu vergraben.

Darum: für wen auch immer …

Wenn Ihnen ein Kind begegnet, dem ein Trauerfall widerfahren ist, und das sich mit aller Macht in sich selbst zurückzieht, den Tod und seinen Kummer leugnet, dann bringen Sie es zum Weinen. Sprechen Sie mit ihm, zeigen Sie ihm, was es verloren hat, selbst wenn das grausam erscheint, selbst wenn es sich dagegen so rücksichtslos zur Wehr setzt, wie ich das getan habe, selbst wenn es Sie dafür hassen muß. (Aber was ich da sage, ist ja unmöglich in die Tat umzusetzen … Während ich dies zu Papier bringe, habe ich den Blick meiner Großmutter vor Augen. Er spiegelte den Schmerz und die Scham wider, die sie wohl empfand, weil sie mir die Gesichter meiner Eltern gezeigt hatte. Ich sehe die Tränen in ihren Augen, ihre zitternden Hände, die nur noch damit beschäftigt sind, zu trösten. Und ich höre, wie sie mich mit gebrochener Stimme um Verzeihung bittet. Niemals hätte sie es vermocht, mich noch einmal so leiden zu lassen. Denn wenn man jemanden liebt, versucht man alles zu tun, um ihm das zu ersparen. Und dennoch ...) Und dennoch, Sie müssen seinen Widerstand überwinden. Bringen Sie es dazu, seiner Trauer freien Lauf zu lassen, damit sich nicht tief in seinem Innern ein schwärendes Geschwür des Kummers bildet, das später in ihm weiter wuchert und schließlich aufbricht. Wenn man seinen Kummer in Ketten legt, dann welkt er nicht von alleine dahin. Er wächst, er wird zur bösartigen Geschwulst. Er nährt sich vom Schweigen, und lautlos und unmerklich beginnt er einen zu vergiften.

Bringen Sie sie zum Weinen, diese Kinder, die leugnen wollen, daß sie leiden. Das ist die größte Barmherzigkeit, die Sie ihnen erweisen können.

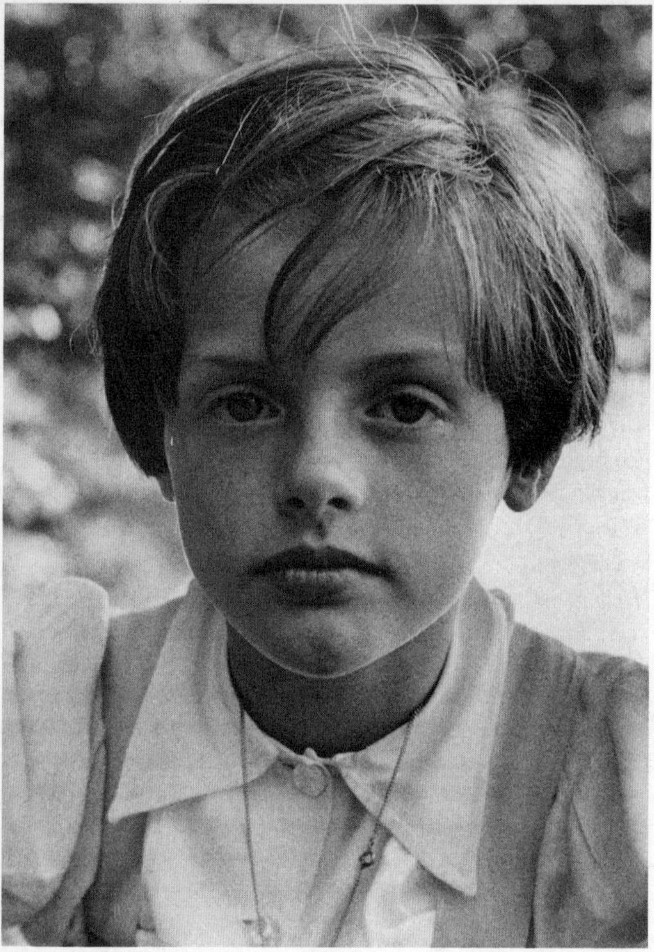

Ein zeitloses Porträt

Das ist das letzte Porträt, das mein Vater von mir gemacht hat, wahrscheinlich kurz vor seinem Tod. Ich finde es sehr ungewöhnlich.
Das ist mein Foto. Es zeigt die ganz offen, die ich tief in meinem Innern bin. Noch fünfunddreißig Jahre später sind es genau diese Augen, die mich aus dem Spiegel ansehen, wenn ich mit mir selbst alleine bin, wenn ich keine Maske mehr trage und mich nicht bemühe, jemand anderer zu sein.
Manchmal sehe ich auch meine Kinder so, wenn sie sehr müde sind oder sich selbst vergessen. Einen Augenblick lang sehe ich ihr zeitloses Gesicht, das durch ihre kindlichen Gesichtszüge hindurchscheint. Aber solche Augenblicke sind so flüchtig, daß es fast nötig wäre, ständig eine schußbereite Kamera mit sich zu tragen, um sie einzufangen. In Blick und Ausdruck konzentriert sich für einige Sekunden das, was sie wirklich sind, und was sie ihr ganzes Leben hindurch sein werden: ihre wahren Gesichter.
Und dann entflieht dieser Augenblick wieder. Sie kommen zu sich, sie kehren um, sie lachen, sie geben vor, etwas zu sein. Sie tauchen wieder ein in die Gegenwart.
Meinem Vater ist es gelungen, in diesem Bild einen dieser Augenblicke festzuhalten, in denen das menschliche Wesen »bei sich« ist. Er hat ein zeitloses Porträt von mir gemacht. Obwohl dieses Bild vor ihrem Tod aufgenommen wurde, war ich schon damals ich selbst ...

Verschieden und doch gleich

Und dann kam die andere Trennung. Als die ersten Wochen schmerzlicher Erstarrung vorüber waren, hieß es auf das, was geschehen war, zu reagieren und dafür zu sorgen, daß das Leben weiterging. Es gab da zwei Kinder, um die man sich kümmern mußte: mich und meine fünf Monate alte Schwester. Da niemand über die nötigen Mittel verfügte, um uns beide gemeinsam aufzuziehen, beschloß man uns voneinander zu trennen.

Dies war, nach dem Tod meiner Eltern, der größte Schmerz, der mir widerfuhr, und ich glaube, es war überhaupt das Schlimmste, was meiner Schwester und mir seitdem passiert ist.

Ich hatte mich so sehr über diese Geburt gefreut, denn ich war aus dem Alter kindlichen Rivalitätsdenkens schon heraus und empfand diesen Säugling, der da in mein Leben trat, deshalb als ein wunderbares Geschenk. Nachdem ich acht Jahre lang das einzige Kind gewesen war, war ich nun nicht mehr allein, und wie eine kleine Mutter verhätschelte ich das Baby stundenlang. Eigentlich war diese Schwester, die mir so geschenkt worden war, mein Baby. Nach dem Schock dieser endgültigen Verurteilung zur Einsamkeit war es für mich eine sehr grausame Prüfung, daß mir das Baby, das ich gerade begonnen hatte ins Herz zu schließen, weggenommen wurde. Man nahm mir den Menschen, der mir auf Erden am nächsten stand und dem ich meine Zärtlichkeit hätte schenken können. Ich glaube, daß diese Trennung sehr viel dazu beigetragen hat, daß ich mich den anderen gegenüber so sehr verschloß. Wenn einem

innerhalb weniger Tage all die genommen werden, die man liebt – Vater, Mutter, Schwester –, dann ist das sehr wohl ein Grund, extrem egozentrisch zu werden – ohne hier nach einer vordergründigen Entschuldigung für mein Verhalten zu suchen. Aber bevor ich nun weitererzähle, muß ich etwas klarstellen. Ich fürchte, daß durch meine nüchterne Beschreibung der Ereignisse ein falsches Bild meiner Familie entsteht. Wir wurden getrennt – das ist wahr. So kurz und bündig ausgedrückt, wirkt diese Handlungsweise brutal und herzlos. Sie erscheint unseren Gefühlen – oder zumindest meinen Gefühlen – gegenüber (das Baby war noch zu klein, um etwas von der ganzen Sache mitzubekommen) völlig rücksichtslos.
Die Wirklichkeit war jedoch ganz anders:
Unter Aufbietung all der Zuneigung, deren er fähig war, und unter Erduldung seines eigenen Kummers, tat jeder einzelne, was in seinen Kräften stand und was er für das Beste hielt.
Später kam mir noch der Gedanke, daß die beiden Familien, von denen jede ein Mitglied verloren hatte, sich das, was die Katastrophe überdauert hatte – nämlich uns – ehrlich geteilt hatten: ein Nachkomme für jeden. Ich kam in die Familie meines Vaters, meine Schwester in die meiner Mutter. Wahrscheinlich gab ihnen das einen gewissen Trost, eine gewisse Entschädigung, ganz so, als besäßen sie einen kleinen überlebenden Teil ihrer für immer von ihnen gegangenen Kinder.
Wäre auch eine andere Lösung möglich gewesen?
Ich weiß es nicht. Vielleicht hätte man unsere Trennung vermeiden können. Aber das hätte bedeutet, daß einer der beiden Familien dieser Trost vorenthalten worden wäre.
Und dann ist es auch einfach unmöglich, in solch einem Moment übergroßer Trauer an alles zu denken und so weit in die Zukunft vorauszuplanen. Niemand kann so lange Zeit im voraus die Konsequenzen seiner Handlungen überblicken – und deshalb hat es auch wenig Sinn, weitere Vermutungen anzustellen. Ist es nicht Freud selbst, dem man – zum Thema Kindererziehung – das fol-

gende Zitat zuschreibt: »Was immer Sie auch tun, egal, wieviel Mühe Sie sich geben, es wird auf alle Fälle das Falsche sein …«
Die Lösung, für die sie sich schließlich entschieden, war zu jenem Zeitpunkt der beste Weg für alle – jedenfalls für die Erwachsenen. Es wurde vereinbart, daß meine Schwester und ich sooft wie nur möglich zusammensein sollten, was dann auch tatsächlich beherzigt wurde – wenigstens während der ersten Jahre. Aber obwohl wir uns ziemlich oft sahen, kannten wir uns nicht wirklich, da wir in verschiedenen Familien aufwuchsen und erzogen wurden. Dieses Fehlen eines wirklichen Kontaktes zwischen uns beiden hatte katastrophale Folgen, aber das sollte sich erst sehr viel später herausstellen.
Eine weitere Tatsache, die uns damals voneinander trennte, war der Altersunterschied. Für die Dauer dieser Besuche waren wir unzertrennlich. Die paar Stunden, die wir so in großer Harmonie zusammen verbrachten, schienen uns zu genügen. Wenn sie vorüber waren, wandte ich mich wieder den Beschäftigungen einer Neun-, Zehn-, Zwölfjährigen zu und überließ sie den kindlichen Spielen einer Ein-, Zwei- oder Vierjährigen, und dies ganz ohne sichtbaren Abschiedsschmerz: Wir würden uns ja in der folgenden Woche für einige Stunden wiedersehen, oder während der Ferien sogar für einige Tage.
Alles war in Ordnung. Und um uns besser kennenzulernen und ein intimeres Verhältnis zueinander zu bauen, war ja später noch Zeit. Das ganze Leben lag noch vor uns.
Es war ja später noch Zeit dafür, nicht wahr …?
Dabei fiel niemandem auf, was da eigentlich vor sich ging, und schon gar nicht uns, die wir noch so jung waren, und die alles so ganz und gar unbewußt erlebten. Wir träumten …
Wir träumten voneinander, sozusagen aus der Ferne, und verklärten so dieses andere Selbst, das der Familienkatastrophe gleichfalls entronnen war. Wir verkörperten füreinander die in zwei Personen verdichtete Essenz der Familie schlechthin. Und so reifte in uns

langsam, Schritt für Schritt, die idealisierte, völlig abstrakte Vorstellung, wir seien Zwillingsschwestern.
Ich wartete darauf, daß diese kleine Schwester heranwuchs: mein Baby, meine Doppelgängerin, die Person auf der Welt, die mir am ähnlichsten war und von der ich wußte, daß sie meine beste Freundin sein würde, wenn sie erst einmal alt genug dafür wäre. Sie wiederum erwartete wahrscheinlich unbewußt von dieser großen Schwester, daß sie eines Tages Vater und Mutter, die sie nie gekannt hatte, ersetzen würde. Und in der Zwischenzeit war ich ihr Alter ego, das unerreichbare Ebenbild, das ihr acht Jahre voraus war.
Und dann, im Laufe der Jahre, langsam, aber sicher, entfremdeten sich die beiden Familien, die nur durch die Heirat ihrer Kinder vereint worden waren, immer mehr. Das Drama, das sich abgespielt hatte, trennte sie mehr, als es eine gewöhnliche Scheidung hätte tun können. Die Bindeglieder zwischen beiden waren tot. Und welcher Art auch immer die gefühlsmäßigen Bande sein mochten, die zuvor geknüpft worden waren, jetzt war der Tod gekommen und blieb gegenwärtig. Bei jedem neuen Treffen wurden die schmerzlichen Erinnerungen wieder lebendig. Und ich glaube nicht, daß Schmerz die Menschen einander näherbringt – im Gegenteil. Anfangs gibt man sich gegenseitig Trost und Wärme. Aber dann, sehr schnell, leidet jeder für sich allein und geht diesem Thema aus dem Weg. Und schließlich geht man SICH aus dem Weg. Die Toten zerstören vieles um sich herum …
Zu allem Überfluß wiesen beide Familien zufällig die gleiche Konstellation auf: In beiden gab es eine alleinstehende Tochter. Die eine war Witwe, die andere ledig. Beide lebten sie bei ihrer Mutter. Meine Großmutter väterlicherseits war zum dritten Mal verwitwet. Meine andere Großmutter lebte zwar mit einem Ehemann zusammen, dieser beteiligte sich jedoch kaum am Familienleben und zog sich in seine Werkstatt im Garten zurück. Und jede dieser zwei von Frauen dominierten Familien nahm ein verwaistes Mädchen auf.
Ich möchte an dieser Stelle nicht zu weit ausholen und eine Theo-

rie entwickeln über männlich oder weiblich dominierte Familien. Aber die, aus der ich stamme, stand zweifellos unter weiblicher Vorherrschaft. Wollte man die beiden Familienverbände mit elektrischen Steckern vergleichen, so könnte man sagen, daß sie eigentlich nicht miteinander vereinbar waren. Zwar stoben beim Aufeinandertreffen der beiden Matriarchate nicht die Funken, aber es verlief auch nicht besonders harmonisch.

Gerade als meine Schwester acht oder neun war – das heißt, zu einer Zeit, in der wir uns wirklich hätten kennenlernen können und in der sie mich vielleicht am meisten gebraucht hätte –, entfernte ich mich noch mehr von ihr. Ich verließ meinen Geburtsort, um in Paris mein eigenes Leben zu führen.

So blieben wir uns zwölf, ja, fünfzehn Jahre lang völlig unbekannt, obwohl jede von uns das BILD, das sie sich von der anderen machte, insgeheim vergötterte. Diese Wunschvorstellungen machten unser tatsächliches Wiedersehen um so problematischer …

Und dabei war ihr Weg sicher noch schwerer als der meine. Nach außen hin schien es so, als hätte ich den größeren Schock erlitten, als wären die Ereignisse für mich viel dramatischer gewesen. Ich war alt genug, um zu verstehen, was vorgefallen war, um es bewußt zu erleben. Es bedeutete einen furchtbaren Schrecken für mich, unsere Eltern an jenem Morgen tot aufzufinden, aber wenn man mit so einer grausamen Wirklichkeit konfrontiert wird, dann ist man einfach gezwungen, darauf zu reagieren.

Wie soll ein sechs Monate alter Säugling darauf reagieren, wenn ihm plötzlich die Mutter genommen wird? Man glaubte – zumindestens damals –, daß ein Kind dieses Alters so etwas überhaupt nicht bewußt erlebt. Deshalb wurde auch niemand stutzig, als dieses sonst so brave Baby plötzlich anfing zu weinen und alle und jeden, der sich seiner Wiege näherte, wegzustoßen oder nach ihm zu schlagen. Man sagte sich, daß es wohl »irgend etwas gespürt haben mußte«, aber daß es natürlich nicht begreifen konnte, daß seine Eltern tot waren.

Man beschloß, meiner Schwester die Auseinandersetzung mit der traurigen Nachricht zu ersparen und ihr so lange wie möglich die Tatsache zu verheimlichen, daß sie ihre Eltern verloren hatte. Deshalb – und um die verstorbenen Eltern ganz zu ersetzen – ließen sich meine Großeltern mütterlicherseits von ihr »Papa« und »Mama« nennen. Sicher taten sie das auch aus der Angst heraus, daß das Kind, wenn es erst die Wahrheit wüßte, sie vielleicht weniger lieben könnte.

Ich möchte nicht näher auf dieses Thema eingehen. Die französische Kinderpsychologin Françoise Dolto hat das viel wissenschaftlicher beschrieben, als ich es je könnte. Sie vertritt die Ansicht, daß es unbedingt notwendig ist, Kinder über ihre Herkunft aufzuklären – welcher Art diese auch immer sein mag. Ihrer Meinung nach werden in der frühkindlichen Erziehung schwere Spätschäden vorprogrammiert, wenn sie in einer Atmosphäre der Unwahrheit erfolgt.

Während ihrer ersten Lebensjahre mußte sich meine Schwester in eben so einer Atmosphäre, in der vieles ungesagt blieb, alleine behaupten. Als ich vierzehn oder fünfzehn Jahre alt war, wurde mir klar, daß diese Situation unnatürlich und unerträglich war. Schließlich übertrat ich das mir auferlegte Verbot und beschloß, mit ihr darüber zu sprechen. Dabei stellte ich fest, daß sie natürlich die Wahrheit bereits kannte. Nachbarn hatten Andeutungen gemacht, und sie selbst hatte sich einiges zusammengereimt: Warum lebte ihre Schwester nicht bei ihr? Und warum nannte eben diese Schwester den Mann und die Frau, die angeblich auch ihre Eltern waren, nicht »Vati« und »Mutti«? Wie kann man Kinder für so dumm halten und glauben, daß sie sich all diese unlogischen Kleinigkeiten, diese einander widersprechenden Bruchstücke von Informationen nicht merken und schließlich wie ein Puzzle zusammensetzen, um so gerade die Wahrheit herauszufinden, die man vor ihnen zu verbergen sucht?

Natürlich wußte sie Bescheid. Wahrscheinlich war sie sich ihrer

Sache so sicher, daß die Bemerkungen der Nachbarn sie lediglich in ihrer Überzeugung bestätigten.
Was danach in meiner Schwester vorging, das ist ihre Geschichte, die nur sie etwas angeht.
Wenn ich dennoch hier darüber spreche, dann nur, weil es auch meine Geschichte ist und weil diese Trennung und die im Zusammenhang mit ihr begangenen Irrtümer noch heute schwer auf uns lasten. Unsere Wege, die sich getrennt hatten, hatten sich wieder gekreuzt, nur um sich erneut zu trennen, sich einige Zeit später wieder zu überschneiden und schließlich und endlich parallel zu verlaufen – und dies unter Umständen, die scheinbar dem Zufall zuzuschreiben waren. Waren es wirklich Zufälle?
Langsam wuchsen wir heran. Schritt für Schritt lernten wir das kennen, was uns gemeinsam war, aber auch das, was uns voneinander unterschied. Und heute teilen wir, außer dieser gereiften und realen Freundschaft, die wir hegen und pflegen, und trotz unserer verschiedenen Lebensstile, eine tiefe Trauer um unsere beiden Toten und um die gemeinsame Kindheit, die uns nicht vergönnt war. Uns bindet eine Geschichte, die gegen unseren Willen geschrieben wurde, aber die uns trotz allem beeinflußt.
Oft haben wir aus nichtigem Anlaß beinahe hysterische Lachkrämpfe, ganz so wie kleine Mädchen, die völlig überdreht sind, weil sie sich endlich einmal wiedersehen. Unsere eigenen Kinder halten dann in ihrem Spiel inne, um verständnislos ihren zwei doch eigentlich erwachsenen Müttern zuzuschauen, wenn diese sich hemmungslos kindisch verhalten. Wir fallen aus der Rolle, und das verunsichert sie. Im allgemeinen sind Mütter ernsthafte Wesen, oder aber, wenn sie wirklich fröhlich sind, dann nicht auf solch kindische Art und Weise. Erwachsene zeigen ihre Freude normalerweise anders. Die Kinder spüren ganz genau, daß sich da etwas tut, was mehr ist als nur Fröhlichkeit, etwas, das sie nicht begreifen können.
»Was ist denn nur mit euch los? Hört doch endlich auf damit!«

Was mit uns los ist, ihr lieben Kleinen, die ihr das Glück habt, keine Waisenkinder zu sein und zusammen spielen zu dürfen, wie es euch gefällt? Das ist mit uns los: Auf diese Weise finden eure Mütter endlich ein Stück Kindheit, das ihnen vorenthalten worden ist. Sie entschädigen sich damit für all die kindlichen Lachkrämpfe und Geheimniskrämereien, die ihnen in ihrer Jugend entgangen sind. Es gibt Dinge, für die man ein ganzes Leben braucht, um sie nachzuholen.

Aber wenigstens sind wir jetzt erwachsen geworden und nicht mehr Gefangene unserer Träume von einer perfekten Symbiose als Zwillingsschwestern. Und obwohl wir, als Töchter desselben Vaters und derselben Mutter, einander so nahestehen, wie sonst keinem anderen Menschen, so wissen wir doch – meine Schwester und Freundin –, daß die andere kein Ebenbild ist. Wir lernen uns so zu lieben und so zu nehmen, wie wir sind.

Und dennoch geben wir uns gegenseitig den gleichen Kosenamen. Eine Tatsache, die selbst dem schwerfälligsten Psychologen ein Lächeln abringen würde.

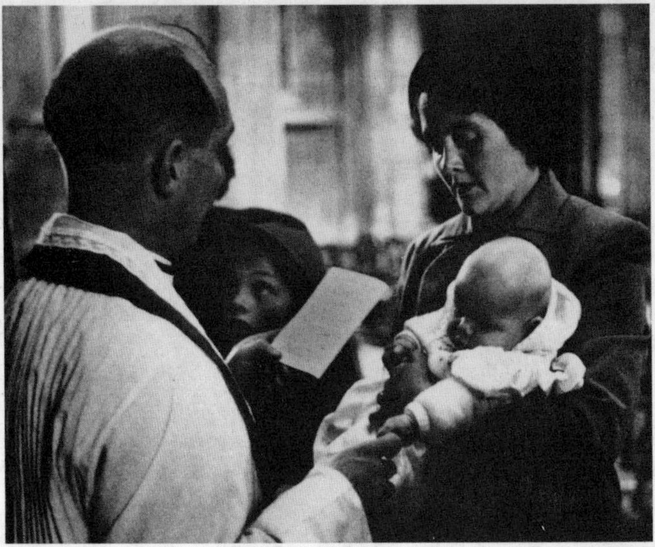

Die Taufe meiner Schwester.
Wahrscheinlich nur einige Tage vor IHREM Tode.
Was bedeutet dieser Schatten auf dem Gesicht meiner Mutter?
Warum ist sie so traurig und in so kurzer Zeit so sehr gealtert?

Nachkriegszeit: Sie waren verliebt, sie amüsierten sich. Man vergnügte sich am Strand, man stellte sich in Pose.

Und schließlich heiratete man.

Hochzeit oder Begräbnis?

Meine Schwester kannte dieses Foto von meinen Eltern nicht. Es wurde am Tag ihrer Hochzeit in der Kirche aufgenommen.
Als sie es zum ersten Mal sah, war sie betroffen von der Traurigkeit, die es ausstrahlt, und sie sagte zu mir:
»Also … Wann war das denn? Bei einer Beerdigung?«
»Nein, bei ihrer Hochzeit.«
Und dann mußten wir beide lachen … Was haben wir gelacht.

Das Abschiedsfoto schlechthin

Dieses Foto berührt mich zutiefst. Nie habe ich ein traurigeres gesehen.

Es symbolisiert für mich all die Häuser, die man verläßt, um niemals mehr dorthin zurückzukehren. Es steht für all die ins Land gegangenen Sommer, für die Lebensabschnitte, die endgültig vorüber sind, für die Bitternis der Vergänglichkeit, die Toten, die man zurückläßt, das Bedauern schlechthin … Es zeigt die Kehrseite des Glücks. Es ist das genaue Gegenstück des Familienfotos, das am gleichen Ort aufgenommen wurde, aber auf der anderen Seite des Hügels in dem sonnigen Garten. Es verkörpert die Einsamkeit, wenn die Zeit des Glücks vorbei ist.

Wenn ich dieses Bild betrachte, so versuche ich vergebens mir vorzustellen, daß ich auf dieses Haus zugehe. Unmöglich. Ich kann mich nur von ihm entfernen. Nein, dieses Haus entfernt sich von mir, unaufhaltsam, ganz so, als würde ich es wie zum letzten Mal durch das Rückfenster eines Autos betrachten, das mit mir davonfährt. Es ist schon ganz grau. Die Entfernung und der Regen verwischen alle Einzelheiten, und die Erinnerung wird bald das übrige tun. Gerade kann ich noch ein kleines Stückchen Dachrinne erkennen und den winterlich kahlen Wipfel eines Apfelbaums, der über den kleinen Hügel hinausragt. Dieser Hügel nimmt mir die Sicht auf die Wiese, in der ich nie wieder Purzelbäume schlagen werde, und hinter ihm verbirgt sich der verwilderte Garten. Das Haus liegt verlassen, leer und stumm da, und die allerletzten Äpfel verfaulen auf den Regalen im Schuppen.

Es ist ein regnerischer Abend, und das Auto trägt mich auf der Straße davon. Beinahe kann ich sogar das Geräusch des Wassers hören, das unter den Reifen aufspritzt. Gleich ist alles vorüber, gleich ist es zu spät. Nach der Kurve wird das Haus aus meinem Blickfeld und aus meinem Leben verschwunden sein. Niemals wieder werde ich dorthin zurückkehren.
Einen Moment noch hält man inne, richtet den Blick noch einmal auf das, was man verloren hat, und dann vergeht diese Sekunde der Leere, in der man sich wünscht zu sterben, um nie wieder Abschied nehmen zu müssen, um nie wieder etwas sterben zu sehen.
Doch man lebt weiter. Man dreht sich um und schaut nach vorne, auf das, was auf einen zukommt.
Vielleicht war es so, als ich dieses Haus verlasse habe, vielleicht auch nicht. Ich erinnere mich überhaupt nicht mehr an den Umzug, ja, noch nicht einmal, zu welcher Jahreszeit er stattfand. Aber das Foto an sich sagt mir alles über das Abschiednehmen.
Ich bin tatsächlich nie in dieses Haus zurückgekehrt; soviel ich weiß, wurde es abgerissen.

Eine Sekunde todbringender Unachtsamkeit

Ja, ich kapselte mich ab.
Als meine Großmutter das Foto meiner Eltern auf mein Bett legte, hatte sie wie mit einem Skalpell das Geschwür meiner Trauer aufgestochen. Meine Reaktion darauf war, daß ich mich noch mehr verhärtete.
Es bereitete mir zu große Schmerzen. Ich konnte dieses Leid nicht auf mich nehmen. Deshalb mußte ich noch stärker sein, noch gleichgültiger, und ständig wachsam bleiben, um nicht wieder vom Schmerz überrascht zu werden. Diese Falle, die sie mir da gestellt hatte, war mir eine Lehre gewesen. So etwas würde mir nicht noch einmal passieren.
Und tatsächlich passierte es mir nie wieder.
Weder Fotos oder Besuche auf dem Friedhof, noch die Erwähnung ihrer Existenz trafen mich jemals wieder unvorbereitet. Ich glaube, mein Geist war ständig auf der Hut, um so eine Art Sicherheitssystem aufzubauen, das sich langsam, aber sicher automatisierte und mir sozusagen zur zweiten Natur wurde. Zwei Seelen wohnten nun in meiner Brust. Es gab dieses klare und fröhliche »Ich«, das furchtbar lebendig war, und ein inneres, verletztes »Ich«, ein kleines schwarzes »ich selbst«, das ich ganz tief in mich zurückgedrängt hatte und von dem ich nichts wissen wollte.
Ich weinte niemals mehr unmittelbar ihretwegen, da der Schmerz, den sie in mir auslösten, durch die Kontrolle über meine Gefühle

in Schach gehalten wurde. Aber die Angst und die tiefe Traurigkeit, die in mir steckten und die ich mit all meinen Kräften zu ersticken suchte, schwelten weiter, und auf Umwegen gelang es ihnen doch, an die Oberfläche zu kommen.

Zunächst einmal wagte ich es, als ich ungefähr elf oder zwölf Jahre alt war, mich zu verlieben.
Der Auserwählte war einige Jahre älter als ich. Er war ein ganz normaler junger Mann. Da er eine Mutter, einen Vater und Geschwister hatte, verspürte er niemals einen Mangel an Zuwendung. Deshalb konnte er sich nicht vorstellen – und wie sollte man sich so etwas auch vorstellen, wenn es einem niemals widerfahren ist? –, daß er eines Tages einmal zuwenig Zärtlichkeit erfahren könnte. In gewisser Weise war er ein ganz normaler Jugendlicher, dessen ganz normales Bedürfnis nach Liebe nicht in einem tiefempfundenen Mangel an Zuneigung wurzelte.
Zunächst war er deshalb tief gerührt, danach überrascht, dann langsam, aber sicher durch dieses absolute, zwanghafte und beinahe mystische Gefühl, das ich für ihn empfand, überfordert und voll der Ablehnung dagegen. Es war ein Gefühl, das über seine Kräfte ging, im wahrsten Sinne des Wortes.
Ich weiß nicht, ob es Jugendlieben gibt, die glücklich enden, aber ich hoffe es. Sollte es tatsächlich stimmen, daß diese ersten zarten Gefühle für das andere Geschlecht uns an das totale Einssein mit den Eltern erinnern, so standen meine ersten Jugendlieben unter keinem guten Stern, denn das blutende Herz, das sie mir zugefügt hatten, war noch lange nicht verheilt. Und mit weit ausgebreiteten Armen verlangte mein ganzes Wesen voller Verzweiflung nach einem Trost, der weit über die Kräfte dieses armen jungen Mannes hinausging. Was immer er auch tat, sagte oder mir zu beweisen versuchte, es war nie genug. Ich erwartete, begehrte, forderte mehr und mehr. Ich hatte dauernd das Gefühl, zu kurz zu kommen und im Stich gelassen worden zu sein. Mein Wohlergehen konnte an

einem einzigen Wort hängen, an einer Geste, oder daran, daß er auf seinem Moped unter meinem Fenster vorbeifuhr. Hielt er einmal eine Verabredung nicht ein, so stürzte mich das in tiefste Verzweiflung. Ich war ganz auf ihn fixiert, und vordergründig war er es, der die Schuld trug an meinen Leiden: denn ich weinte, ich litt, ich siechte dahin.
Aber gleichzeitig lebte ich natürlich auch ein ganz und gar aktives Leben. Ich ging aufs Gymnasium, abends besuchte ich einen Zeichenkurs und nahm Ballettstunden; mein helles »Ich« funktionierte. Aber ich möchte hier nicht weiter über all die normalen Dinge sprechen, die ich tat. Mich interessiert nur dieser rote Faden tief in meinem Inneren, dessen Existenz ich endlich glaube verstanden zu haben: dieses kleine dunkle »Ich«, das ich auf die eine odere andere Art ausdrücken mußte.

Damals machte ich eine Entdeckung. Den genauen Zeitpunkt weiß ich nicht mehr, aber es war zur Zeit dieser an Enttäuschungen so reichen Liebe, die sich fast über drei Jahre hinzog. Eines Tages nahm mich meine Tante in das Naturkundemuseum von Rouen mit. Es befindet sich in der Nähe eines sehr hübschen kleinen Parks in einem höhergelegenen Teil der Stadt.
Es war – und ist vielleicht noch immer – ein sehr altes Museum: mysteriös, mit düsteren Winkeln und großen Sälen, deren Atmosphäre morbide war, wie die einer Grabkammer, und die nach Formol und Staub rochen – kurz gesagt, nach Tod. Ich empfand bei diesem Besuch, natürlich ohne es nach außen hin zu zeigen, einen regelrechten Schock.
Die Rekonstruktionen der großen prähistorischen Tiere interessierten mich ebensowenig wie Ausstellungsstücke der botanischen und der geologischen Abteilung. Aber ich war nicht mehr wegzubekommen von den großen Glasgefäßen, in denen man Embryos, kleine Tiere und menschliche Organe konserviert hatte. Der Anblick all dieser kleinen Teile einstmals lebendiger Wesen, die nun

ganz ausgebleicht und manchmal halb zersetzt in Formol schwammen, fesselte mich.
Die Skelettsammlung fand ich zu »trocken« und langweilig. Aber in der ägyptischen Abteilung war ich ganz fasziniert von einer Mumie. Man hatte die Tücher, in die sie eingewickelt war, an den Füßen zum Teil entfernt, so daß es möglich war, etwas von der getrockneten bräunlichen Haut zu sehen.
Und dann schließlich entdeckte ich im hintersten Winkel des Museums, in einem Schaukasten, zu dem man nur über eine alte Holztreppe gelangte, einen indianischen Schrumpfkopf, dessen Lippen zugenäht waren. Ich war völlig fasziniert von diesem seltsamen Ding, von seiner kleinen faltigen Stirn, seinen geschlossenen Augen, die einmal offen gewesen waren und die Welt wahrgenommen hatten, seinen vollkommen unbeschädigten Ohren und seinen langen Haaren. Sicher geht es den meisten Menschen so, aber dieses sprachlose Staunen gewann für mich natürlich eine besondere Dimension.
Als ich aus dem Museum kam, fühlte ich mich ganz seltsam, irgendwie fast wie verzaubert. Und da ich diesen Ort besonders mochte, kehrte meine Tante noch mehrmals mit mir dorthin zurück. Überhaupt ließ sie mir sehr viele Freiheiten, und so konnte ich oft nach der Schule oder auf dem Weg zum Ballettunterricht (der ganz in der Nähe des Museums stattfand) spazierengehen, wenn mir der Sinn danach stand. Ich ging also noch mehrmals in dieses Museum zurück, ja, ich ging so oft dorthin, daß ich schließlich zu einer Art Stammgast wurde und der Museumsdiener mich umsonst einließ, ganz so als wäre ich dort zu Hause.
Etwas mehr als zwei Jahre vergingen, in denen ich mich unwohl in meiner Haut fühlte, ganz so, wie wohl die meisten Jugendlichen in der Pubertät. Ich war hin und her gerissen zwischen einem übergroßen Lebenswillen, der mich vorantrieb, und einer dunklen Last, die mich zweifellos schwer bedrückte und nach unten zog. Von Zeit zu Zeit, wenn mir alles zuviel wurde, wenn die Hoffnungslo-

sigkeit mich übermannte – warum überhaupt weiterleben, für wen? –, dann kam ich an diesen Ort, der mich auf geheimnisvolle Weise anzog.
Ich blieb eine oder zwei Stunden in diesem Museum, in dem eine Grabesstille herrschte. Fasziniert verweilte ich vor der Mumie oder vor einem der Gefäße mit menschlichen Organen und stillte so mein Bedürfnis nach einer Begegnung mit dem Tod. Danach fühlte ich mich seltsamerweise viel besser.
Ich weiß nicht, woran ich dachte, wenn ich so bewegungslos in einem Winkel stand, den Blick starr auf ein Stück pergamentartige Haut gerichtet, die vielleicht schon viele tausend Jahre alt war. Ich hörte auf zu denken. Die Zeit stand still. Wie in Trance näherte ich mich dem Unsäglichen, dem Mysterium.
In solchen Momenten dachte ich – so glaube ich wenigstens – niemals direkt an meine Eltern und an das, was von ihren Körpern übrig war, an das, aus dem ich hervorgegangen war, das ich berührt hatte … Nie dachte ich daran, wie lange dies alles wohl unter der Erde bleiben mußte, bevor es spurlos verschwunden sein würde. Oder aber vielleicht dachte ich genau daran …
Jedenfalls fühlte ich mich innerlich ganz leer, frei von Traurigkeit und ohne Gefühlsregung, wenn ich so vor diesen Bruchstücken des Lebens stand. Sie zogen mich magisch an. Dabei war mir kalt, ich fühlte mich kraftlos und mußte mich oft auf den Boden oder auf eine Stufe setzen, so sehr war ich in meine Betrachtung vertieft.
Wenn ich mich an das erinnere, was ich damals empfand, so kann ich mir sehr gut vorstellen – ja, ich kann fühlen, wie ich wohl auf andere Leute gewirkt habe. Wahrscheinlich sah mein offenes und ausdrucksloses Gesicht genauso aus, wie auf dem zeitlosen Porträt, dem letzten Foto, das mein Vater von mir aufgenommen hatte.
In jenen Augenblicken setzte ich mich über alle sozialen Rituale hinweg und war IHNEN nahe. Ich sehnte mich nach ihnen, wehrte mich aber gleichzeitig mit all meiner Kraft dagegen, zu leiden. Ich war hin und her gerissen zwischen diesen zwei Gefühlen, die

untrennbar miteinander verbunden waren. Ich sprach niemals über SIE, ich weinte nie, wenn ihre Namen fielen. Ja, ich hatte sie vielleicht schon aus meinem Gedächtnis gestrichen. Langsam tastete ich mich an das heran, was aus ihnen geworden war, an die Realität ihres Todes. Manchmal war es, als befände ich mich in ihrem Grab.
Und nur kurze Zeit später würde ich tatsächlich versuchen, ihnen dorthin zu folgen ...

Während all dieser Jahre führte ich Tagebuch. Französisch war eines der wenigen Fächer, in denen ich gute schulische Leistungen zeigte, und sehr früh hatte ich entdeckt, wie tröstlich es war zu schreiben.
Meine Tante hat meine drei geheimen Tagebücher aufgehoben, und erst kürzlich fand sie sie beim Großreinemachen wieder. Da sie mit ihnen nichts anzufangen wußte, gab sie sie mir zurück.
Der Titel, den ich dem Ganzen gegeben hatte, war: »MEINE Geschichte«, wobei MEINE als einziges Wort ganz groß geschrieben war (ohne Kommentar). Diesen Tagebüchern vertraute ich all meinen Kummer, meine Freuden, meine Probleme und meine geheimen Träume an. Wovon träumte ich eigentlich? Damals wußte ich es noch nicht. Wahrscheinlich waren diese Tagebücher äußerst wichtig für mein seelisches Gleichgewicht, denn ich nahm sie überall mit hin. Ich schrieb in der Schule, während ich in irgendeinem Park auf meinen Liebsten wartete und sogar wenn ich in den Ferien war. Das Ganze war mit Zeichnungen versehen, Darstellungen des täglichen Lebens, die eigentlich ganz interessant sind.
Es ist immer sehr rührend, wenn man wiederfindet, was man als Kind aufgeschrieben hat. Aber ich nehme an, daß man so etwas mit einer Prise Humor und vor allem mit einem gewissen Abstand wieder lesen muß, weil man nicht mehr die gleiche Person ist und weil man die ganzen Kümmernisse und kleinen Probleme der Ju-

gend hinter sich gelassen hat. Überrascht mußte ich feststellen, daß das in meinem Fall nicht zutraf …
Abgesehen von gewissen Dingen, die sich in der Schulzeit zugetragen hatten, und Problemen des täglichen Lebens, die mittlerweile wirklich nicht mehr auftraten, waren mir die Gedanken, die ich in diesen Tagebüchern niedergeschrieben hatte, manchmal noch sehr vertraut. Das mußte ich mit einer gewissen Beunruhigung feststellen, einer Beunruhigung, was meine »Reife« anbetraf! Sogar die Schrift, in der das Ganze abgefaßt war, war eigentlich wenig kindlich, und es kam mir so vor, als hätte ich einige dieser Sätze – ja, sogar ganze Seiten – erst am Tag zuvor niedergeschrieben. So zum Beispiel diese Seite, die ich zu meiner Verblüffung im dritten Tagebuch entdeckte, das ich mit dreizehn oder vierzehn Jahren geführt hatte, und in dem ich zum ersten und einzigen Mal über den Tod meiner Eltern sprach.
»Eines Tages muß ich MEIN Buch schreiben – unbedingt! In diesem Buch muß ich endlich (…!) über ihren Tod sprechen. Ich muß endlich das aussprechen, was tief in mir steckt und mir die Kehle zuschnürt. Ich muß irgendwann einmal sagen, daß sie mich ins Bad gerufen hatten, daß ich mich geweigert hatte zu gehorchen, und daß ich danach ihren Todeskampf gehört habe, ohne wirklich aufzuwachen …
Ich muß MEIN Buch schreiben …
Es schlug mir richtiggehend auf den Magen, das zu lesen. Gerade hatte ich unter großen Mühen angefangen, dieses Buch zu schreiben. Dabei war ich mir noch nicht im klaren, ob dieser Vorsatz überhaupt durchführbar und sinnvoll war. Und nun entdeckte ich, daß diese diffuse Notwendigkeit unterschwellig schon seit fast dreißig Jahren in mir gesteckt und an mir genagt hatte. Jetzt war sie schließlich ans Tageslicht gekommen, aber ganz so, als wäre sie erst vor kurzem aufgetreten.
Am meisten überraschte mich eine verblüffende Tatsache: im Alter von dreizehn Jahren war mir bereits bewußt, daß es, um mich da-

von zu befreien, nicht ausreichen würde, das Ganze irgend jemandem zu erzählen. Es würde auch nicht genügen, es für mich selbst aufzuschreiben in irgendein anderes Heft: Es handelte sich also in der Tat darum, ein BUCH zu schreiben.

Die Gemütsbewegungen, die ich sodann auf den nächsten Seiten meines Tagebuches festgehalten habe, wurden von Eintrag zu Eintrag immer düsterer. Meine Eltern erwähnte ich dabei mit keinem Wort. Ich schrieb, daß ich mich danach sehnte, mit dem Grübeln aufhören zu können, daß mein Warten und mein Leiden endlich ein Ende haben möge. Und schließlich und endlich drückte ich ganz klar den Wunsch aus, zu sterben.

Und dann, auf den letzten Seiten, erzählte ich folgende Begebenheit: »Heute nachmittag bin ich eine Straße hinuntergegangen, ohne zu wissen, wohin. Ich kann nicht mehr, ich leide zu sehr. Ich möchte mit allem Schluß machen. Plötzlich hörte ich hinter mir das Geräusch eines fahrenden Autos. Ich habe einfach einen Schritt nach links gemacht. Der Rückspiegel des Wagens hat mich an der Hüfte getroffen. Es ist ganz einfach, und ich habe überhaupt keine Angst gehabt. Ich habe gesehen, daß es MÖGLICH ist.«

Irgendwie war das wohl eine Generalprobe.

Sicher empfinden die meisten Jugendlichen irgendwann in der Pubertät eine vage Todessehnsucht. Da es ihnen nicht gelingt, ihren Lebensdrang umzusetzen oder auszudrücken, unterdrücken sie ihn. Groß ist die Versuchung, dieser Qual ein Ende zu bereiten und zurückzukehren in den friedlichen Schoß der »Mutter Erde«. In den meisten Fällen bleibt es bei dieser obskuren, romantischen Idee. In meinem Fall jedoch war meine Mutter wirklich unter der Erde: Mein Durst nach mütterlichem Trost und nach dem Tod waren also eins.

Einige Wochen oder Monate später – und obwohl ich das nicht in mein Tagebuch geschrieben habe, erinnere ich mich physisch daran, als einen der wichtigsten Augenblicke meines Lebens – ging ich dieselbe Straße hinunter, eine dieser großen Straßen, auf denen die

Autos ziemlich schnell fahren. Ich lief ganz in Gedanken verloren am Rand des Gehwegs, als ich hinter mir ein Auto kommen hörte ... und dann wachte ich im Krankenhaus wieder auf.

Glücklicherweise – oder vielleicht unglücklicherweise – hatte das Auto, das ich mir ausgesucht hatte (ohne es zu sehen), so wenig Bodenfreiheit, daß seine Stoßstangen beinahe die Straße berührten. Obwohl ich mit meinen dreizehn Jahren sehr schmal war, überrollte mich das Fahrzeug nicht, sondern schob mich vor sich her.

Kurz danach, noch halb ohnmächtig auf meiner Trage, fühlte ich mich von einer tiefen inneren Ruhe erfüllt. Das gleiche Gefühl empfand ich noch mehrmals, als ich in meinem späteren Leben zwei- oder dreimal in ähnlich lebensgefährliche Unfälle verwickelt wurde. Vor diesem Vorhang der Gleichgültigkeit, der sich plötzlich zwischen mir und dem Geschehen senkte, vor dieser Kälte, dieser Ruhe, diesem Mangel an Lebenswillen, nehme ich mich in acht, denn ich habe ihn als eine der dunkleren Seiten meiner Persönlichkeit erkannt. Ich hörte die Stimme des armen Autofahrers. Ganz erschüttert erklärte er, daß ihm nichts anderes übriggeblieben war, als eine Vollbremsung zu machen, denn von einem Augenblick auf den anderen stand ich nicht mehr auf dem Gehweg, sondern lag vor seinem Auto, ohne daß er wußte, wie ihm geschah ...

... Und ich auch nicht.

Wirklich, ich weiß es nicht. Ich kann nicht sagen, daß ich ganz bewußt versucht habe, mich umzubringen. Nein. Ich weiß nur noch, daß dieser Unfall die logische Folge all seiner Begleitumstände war: mein absolutes Bedürfnis nach Liebe, meine Faszination für den Tod, mein Schmerz, die tief in mir verschüttete Sehnsucht nach IHNEN, bis hin zu der Generalprobe dieses ganzen Vorgangs, die ich einige Zeit zuvor abgehalten hatte. Und dann war da noch die Tatsache, daß ich dreizehn Jahre alt war – dreizehn, ein Alter, in dem man sich großen Entscheidungen gegenübersieht.

Ich weiß, daß ich mich nicht vor dieses Auto geworfen habe – ich glaube, das hätte ich nicht gekonnt –, aber da alles zusammentraf, um dieses Geschehen zu ermöglichen, passierte es einfach. Wie es dann tatsächlich dazu kam, weiß ich nicht. Es ist einfach nur passiert. Dieser Augenblick ist meiner Aufmerksamkeit entgangen. Es gab da so etwas wie ein schwarzes Loch, eine Lücke, einen leeren Moment jenseits der Gleichgültigkeit, der bewirkte, daß selbst meine Beine keinen Grund mehr hatten, mich zu tragen, daß sie mich gerade in dem Augenblick im Stich ließen, als es möglich war, ins Jenseits zu stürzen.

Ich befand mich in einem Zustand der Abwesenheit, der Hingabe – ein Zustand, den ich in ähnlicher Weise schon durchlebt hatte, als ich fasziniert vor der Mumie im Museum stand –, und in diesem Moment fühlte ich mich dem Mysterium ganz nah. Sehr wenig trennte mich noch davon, und das Leben selbst war nur noch wie eine tanzende Seifenblase, die eine Kleinigkeit, eine Sekunde todbringender Unachtsamkeit, zerstören kann ... und plötzlich ist man auf der anderen Seite, IM Mysterium.

Und um das zu erreichen, ist es nicht nötig, sich loszureißen oder eine große Anstrengung zu unternehmen. Nein, ganz im Gegenteil. Es reicht aus, ganz langsam loszulassen, sich von der Seifenblase umgeben zu lassen, so daß das Leben zu einem flüchtigen Spiegelbild wird und das Jenseits einen anzieht. Man vergißt sich und gleitet dahin. Eine Sekunde reicht aus. Es ist ganz einfach.

Vielleicht hatte ich auch in mir das tiefe Gefühl – und es bleibt abzuwarten, ob es mittlerweile ganz verschwunden ist –, daß ich eigentlich meinen Eltern gehorchen und mit ihnen hätte sterben müssen. Vielleicht hatte ich an jenem Tag versucht, meinen Ungehorsam wiedergutzumachen, und wollte überprüfen, ob meine Gegenwart diesseits des Mysteriums nicht ein Irrtum des Schicksals war. Möglicherweise wollte ich zu IHNEN gelangen. Welch wunderbare Aussicht auf Frieden, welche Erleichterung und welch eine Versuchung war es doch manchmal, zu euch zu kommen, meine zwei schönen Entschlafenen! Aber der Tod hatte mich, im wahrsten Sinne des Wortes, mehrmals zurückgestoßen, so daß ich

– Ironie des Schicksals – nicht unter die Räder dieses Autos geraten konnte. Meine Stunde war noch nicht gekommen.

Wie auch immer.

Man lebte also weiter.

Von jenem Augenblick an war es vorbei mit meinen großen masochistischen Liebesgeschichten, ebenso wie mit diesen morbiden Museumsbesuchen. Sogar das Tagebuchschreiben stellte ich ein. Das alles war nicht mehr nötig. Das kleine schwarze »Ich«, das mich quälte und mich zurückriß, war in dem ganzen Zwischenfall besiegt worden und hatte sich aufgelöst.

Bald danach sollte ich eine neue Schule und vor allem das Theater entdecken. Das Leben nahm eine ganz andere Wendung für mich. Die Pforte zur Zukunft war geöffnet. Ich stürzte mich hinein.

Mein mißlungener »Selbstmordversuch« war zweifellos für mich das Äquivalent eines jener Initiationsriten, die bei manchen Stämmen abgehalten werden, um den Übergang von der Kindheit zum Erwachsenenalter zu dokumentieren. Ja, mir blieb an meinem Körper sogar noch eine kleine Erinnerung daran zurück, ganz im Sinne dieser symbolischen Verstümmelungen, wie sie bei solchen Riten üblich sind. Ich habe noch heute ein quadratisches Wundmal an der linken Kopfseite, ein kleines vernarbtes Stück Haut, auf dem nie wieder Haare gewachsen sind.

Es ist toll, ein Waisenkind zu sein!

Wenn man mit vierzehn Jahren die romantischen Stürme der Vorpubertät hinter sich gebracht hat, dann ist es eigentlich toll, ein Waisenkind zu sein – ganz besonders in der Schule. Man fühlt sich aufgewertet. Man ragt aus der Menge der ganz normalen Mädchen seines Alters heraus. Man steht vielleicht nicht über ihnen, aber man sticht doch irgendwie heraus. Nein, wahrscheinlich steht man doch ein bißchen über ihnen – ganz besonders wenn man fünfzehn Zentimeter größer ist als alle anderen. Auch das kommt einem sehr zustatten! Man steht über der Sache. Oder zumindest hat man den Eindruck, darüberzustehen … Und das nutzt man natürlich aus. Sie bietet auch gewisse Vorteile, solch eine beinahe bühnenreife Tragödie.

Ohne irgendwelche Schamgefühle machte ich mir das Ganze zunutze. Zum Beispiel, als ich die Möglichkeit hatte, das Gymnasium zu verlassen – ein Gymnasium, in dem ich mich so entsetzlich langweilte, daß ich Gefahr lief, zum dritten Mal die gleiche Klasse wiederholen zu müssen. Ich wechselte auf eine Kunstakademie über. Für mich war das eine Offenbarung. Endlich hatte ich die Möglichkeit, mich tagaus, tagein, stündlich, ja, ständig mit dem zu beschäftigen, was mich wirklich interessierte: mit der Kunst.

Um vorzeitig in diese Schule eintreten zu können, hatte ich eine Sondergenehmigung erhalten. Grundvoraussetzung für die Aufnahme war jedoch das Ablegen der mittleren Reife. Diese Prüfung

hätte ich normalerweise, wenn alles geklappt hätte, erst zwei Jahre später machen können.
Zwei Jahre! Eine Ewigkeit. Das kam keinesfalls für mich in Frage. Also fing ich an, wie eine Besessene zu büffeln, um mir innerhalb von drei Wochen den Lernstoff eines ganzen Schuljahres anzueignen und die Prüfung als Externe zu versuchen.
Im schriftlichen Teil hatte ich einen Notenschnitt, der gerade ausreichte, um noch in die mündliche Prüfung zu kommen.
Ich konnte von Glück sagen, denn selbst die einfachsten arithmetischen Aufgaben stellten mir unlösbare Probleme, und in Geographie kannte ich keinen einzigen Nebenfluß der Seine, obwohl ich doch an ihren Ufern geboren worden war ... Ganz zu schweigen von meinen anderen, umfangreichen Unzulänglichkeiten. Die einzigen Fächer, in denen ich keine Probleme hatte, waren Französisch und Kunst. Trotzdem gab man mir die Chance, die mündliche Prüfung abzulegen.
Ich bin mir sicher, daß ich sie nur deshalb bestand, weil ich Gelegenheit hatte, mit jedem einzelnen der Lehrer, die mich nacheinander prüften, unter vier Augen zu sprechen. Als sie sich vor dem eigentlichen Prüfungsgespräch über meine Anmeldung zur Schulfremdenprüfung wunderten, erzählte ich ihnen allen – allen, ohne Ausnahme – , daß ich als Vollwaise gezwungen war, meine Ausbildung abzubrechen. Es blieb mir nichts anderes übrig, als eine Arbeit zu finden, da die Witwe, die mich aufzog, sich um ihre alte Mutter kümmern mußte und finanziell nicht länger in der Lage war, mich weiterhin zu unterstützen. Ich würde also von nun an für mich selbst sorgen müssen, und ein kleines Abschlußzeugnis wäre dabei sicher sehr hilfreich, selbst wenn es sich nicht um das Abitur handelte ...
Meine ganze Haltung spiegelte – daran erinnere ich mich noch – eine exemplarische Natürlichkeit und Würde wider, und ich verkniff mir jedes übertriebene sentimentale Zittern in der Stimme. Trotzdem legte ich, als man mich danach fragte, genug Gewicht

auf die rührenden Einzelheiten ihres Ablebens: »Ja, mein Herr, ich war es, die die Toten entdeckt hat ...« Aber bei all dem blieb ich ein Muster an Zurückhaltung und Einfachheit. Ich war echt gut. Also wirklich, dafür muß ich mich heute noch loben. Wer hätte es wohl übers Herz gebracht, diesem armen, hilflosen Waisenkind eine so unbedeutende Prüfungsurkunde zu verweigern, wenn dieses Stück Papier ihr doch dabei helfen könnte, es im Leben zu etwas zu bringen: War ihr in diesem Leben nicht schon genug Unglück widerfahren? Ich persönlich hätte mir für solch eine perfekte Vorstellung als Zugabe direkt noch das Abitur geschenkt.

Mein Erfolg machte mich überglücklich, und dieses Glücksgefühl wurde vielleicht sogar noch dadurch verstärkt, daß ich mir voll und ganz bewußt war, daß ich wirklich von nichts eine Ahnung hatte und daß ich diese Prüfung eigentlich niemals hätte bestehen können, ohne mit meiner rührenden Waisenkindgeschichte auf die Tränendrüsen zu drücken.

Ausgleichende Gerechtigkeit? Rache? Eines schönen Sonntagmorgens habt ihr mich einfach im Stich gelassen, meine Lieben. Ihr habt euch davongestohlen ins Paradies und mich habt ihr zurückgelassen. Sei's drum. Dann will ich wenigstens etwas davon haben. Ihr habt mir zwei Jahre Gymnasium erspart. Durch euch habe ich es geschafft, auf eine Schule zu kommen, die mir und meiner Begabung besser entspricht. Und das alles, ohne daß ich euch extra darum bitten mußte. Danke, Papa, danke, Mama.

Einige meiner Gedanken und meiner Reaktionen haben mich nachträglich mit Scham, andere mit Selbstmitleid erfüllt – aber diese hier gehören nicht dazu. Wenn ich an die ganze Geschichte zurückdenke, kann ich mir ein Lächeln noch immer nicht verkneifen. Und am liebsten würde ich diesem kleinen frechen Mädchen, das sich des Todes seiner Eltern bediente, um schneller das zu erreichen, was es erreichen wollte, zurufen: Gut gemacht! Das ist nur gerecht so.

Die nächsten drei Jahre waren wunderbar. Meine Zeit war ausge-

füllt mit Kunst- und Ballettunterricht sowie abendlichen Schauspielkursen. Das heißt, ich war die ganze Zeit über nur mit Dingen beschäftigt, die ich wirklich gerne tat. Meine Tante stand dem Ganzen mit einer beispielhaften Offenheit gegenüber und hatte es mir erlaubt, meinen Neigungen zu folgen. Sie hatte sich nicht von all den bösen Zungen beeinflussen lassen, die sie vor diesem künstlerischen Weg und dem einhergehenden Mangel an Ernsthaftigkeit gewarnt hatten. Ich glaube, sie wollte mir etwas ermöglichen, was man ihr selbst vorenthalten hatte. Wie viele andere junge Frauen ihrer Generation, ganz zu schweigen von den vorangegangenen Generationen, war ihr Schicksal der Ausbildung ihrer Brüder geopfert worden. Die Jungen waren dazu ausersehen, später einmal eine Familie zu ernähren, während die Mädchen mit elf Jahren von der Schule genommen wurden, um im Haushalt zu helfen oder, wie im Falle meiner Tante, in der elterlichen Gastwirtschaft. Dabei nahm man in Kauf, daß spätere Schicksalsschläge sie zwingen würden, »auf die schnelle«, und manchmal wirklich ganz auf die schnelle, irgendeinen Beruf zu lernen.
Ich glaube, daß es außer der tiefen Zuneigung, die sie für mich empfand, auch dieses Gefühl der Frustration war, das sie dazu bewegte, den Kritikern innerhalb und außerhalb der Familie ins Gesicht zu sagen: »Wenigstens macht sie das, was sie wirklich tun will!« Und eben diese Frustration ist es auch, die sie heute noch stundenlang Lexika wälzen läßt, ganz so wie andere Leute Liebesromane verschlingen.
Ja, sicher, ich tat, was mir wirklich am Herzen lag. Und das voller Leidenschaft. Und dafür möchte ich ihr an dieser Stelle von ganzem Herzen danken. Ich kann ihr nicht genug dafür danken, daß sie mich frei hat entscheiden lassen, anstatt mir aus einem ängstlichen Gefühl der Verantwortung heraus, sozusagen als Ersatzmutter, meinen Weg vorzuschreiben. Sie war – und ist – vielmehr noch immer als Freundin und Weggefährtin an meiner Seite.
Die Trauer über den Verlust meiner Eltern war mir nie mehr eine

Last, ganz im Gegenteil. Ich hatte gelernt, mich dieser Trauer zu bedienen. Es ging sogar so weit, daß ich damit angab, ein Waisenkind zu sein, als ob das etwas ganz Besonderes sei. Wenn mir danach war, so sprach ich ganz plötzlich und ohne besondere Gefühlsregung über die Verstorbenen. Ich lachte sogar über sie. Ja, ich lachte ziemlich oft über sie.
Ich hatte die wunderbare – und sehr klassische – Verteidigungsstrategie des Humors entdeckt, des schwarzen, bösartigen und zerstörerischen Humors, der lachend das Leid niedertrampelt, um es ein für allemal zum Schweigen zu bringen, um seine ganze Existenz zu leugnen, um es aus der Welt zu schaffen. Aber mein Humor war manchmal so geschmacklos, daß meine Zuhörer mich völlig entgeistert, völlig sprachlos anstarrten, während ich mir wegen eines Witzes über die lieben Verblichenen vor Lachen auf die Schenkel schlug. Furchtbar! In dem Ganzen steckte natürlich auch eine Prise Aggressivität gegenüber jenen Glückspilzen, die ihren Vater und ihre Mutter immer noch hatten …
In gewisser Weise hatte ich eine Möglichkeit gefunden, »den Spieß umzudrehen«. Der Schmerz war immer noch gegenwärtig, und die Auflehnung gegen ihren Tod brodelte unsichtbar in mir weiter. Aber ich ließ nicht mehr zu, daß sie mich erstickten. Ich hatte aus dem Ganzen etwas positiv Dynamisches gemacht und benutzte sie wie eine Art Motor.
Bald gewann das Theater ganz die Oberhand, und ich ließ die Malerei fallen, weil es sich dabei um eine künstlerische Ausdrucksform handelt, bei der man zu sehr sich selbst überlassen ist. Und das konfrontierte mich auf gefährliche Art und Weise mit mir selbst. Wenn man vor einer Leinwand steht, kommt man nicht umhin, das auszudrücken, was ganz tief in einem steckt – und genau dem wollte ich aus dem Weg gehen.
Die Schauspielerei bot mir gewisse, offensichtliche Vorteile: Ich konnte mein Ego ausleben, ich konnte mich selbst bestätigen, und ich konnte den Mangel an Zuwendung, den ich als Kind erfahren

hatte, über das Interesse und die Sympathie des Publikums kompensieren. Aber darüber hinaus gab mir die Schauspielerei die Möglichkeit, mich meiner zweiten Natur zu bedienen, mein inneres Sicherheitssystem zu benutzen, diese ständige Kontrolle meiner tiefsten Gefühle, die eine direkte Folge – dessen bin ich mir ganz sicher – meiner Reaktion auf IHREN Tod war. Insgesamt gesehen ermöglichte es mir das Theater, meinen völligen Mangel an Spontaneität nicht nur einzubringen, sondern auch durch die Herausbildung einer schauspielerischen Technik noch zu vertiefen.

Für jemanden, der den Beruf des Schauspielers aus dem Blickwinkel des Publikums betrachtet, mag es seltsam erscheinen, daß ein neurotischer Mangel an Spontaneität den Grundstein für eine Karriere bilden kann – und das in einer Kunstform, die eine der spontansten überhaupt zu sein scheint. Die Auflösung dieses Widerspruchs liegt in dem Wörtchen »scheinen«.

Was mich betrifft, ging es nicht darum, Emotionen zu vermeiden: ganz im Gegenteil! Ich hatte ein großes Bedürfnis danach, meinen Gefühlen freien Lauf zu lassen. Ich war angefüllt mit Emotionen – sozusagen bis zum Bersten voll davon. Gerade darum war es nötig, ab und zu den Deckel dieses Dampfkochtopfes der Gefühle anzuheben, damit das Ganze nicht explodierte. Aber das Wichtige daran war, sich nicht von diesen Gefühlen überwältigen zu lassen, sich niemals von ihnen völlig überraschen zu lassen. Hätte ich meinen Gefühlen freien Lauf gelassen, anstatt sie zu meistern, so hätte ich mein inneres Gleichgewicht aufs Spiel gesetzt, und dem Tür und Tor geöffnet, was ich in mir unterdrückte. Ich hätte das herausgelassen, was mich so sehr schmerzte und was zu unkontrollierbaren Gefühlsausbrüchen führen konnte, von denen sich nie vorhersagen ließ, wie sie enden würden.

Es bestand also eine echte Gefahr, und ich mußte das Ganze unter Kontrolle halten. Unter Kontrolle …

Was eignete sich dafür wohl besser, als die Lektüre eines Textes oder einer Rolle, um in diesen Zeilen, und vor allem auch zwischen

ihnen, diejenigen Gefühle zu entschlüsseln, die man als Schauspieler dann auszudrücken hatte? Was war idealer, als sich die Zeit zu nehmen, dieses ganze Räderwerk von Gefühlen und Beziehungen zu zerpflücken, es geistig aufzunehmen und es dann im Laufe erster zaghafter Proben gewissermaßen zu verdauen, indem man aus dieser tief im eigenen Inneren schlummernden Hexenküche der Gefühle das herausfischte, was nötig war, um die darzustellenden Emotionen dem Publikum nahezubringen? Diese oft beschriebene Hexenküche der Gefühle, die in jedem Schauspieler schlummert, ist wohl typisch für unseren Berufsstand, ebenso wie die heimliche, beruhigende Befriedigung, die man empfindet, wenn es einem gelingt, aus einem eigentlich unschönen Charakterzug beruflich Kapital zu schlagen. In den Augen des Publikums erscheint die Emotion, die man spielt, spontan und authentisch. Ja, manchmal passiert es sogar, daß der Schauspieler selbst sie ganz ehrlich und tief empfindet. Aber dabei läuft er niemals Gefahr, von diesem Gefühl überwältigt zu werden, da er es entschärft hat, indem er ihm dieses gefährliche Überraschungsmoment genommen hat. Alles unter Kontrolle … Es hat lange gedauert, bis ich endlich verstand, warum es mir so schwerfiel, zu improvisieren.
Natürlich ist das nur ein Aspekt – und noch dazu ein ziemlich eingeschränkter – all der Gründe, deretwegen ich meinen Beruf gewählt habe. Aber eben dieser Aspekt ist ein Teil meiner Wahrheit, der Teil der Wahrheit, mit dem ich mich hier beschäftige. Eine Wahrheit, mit der ich vielleicht überhaupt nicht konfrontiert worden wäre, wenn es da nicht einen gewissen Sonntagmorgen gegeben hätte.

Ich hatte meinen Weg gefunden, und die Zukunft lag vor mir. Dieser Weg ermöglichte es mir sehr rasch, meinen Geburtsort zu verlassen, und damit auch all den Erinnerungen zu entfliehen, die mit dem Ganzen zusammenhingen.
Räumliche Entfernungen helfen zu vergessen. Ich vollzog also die-

sen Bruch, auch den Bruch mit meiner Familie. Erst jetzt, mit einigem Abstand und sehr spät, wird mir der Weg klar, den ich instinktiv einschlug und der im völligen Abbruch aller Kontakte zu meiner Familie gipfelte. Ich zog mich von allen, die mir nahegestanden hatten, zurück, außer von meiner Tante, die mich aufgezogen hatte.

Ich ergriff die Flucht. Anders kann man das nicht ausdrücken. Sobald sich die erste Gelegenheit dazu bot, suchte ich das Weite. Ich floh aus meiner Heimatstadt, aus der Gegend, in der ich gelebt hatte, und auch vor meinen Onkels, Tanten und Cousinen, die wahrscheinlich schockiert und verletzt waren, als sie erkennen mußten, daß sie und ihr Schicksal mir völlig gleichgültig waren. An allem, an Orten, Dingen und Personen, hafteten noch die Spuren IHRES Todes. Ich brach alle Brücken ab und ergriff so entschieden die Flucht, daß es mir gelang, für über zehn Jahre jegliche Zugehörigkeits- und Heimatgefühle in mir auszulöschen. Aber diese totale Ablehnung – die sicher noch brutaler wirkt, wenn man sie so emotionslos schildert – erfolgte nicht von heute auf morgen. Sie vollzog sich vielmehr Schritt für Schritt, beinahe unmerklich. Es dauerte Jahre, bis das Ganze in mir herangereift war und schließlich in meinem Weggang gipfelte.

Ich weiß nicht, warum mir schon damals die sonntäglichen Familientreffen oder die anderen Zusammenkünfte im Familienkreis zuwider waren. Wahrscheinlich ging das einher mit dem typischen Wunsch aller Heranwachsenden, der Umklammerung der Familie möglichst schnell zu entrinnen. Damals wußte ich auch nicht, warum ich bei dem Gedanken, meine Heimatstadt zu verlassen, ein so tiefes Gefühl der Erleichterung, ja, eine tiefe Befreiung empfand. Mir war auch nicht klar, warum ich später so wenig Lust verspürte, dorthin zurückzukehren. Eine Erklärung dafür war vielleicht die prickelnde Erregung, die ich bei dem Gedanken empfand, mein eigener Herr zu sein.

Damals konnte ich mir auch nicht erklären, warum ich fast jedesmal, wenn ich wieder zurückkehrte, um meine Tante zu besuchen, so erschöpft war, daß ich immer und überall einschlief. Tatsächlich verbrachte ich beinahe die ganze Zeit, die ich in meiner Heimatstadt zu Besuch war, mit Schlafen und kam erst wieder zu mir, wenn es an der Zeit war, zurückzufahren. Niemand dachte daran, diese »Erschöpfungszustände« als eine Art Flucht zu sehen. Man hielt mir vielmehr zugute, daß ich einfach ein Schlafdefizit hatte, weil das Leben in Paris wohl so anstrengend war ...

Jede Art der kritischen Auseinandersetzung mit mir selbst und mit meinem Verhalten hätte diese Flucht gehemmt, ja, unmöglich gemacht – und das durfte einfach nicht sein! Ich nahm also all meine Kräfte zusammen, um aus meiner Kindheit zu fliehen, so schnell und soweit wie möglich, ohne Augen und Ohren für das zu haben, was um mich oder in mir vorging.

Nur um diesen Preis, so ungerecht das auch gegenüber meinen nächsten Verwandten gewesen sein mag, gelang es mir, DAS LEID aus dem Weg zu räumen. Es hatte zehn Jahre gedauert, bis ich mir diesen Panzer geschmiedet hatte. Nun war ich beinahe perfekt gegen den Schmerz gefeit, SIE verloren zu haben, und wenn ich doch von Zeit zu Zeit an sie dachte, dann fühlte ich nichts mehr.

Wenn ich mich dann Sonntag abends auf der Rückfahrt von Rouen alleine und erleichtert in einem Zugabteil wiederfand, dann sah ich die Brücken der Stadt in der Ferne verschwinden, ohne daß mir dabei schwer ums Herz wurde: Ich lebte mein Leben anderswo.

Ich war ungefähr zwanzig, allein in Paris, frei und unabhängig. Ich begann, in Filmen mitzuwirken; Filme, an die sich heute (Gott sei Dank!) niemand mehr erinnert. Während meiner Ausbildung auf dem Konservatorium war ich in einigen Theaterstücken aufgetreten. Seitdem ich von der Akademie abgegangen war, hatte ich jedoch keine Gelegenheit mehr gehabt, auf der Bühne zu stehen. Ich war hübsch, und es wurde von mir erwartet, daß ich mein Gesicht und meine Figur vor der Kamera zur Geltung brachte. Ich packte alle Gelegenheiten, die sich mir boten, beim Schopf und nahm das Leben von der leichten Seite.

Ich war ein nettes Dummchen ohne Urteilsvermögen, und so fiel mir auch nicht auf, daß ich mich von der eigentlichen Grundlage meines Berufes immer mehr entfernte. Ich bemerkte nicht, daß ich immer mehr von dem abkam, was mich instinktiv dazu bewogen hatte, diesen Beruf überhaupt zu wählen: die Texte, die gesunde Probenarbeit ... und daß ich einfach benutzt wurde als ein hübsches Mädchen, das sich natürlich bewegen und frei sprechen konnte – weiter nichts. Ich hatte keine Freunde, die mir durch ihren Rat hätten weiterhelfen können – aber wie sollte ich mir auch richtige Freunde erworben haben? Und wenn dem so gewesen wäre – wie hätte ich auf sie hören können, wo ich doch so sehr hinter einem Panzer von Gleichgültigkeit verschanzt war? Geistig gesehen, war ich taub für alles, was mein Leben im und für den Augenblick hätte in Frage stellen können, für alles, was der Reflexion eine Bresche hätte schlagen können. Wenn ich sage, daß ich in den Tag hineinlebte, so ist das noch untertrieben. Ich lebte für die Stunde, ja, für jede einzelne Minute. Alles übrige würdigte ich keines Blickes. Das war der Preis, den ich – völlig ungebunden und unzugänglich – dafür zahlen mußte, daß mir die Kraft blieb, zu überleben.

Und ich hatte wirklich die Kraft dazu. Denn dieser Zustand völliger Ungebundenheit bewirkte zwar, daß ich mich weder menschlich noch künstlerisch tiefer engagierte, aber andererseits ersparte er mir Enttäuschungen und die Zerstörung meiner Illusionen. Außer mir selbst besaß ich nichts. Ich war ungebunden, stellte mir keine Fragen und schmiedete keine besonderen Zukunftspläne. Die Zukunft war für mich mit einem ähnlichen Schleier verhangen wie meine Kindheit. So war ich praktisch unverletzlich, denn ich hatte nichts zu verlieren und ging so der Gefahr aus dem Weg, in irgendeiner Form leiden zu müssen.

Einige Menschen – daran erinnere ich mich noch vage – haben sich an diesem übergroßen Lebenswillen sozusagen die Zähne ausgebissen, weil sie nicht wußten, daß er einzig und allein einer kompromißlos verteidigten Gefühlsarmut entsprang. Das Ganze war sehr gut eingespielt, so gut, daß sogar ich selbst mich dadurch täuschen ließ. Ich wirkte also in völlig zweitrangigen Filmen mit, ohne mir deshalb Gedanken zu machen. Ganz im Gegenteil: Es machte mir Spaß. Was mein Liebesleben betraf, so folgte eine Affäre auf die andere, wobei ich es jedoch tunlichst vermied, irgendwelche Bindungen einzugehen oder tiefere Gefühle zu empfinden. Deshalb war mir auch Eifersucht völlig fremd. Ich übertreibe nicht. Wirklich, ich wußte nicht, was Eifersucht war. Und mit großen runden Kinderaugen betrachtete ich voller Unverständnis diejenigen, die ihr zum Opfer fielen, manchmal durch meine Schuld. Insgesamt gesehen, kann man sagen, daß ich also niemals eine feste Bindung suchte oder einging und daß ich mich im Gegenteil mit schlafwandlerischer Sicherheit von jenen Menschen fernhielt, die meine Unverwundbarkeit hätten gefährden können. Ich war eine schöne Pflanze ohne Wurzeln, die einzig von dem lebte, was ihr vom Himmel herunter zufiel und die sich nur von ihrem Instinkt und ihrem Glücksstern leiten ließ. Unangreifbar schwebte ich an der Oberfläche des Lebens dahin. Es war die Zeit des triumphalen Vergessens, eine sterile Zeit, in der mir Schmerz gänzlich unbekannt war. Sie dauerte einige Jahre, drei oder vier. Vielleicht denken Sie jetzt, daß ich übertreibe, aber dem ist nicht so. So habe ich wirklich gelebt, als ich zwanzig Jahre alt war – und oberflächlich betrachtet konnte dieses Leben magisch und faszinierend wirken. Ich erinnere mich an eine Schauspielerin, mit der ich eine Zeitlang Kontakt hatte. Sie war eine schöne, geistreiche und einfühlsame Frau, die sehr gefühlvoll, aber auch voller Widersprüche war. Sie beobachtete mich und mein Leben. Eines Tages sagte sie plötzlich in einem Gespräch, und zwar in einem Ton voller Neid und Bewunderung: »Jetzt habe ich endlich mal eine unabhängige Frau kennengelernt.« Ja, sicher, das schien ich zu sein. Jedoch war weder ihr, noch mir bewußt, daß ich blind und ahnungslos dabei war, auf Treibsand zu tanzen.

Nein, ich übertreibe nicht. Aber ich muß das Bild noch ein bißchen ergänzen und erwähnen, daß ich manchmal Anfälle tiefster Depressionen hatte. Sie waren plötzlich da, ähnlich wie ein Sommergewitter aus heiterem Himmel. Erschreckt und hilflos stand ich diesem Phänomen gegenüber, das ich nicht verstand, und ließ mich von ihm überwältigen. Ich fiel in ein bodenloses schwarzes Loch von Traurigkeit und blanker Hoffnungslosigkeit. Ich stürzte hinein und ließ mich von dieser dunklen Woge tragen, nur um dann schließlich atemlos nach einiger Zeit wieder aufzutauchen. Denn diese Gemütsanwandlungen gingen vorüber. Meine unverwüstliche Natur gewann schließlich immer wieder die Oberhand. Wenn dann die Krise vorüber war, fühlte ich mich wie reingewaschen, ausgeglichen und erleichtert, ganz so als wäre ich eine schwere, schwarze Last losgeworden. Es genügte also, von Zeit

zu Zeit diese schwere Bürde abzuladen, um so meine Immunität wiederzufinden.
Wie von selbst und ganz natürlich hatte sich mein Sicherheitssystem wieder eingeschaltet. Es funktionierte. Alles war in Ordnung. Das Leben war schön und ging weiter. Ich fühlte mich noch immer unsäglich leicht und frei. Ich hatte Glück – bildete mir darauf aber nichts ein. Ich war ein nettes, braves Mädchen. Es lag mir fern, irgend jemandem meinen Willen aufzuzwingen oder mich durchsetzen zu wollen. So war zum Beispiel Neid etwas, das mir völlig fremd war. Und da ich in mir alle Gefühle, die Leid hätten auslösen können, ausgelöscht hatte, so hatte ich auch keinerlei Interesse daran, anderen Leid zuzufügen. Alles mußte reibungslos, nett und oberflächlich ablaufen. In dieser Geisteshaltung war mir natürlich auch alles, was mit dem sozialen Leben zu tun hatte, egal. Ein gutes Beispiel hierfür sind Rentenversicherung und Finanzamt. Von der Existenz dieser seltsamen Institutionen hatte ich zwar gehört, sie lagen jedoch ganz außerhalb meiner Sphäre. Einige Zeit später, aber das sei nur am Rande bemerkt, machten sie es sich übrigens zur Aufgabe, mich, was eben diese sozialen Verpflichtungen anging, auf den Boden der Tatsachen zurückzuholen. Moralisch und gefühlsmäßig dauerte die Landung zwar länger, war aber um so härter …
Wenn ich dies erzähle, so nicht nur, um eine ernsthafte Selbstkritik meines Lebens als Zwanzigjährige zu üben – diese Selbstkritik war Gegenstand meines ersten Romans, dessen Hauptperson ich von der ersten Zeile an verabscheute, so sehr ähnelte sie jenem Teil von mir selbst, den ich verurteilt und abgelehnt hatte.
Für sich allein genommen, ist dieses Selbstbildnis nicht von besonderem Interesse, aber es zeugt davon, was ein übergroßes Bedürfnis, sich um keinen Preis irgendeiner Gefahr aussetzen zu wollen, an Oberflächlichkeiten hervorbringt. Was mich betrifft, so handelte es sich bei dieser oberflächlichen Lebensweise nicht um etwas Aufgesetztes, sondern um etwas ganz Natürliches. Ich dachte

tatsächlich, daß ich so sei, oder genauer gesagt: Ich dachte überhaupt nicht. So war es noch einfacher.

Und doch: Ich hatte den Tod meiner Eltern nicht vergessen, aber ich hatte dieses Geschehen von seinem emotionalen Inhalt befreit. Von mir aus sprach ich nie darüber, aber wenn man mir zu diesem Thema Fragen stellte, dann erklärte ich ganz sachlich: »Ja, sie sind tot, na und ...?« Und ich fügte hinzu, daß ich überhaupt nicht darunter litt. Und wenn man erstaunt war über diese harte, gleichgültige Haltung, dann war ich imstande, laut, voller Zynismus und Arroganz zu sagen, daß ihr Verlust mich frühzeitig zu einem selbständigen Menschen gemacht hatte, der tun und lassen konnte, was ihm beliebte. Und wer weiß, vielleicht hätten sie meinen Neigungen und Wünschen im Weg gestanden? Und sicher war das alles besser so! Hatte nicht irgend jemand geschrieben, daß es nicht allen vergönnt war, ein Waisenkind zu sein? Und manchmal, wenn ich die anderen sah, die in Konflikte mit ihren Eltern verstrickt waren, dann beglückwünschte ich mich im stillen, daß mir das alles erspart geblieben war. Diese Art, das Ganze zu sehen, war sehr tröstlich für mich, und ich genoß meine Freiheit und das Glück, ich selbst zu sein, jemand, der nur sich selbst gegenüber verantwortlich war und sonst niemandem Rechenschaft abzulegen hatte, weder über sein Gefühlsleben, noch über sein Leben überhaupt. Schlimm ...

Nein, wenn ich über all das spreche, unter anderem über diese Unfähigkeit, ihren Tod anders zu empfinden als etwas rein Theoretisches, dann um den Hintergrund zu skizzieren, vor dem die folgende kleine Begebenheit zu sehen ist. Dieses Ereignis geschah eben in dieser Zeit, in der ich mich so sehr gegenüber allem und jedem verbarrikadiert hatte. Ich erinnere mich deswegen so klar an diese Begebenheit, weil meine eigene Reaktion – diese übertriebene Reaktion auf ein einziges Wort – mich überraschte und verwirrte, wie eine Dissonanz in der leicht dahinplätschernden Musik meines damaligen Lebens.

Ich war mit einigen Leuten im Restaurant, sechs oder sieben, von denen ich die meisten nicht näher kannte. Wahrscheinlich hatte irgendein flüchtiger Bekannter oder Liebhaber mich in ihre Gesellschaft eingeführt. Ich erinnere mich nicht mehr daran. Gegen Ende des Essens hatte sich ihr Gespräch privateren Themen zugewandt, und während ich meinen Nachtisch aß, hörte ich abwesend mit höflicher Gleichgültigkeit zu. Aber wahrscheinlich war mein Interesse unterbewußt geweckt worden, weil über die Schwierigkcit gesprochen wurde, mit den eigenen Eltern auszukommen. Man unterhielt sich über das Unverständnis, das zwischen den verschiedenen Generationen herrschte, und so weiter. Ganz besonders eine junge Dame, die mir gegenübersaß, diskutierte erregt über dieses Thema und ließ sich in allen Einzelheiten über die Beziehung aus, die sie von frühester Kindheit an mit ihrem Vater und ihrer Mutter gehabt hatte.

Ohne mich in das Gespräch einzumischen, hörte ich zu. Das Ganze betraf mich nicht, und ich fühlte mich wahrscheinlich erleichtert: Gott sei Dank war ich ein Waisenkind, und das alles war mir erspart geblieben. Ich hörte, wie sie dann schließlich erklärte, auf welche Art und Weise sie das Problem »endgültig« gelöst hatte. Seit mehr als zehn Jahren hatte sie ihre Eltern nicht mehr wiedergesehen. Sie hatte ihnen nie geschrieben, wollte überhaupt nicht wissen, was aus ihnen geworden war. Und wie das Leben so spielt: Sie waren aus Frankreich weggezogen und hatten so zwischen ihre Tochter und sich mehrere tausend Kilometer gebracht. Sie war also nun vollkommen frei. Und sie fügte hinzu – und genau in diesem Moment hob ich meinen Blick von dem Dessert, das bislang meine ganze Aufmerksamkeit in Anspruch genommen zu haben schien –: »Für mich ist es fast so, als wären sie tot. Sie existieren nicht mehr.« Ich hörte mich dann selbst leise sagen: »Nein, sie existieren.« Diese Worte hatte ich ausgesprochen, ohne nachzudenken. Nachdem sie ihre erste Überraschung überwunden hatte, die Überraschung, daß eine ihr fast Unbekannte sich plötzlich in ein

Gespräch einmischte, das sie bislang nicht zu interessieren schien, wiederholte sie an mich gewandt noch einmal in aller Deutlichkeit, daß ihre Eltern für sie nicht mehr existierten.

»Das können Sie nicht sagen«, beharrte ich, »sie existieren.« Auch sie hielt an ihrer Ansicht fest, denn sie war von ihr ehrlich überzeugt. Allmählich stieg in mir – weshalb, weiß ich nicht – Wut auf über diese Borniertheit. Ich lehnte mich auf gegen ihre Unfähigkeit zu spüren, welche riesige Kluft es da gab zwischen dem »als ob« und der Realität. Außerdem wurde ich immer wütender über meine eigene Unfähigkeit, ihr dies begreiflich zu machen.

Wie lange es so hin und her ging, weiß ich nicht. Aufgebracht saßen wir uns gegenüber, warfen uns Worte an den Kopf, und zwischen uns stand das Unsägliche.

Sie fuhr fort zu behaupten, daß es ihr völlig egal sei, ob ihre Eltern lebten oder tot seien. Gleichzeitig erzählte sie jedoch, daß sie ungefähr wisse, wo ihre Eltern LEBTEN, daß ihre Mutter so und so WAR, und daß ihr Vater allmählich zu einem alten Idioten WERDEN würde. Ich wiederum schleuderte ihr diese »niemals wieder« und »für immer« an den Kopf. Es gelang mir nicht, die richtigen Worte zu finden, Worte, die stark genug waren, um das Gefühl dieser endgültigen Leere auszudrücken, einer Leere, die man überhaupt nicht erklären konnte, sondern lediglich fühlen. Plötzlich fühlte ich mich schwer. Ich hatte das Gefühl, daß ich eine Erfahrung gemacht hatte, die zu vermitteln nicht möglich war. Es gelang mir nicht, ihr verständlich zu machen, daß ihre Wut – oder aber ihre enttäuschte Liebe – von dem Tag an, an dem sie nicht mehr gegen etwas gerichtet war, das noch existierte (selbst wenn dieses »Etwas« Tausende von Kilometern entfernt war), ihr Herz bedrücken und sie eine grenzenlose Leere empfinden würde. Tot, aus, zu spät, nichts mehr, Leere, Stille ... Da ich schließlich nicht mehr weiter wußte, wiederholte ich ständig, wie beschwörend, diesen einen Satz, der – ohne dem, was sie sagte, zuzustimmen oder zu widersprechen – als einziger das grundlegende

Geheimnis umschrieb. Und ich erinnere mich noch genau, daß ich mich schließlich mit beiden Händen, vor Wut zitternd, am Tisch festhielt. Diese Wut entsprang mittlerweile schon etwas ganz anderem, als nur dem Wunsch, eine Unbekannte zu überzeugen, und so schrie ich mitten in diesem Restaurant laut hinaus und betonte dabei jede einzelne Silbe: «SIE EXI-STIE-REN!!«

Ich weiß nicht, wie das Ganze dann schließlich endete. Sicher in betretenem Schweigen. Ich erinnere mich noch, daß ich mich sehr einsam fühlte. Ich beruhigte mich allmählich, war aber ziemlich betroffen. Ich hatte die Grenzen der Höflichkeit überschritten, und alle taten so, als wäre nichts geschehen. Mein Gegenüber ignorierte mich und versuchte, das Gespräch mit ihren Tischnachbarn wieder anzuknüpfen. Aber es kam zu langen Pausen.

Ich hatte plötzlich das Gefühl, daß der Tisch zwischen ihnen und mir unüberbrückbar breit geworden war. Ich fühlte mich isoliert, allein inmitten einer Einöde, und tief in mir empfand ich eine Verwirrung, eine Schwäche, die bereits in mir gesteckt hatten und durch sie lediglich ans Tageslicht gekommen waren. Hatte ich damit nicht diese vollkommene Gleichgültigkeit, die ich normalerweise bezüglich des Todes meiner Eltern zur Schau stellte, Lügen gestraft? Und ahnte ich nicht zum ersten Mal, daß das Fundament, auf dem meine ganze Kraft ruhte, doch nicht so stabil war, wie ich immer dachte?

Ich lebte mein Leben weiter, leichten Herzens und scheinbar kaum berührt. Aber die Tatsache, daß ich mich so gut an diesen Zwischenfall erinnere, daß ich heute noch das Wörtchen »existieren« nicht benutzen kann, ohne automatisch an diesen Vorfall zu denken, kann nur bedeuten, daß er einem kleinen Stein glich, der in das ruhige und klare Wasser meiner Unbekümmertheit gefallen war.

Ein Herz in Ketten

Schon über hundert Seiten, die ich manchmal mühsam, manchmal erleichtert niedergeschrieben habe. Mehr als hundert Seiten … Beinahe zwei Jahre lang habe ich jetzt mein Gedächtnis durchstöbert, und nicht ein einziges Wort über euch, meine Eltern.
Ich konnte nichts über euch schreiben, weil ich noch immer nichts über euch weiß. Und ich erinnere mich an nichts aus diesen gemeinsamen Jahren, an kein einziges Ereignis, an keine Geste, an kein Gesicht. Nichts.
Ich suche euch, oder ich glaube, euch zu suchen. Aber ihr entzieht euch mir. Und auf all diesen Seiten ist es mir lediglich gelungen, über mich selbst zu sprechen. Nur über mich.
Wie entmutigend!
Aber hinter all diesen erfolglosen Nachforschungen, hinter dieser Hilflosigkeit sehe ich, was ihr mir mit eurem Tod hinterlassen habt …
Es geht hier nicht um Selbstsucht und auch nicht um Ichbezogenheit. Es ist noch viel schlimmer, oder genauer gesagt, es handelt sich um viel mehr. Als ich euch zu meinen Füßen entdeckte, bin ich mir plötzlich und auf grausame Art und Weise bewußt geworden, wie vergänglich der Mensch ist. Mir wurde bewußt, daß die Liebe in Sekundenbruchteilen umschlagen kann in ewiges, nicht umkehrbares Schweigen. Ich begriff, wie gefährdet, wie flüchtig das Leben und die engsten Familienbande sind. Mein Vater, meine Mutter, ihr habt mich an jenem Morgen in einer unendlich tie-

fen Einsamkeit zurückgelassen. Wem sonst kann ich noch trauen? Wie kann man sich, nachdem man so im Stich gelassen wurde, noch jemandem anvertrauen? Ihr habt mich zur Gefangenen meines Körpers gemacht.

Zweifellos ist es eine Gabe, sich so völlig in sich selbst zurückziehen zu können, und sicher besaß ich diese Gabe früher, sonst hätte ich nicht so übertrieben reagiert. Aber welchen Preis mußte ich dafür zahlen? Wenn man so ganz auf sich konzentriert ist, auf Gedeih und Verderb an seine eigene Ausgeglichenheit gekettet ist, dann verfügt man – obwohl es nach außen hin anders erscheint – über so wenig Offenheit, so wenig Fähigkeit zu entdecken und sich gehenzulassen, daß man in Wirklichkeit nur wenig Freiheit hat. Alles in allem trägt man eine bedrückende Bürde mit sich herum.

Ich fürchte, daß ihr, meine Eltern, mir solch ein schweres Joch hinterlassen habt, schwere Ketten, die auf meinem Herzen lasten und die da sind, wirklich da, ein für allemal. Mein Herz ist so eingeschnürt, daß ich, trotz aller Anstrengungen, mich von diesen Fesseln zu befreien, an meinen schmalen und egozentrischen Weg gebunden war.

Was wäre aus mir geworden? Wie hätte ich ohne diese Last auf meinem Herzen gelebt? Wäre ich freier gewesen, offener? Aber wozu all diese Fragen …

Trotzdem! Ich kann nicht umhin, sie mir zu stellen. Seit langer Zeit richte ich sie an die schwarze Leere meiner Kindheit. Wenn dieser Schicksalsschlag mich nicht getroffen hätte, was für eine Frau wäre dann aus dem Kind geworden, das ich war? Ich habe so sehr den Eindruck, daß dieser Unfall für meine Entwicklung entscheidend war, daß ich aus ihm hervorgegangen bin, daß ich mein ganzes Leben DANACH als Antwort auf ihn gelebt habe. Was war ich, was wäre ich geworden, was bin ich in Wirklichkeit, wenn ich nicht so aus der Bahn geworfen worden wäre?

Lange habe ich mit dem Gedanken gespielt, ein Buch zu diesem Thema zu schreiben. Ich wollte den Weg noch einmal gehen, mein unversehrtes Selbst noch einmal erschaffen, mir mein Leben ohne das Unglück IHRES Todes vorstellen. Ich nahm den Faden dort wieder auf, wo er zerrissen war: Sie ließen das Fenster im Bad offen, ich war mit ihnen im Badezimmer, wir gingen alle zusammen zumEssen zu meiner Patentante und kamen dann am Abend wieder zurück. Ich gab meiner kleinen Schwester die Flasche, meine Mutter gab mir einen Gutenachtkuß, bevor ich ins Bett ging, und am nächsten Tag ging ich zur Schule, mein Vater machte seine Fotos, und das Leben ging weiter, das Leben … Das andere Leben.

Es ist mir niemals gelungen, auch nur eine Zeile über dieses Leben zu schreiben, darüber zu schreiben, wie es hätte sein können und wie es nicht gewesen ist. Ja, ich habe es noch nicht einmal träumen können.
Mein Lebenswille hat mich daran gehindert, und auch mein durch SIE so fest in der Realität verankertes »Ich«. Sie haben mich davon abgehalten, dieses unnötige, falsche und wahrscheinlich gefährliche Gedankenspiel weiterzutreiben. Je mehr man sich damit beschäftigt, was möglich gewesen wäre, desto mehr verliert man sich. Und dieser Weg ist ein gefährlicher Irrweg für jemanden, der versucht sich zu finden, bzw. sich wiederzufinden.
... Und darüber hinaus natürlich dumm und nutzlos ...
Was bleibt, ist das Gefühl eines zweigeteilten Weges, einer gespaltenen Persönlichkeit. Wenn doch nur dieser schwarze Schleier nicht wie eine verschlossene Tür wäre, die mich daran hindert, die Verbindung herzustellen zwischen dem starken »Ich«, das überlebt hat, und dem schwachen unbekannten »Ich«, das zurückgeblieben ist, so weit zurück, unsichtbar, mit euch im DAVOR. Mein Vater, meine Mutter, ich kenne euch nicht, und doch spüre ich, daß ich euch brauche, um endlich zu wissen, wer ich bin.
Was muß ich tun, um die verriegelte Tür meiner Erinnerung aufzubrechen?
Natürlich könnte man mir sagen, daß es sehr wohl möglich ist, mit einem zehn Jahre umspannenden Gedächtnisverlust, mit dem schwarzen Loch einer verlorenen Kindheit zu leben.
Natürlich ist das möglich – und genau das tue ich auch. Aber beerdigt man nicht sogar Enthauptete mit ihrem Kopf? Auch ich möchte mein Leben als intakte Person beschließen ...

Die »Gruppe der Sieben«
Sieben befreundete Fotografen, die zusammen arbeiteten und ihre Werke ausstellten.
Mein Vater ist der einzige, der an diesem schönen, aber wohl noch etwas kühlen Sommertag (oder war es noch Frühling?) nackte Beine hat. Das sportliche Sweatshirt und der Hut, den er in der Hand hält, sagen mir, daß er sich wohl seines guten Aussehens und seiner Wirkung auf Leute bewußt war …

Der unbeantwortete Brief

Im dritten Fach der Mumien-Kommode, ganz hinten, zusammen mit den Negativen und dem Familienstammbuch, liegt ein Brief. Ich erhielt ihn vor über fünfzehn Jahren. Damals hatte der Schutzwall, den ich um mich herum errichtet hatte, begonnen abzubröckeln. Ich schwebte nicht mehr ganz so sorglos an der Oberfläche der Dinge und der Gefühle dahin, und ich ahnte, daß dieser schlafwandlerische Zustand der Unbekümmertheit seinem Ende entgegenging.

Durch einen sehr engen Freund wurde dieser Prozeß noch beschleunigt. Dieser sensible Mann war einige Jahre älter als ich und nicht nur ein väterlicher Freund, sondern auch in mich verliebt. Wegen familiärer Probleme hatte er seine Eltern, seine ganze Familie und schließlich sogar sein Vaterland verlassen. Wahrscheinlich repräsentierte ich in seinen Augen das Ideal einer Freiheit und Leichtigkeit, wie er sie für sich selbst gewünscht hätte. Leichtlebig war er jedenfalls nicht. Das war ich für uns beide. Aber wenn man feststellen muß, daß der Zustand, den man gerne erreichen würde, den zu erreichen man jedoch unfähig ist, dem anderen einfach in den Schoß fällt, dann empfindet man dies irgendwann als ärgerlich und schmerzlich zugleich. Deshalb kam er schließlich zu der Überzeugung, daß diese meine Fähigkeit, den Dingen gleichgültig gegenüberzutreten, die allen anderen Leuten und ihm ganz besonders Schmerzen bereiteten, nicht normal sein konnte. Immer wieder sagte er, es sei unmenschlich, so zu sein. Worauf ich mit einem kla-

ren, wirklich noch erstaunten Blick antwortete und gänzlich unbeeindruckt blieb.
Eines Tages gestand er mir, daß er seit einiger Zeit eine Psychoanalyse machte. Ich verwende hier das Wort »gestehen«, denn die Zurückhaltung und Vorsicht, mit der er mir dies mitteilte, ließen vermuten, daß es sich dabei für ihn um ein leicht anrüchiges Geheimnis handelte, um eine Schwäche, die man normalerweise nicht eingesteht. Da ich damals von diesen – und von vielen anderen – Dingen noch überhaupt keine Ahnung hatte, habe ich wahrscheinlich darauf geantwortet: »Ach ja, und?« Er gab mir einige populärwissenschaftliche Bücher über die Psychoanalyse zu lesen, um mich so an das Thema heranzuführen. Und da seine Therapie ihm offenbar keinerlei Lösung für seine Probleme brachte und ihn nicht aus seiner Depression herausführte, ging er aus Frustration und – so glaube ich wenigstens – als Kompensation für sein eigenes Scheitern dazu über, gewissermaßen als Amateurpsychologe die Analyse der nächsten, also meiner Person, in die Wege zu leiten.
Körperlich war er ein starker und schwerfälliger Mann, und seine neu erworbene psychologische Vorgehensweise entsprach seinem Körperbau und seinem Wesen. Vom Stil her ging das Ganze mehr in Richtung Boxhandschuhe und Metzgermesser als in Richtung Skalpell. Er ging nicht lange um den heißen Brei herum: »Warum sprichst du nie über deine Eltern?«
Meine lange Übung im eleganten Ausweichen ermöglichte es mir eine Zeitlang, der Konfrontation aus dem Weg zu gehen, und seine Pfeile verfehlten ihr Ziel. Ich wich aus, ich schlug Haken. Dann wurden die Angriffe heimtückischer. Mit indirekten Anspielungen und Fragen versuchte er, mich zu überraschen. Es fiel mir immer schwerer, mich herauszuwinden, und meine Gleichgültigkeit hatte schon einige Schrammen abbekommen. Aber ich wehrte mich, sammelte meine Kräfte, raffte mich wieder auf. Mein Blick jedoch war nicht mehr ungetrübt, meine Selbstsicherheit geriet ins Wanken, und es gelang mir nicht mehr, das zu verbergen. Ich verhielt

mich ganz so wie ein Tier, das glaubt, unsichtbar zu sein, nur weil es sein Köpfchen im Sand versteckt hat oder hinter einem Baum, während der Rest seines Körpers sichtbar ist. Mein psychischer Folterknecht hatte Blut geleckt, und mit sicherem Instinkt vereitelte er meine Fluchtversuche.

Bald war ein Ausweichen nicht mehr möglich. Ich wurde in eine Ecke gedrängt, mit Fragen bombardiert und schließlich Stück für Stück auseinandergenommen: »Warum bist du so unerreichbar? Warum bist du überhaupt nicht eifersüchtig? Warum hängst du an nichts und an niemandem? Warum bist du von so unerträglicher Oberflächlichkeit? Warum sprichst du überhaupt nie über den Tod deiner Eltern?«

Nach zwei Jahren des offenen, manchmal aber auch nur unterschwelligen Kampfes war ich psychisch am Ende und völlig wehrlos. Und überrascht und schockiert stand ich kurz davor zu erkennen, daß der Grundstock meiner unüberwindlichen Kraft auf einer großen Leere beruhte. Aber ich weigerte mich, mich über diesen dunklen Abgrund zu beugen. Und um nicht hinunterzustürzen, erkannte ich plötzlich, daß mir nur eine Lösung blieb: die Flucht. Und wie ein Zeichen des Himmels, das gerade zur richtigen Zeit kam, um die Trennung zu erleichtern und meine Flucht zu ermöglichen, wurde mir die möblierte Wohnung, die ich damals gemietet hatte, gekündigt.

Ich packte meinen Koffer, raffte all meine Kräfte und die wenigen Dinge, die ich besaß, zusammen und floh so weit es ging – das heißt ans andere Ende von Paris –, um neu zu beginnen. Schließlich fand ich einen Ort, der mir gefiel. Dort war ich nicht mehr von den Launen eines Hausbesitzers abhängig, da ich nun selbst Hausbesitzer geworden war. Zum ersten Mal brach ich so auf scheinbar harmlose – jedoch für mich folgenreiche – Art und Weise mit meinem bis dahin unumstößlichen Prinzip, mich an nichts und niemanden zu binden.

Ich habe keine Lust, mein Leben in all seinen Einzelheiten zu er-

zählen. Es widerstrebt mir einfach, und das ist auch nicht der Sinn dieses Buches. Ich möchte hier nur kurz, möglichst humorvoll (und ohne näher darauf einzugehen, oder von meinem Thema abzuschweifen) diesen für mich wohl wichtigsten Zeitabschnitt meines Lebens skizzieren.

Das nur wenig schmeichelhafte Bild, das ich von meinem Freund, dem »Amateurpsychologen«, gezeichnet habe, darf natürlich nicht zu ernst genommen werden. Er war ein gütiger und charmanter Mann. Er ist es noch immer. Und er ist auch noch immer mein Freund. Seine »Holzhammeranalyse« hat mich tief verwirrt und beinahe psychisch zerstückelt, aber dafür bin ich ihm dankbar. Dafür danke ich ihm jetzt wirklich von ganzem Herzen. Er war es, der mir die Augen über mich selbst geöffnet hat, und in gewisser Weise war er der Mann meines Lebens, auch wenn er nicht mein Lebensgefährte wurde. Sollte er diese Zeilen lesen, so wird es ihn vielleicht erheitern, das zu erfahren … Er war sich wohl kaum bewußt, daß er in meiner Entwicklung eine so wichtige Rolle gespielt hat. Sicher hat er seinerzeit all diese Fragen zum richtigen Zeitpunkt gestellt: Ich war reif dafür. Damals hatte ich immer noch diese plötzlichen und unerklärlichen depressiven Anwandlungen. Ich hatte begonnen, mich fürs Fotografieren zu interessieren und war besonders von der Schwarzweißfotografie fasziniert. Beim Entwickeln meiner Bilder hatte ich den Geruch des Dithionits wiederentdeckt. Durch ihn wurde ich an die Dunkelkammer meines Vaters erinnert. Ich machte Fotos von Landschaften im Nebel, die ziemlich bedrückend wirkten und von denen ich glaubte, daß sie einzig und allein meiner eigenen Inspiration entsprangen. Dabei ähnelten sie auf seltsame Art und Weise den Fotos meines Vaters … Was meine Arbeit betraf, so hatte ich in Jean-Louis Barrault eine künstlerische »Vaterfigur« gefunden. Er war es auch, dem ich meine Rückkehr zum Theater verdankte. Ich war wirklich dabei, wieder Fuß zu fassen, und mein Amateurpsychologe hatte diesen Bewußtwerdungsprozeß, der sich wahrscheinlich auch ohne ihn früher oder später vollzogen hätte, eigentlich nur beschleunigt. Deshalb, obwohl das Ganze ein bißchen schmerzhaft war: Vielen Dank, lieber Freund, es war höchste Zeit.

Das Bild, das ich von mir selbst zeichne, ist auch nicht besonders schmeichelhaft. Ich war so sehr darauf konzentriert, mich nach außen abzuschotten, daß ich mir nicht die Zeit nahm, nachzudenken. Aber ich war nicht so dumm zu glauben, daß ich nach seiner »Behandlung« mein Leben genauso oberflächlich weiterführen könnte wie zuvor. Der Schwung war raus. Ich hatte zwar den Mann verlassen, aber seine Fragen steckten noch wie Pfeile in meinem Herzen. Und damit mußte ich leben, so gut es eben ging.

Ich erinnere mich, daß ich damals ein Tagebuch führte, in dem ich mich ausführlich darüber beklagte, daß ich meine Leichtlebigkeit verloren hatte. Es gelang mir einfach nicht mehr, ohne Hintergedanken, fröhlich und unbeschwert zu sein. Es kam mir so vor, als sei ich mit einem Schlag gealtert. Alles fiel mir schwer, und in fast jeder Zeile tauchte das Wort VORHER auf. Es war fast wie eine Mauer, gegen die ich anrannte. Vorher war ich so und so, vorher machte mir dies und das nichts aus … Wann vorher? Was war geschehen? Ich hatte einfach endgültig mit dem Leben Schluß gemacht, das ich vorher geführt hatte. Es war vorbei mit der fröhlichen Leichtigkeit des Seins. Es gab tatsächlich ein VORHER und ein NACHHER.

Ganz zu Beginn dieser Zeit DANACH, als ich mich noch gar nicht an diesen Zustand gewöhnt hatte, erhielt ich einen Brief, der mir sehr naheging.

Als ich ihn eines Morgens in meinem Briefkasten fand, hatte er auf den ersten Blick nichts Auffälliges. Ich war mittlerweile als Schauspielerin ziemlich bekannt, und es kam öfters vor, daß ich Fanpost erhielt. Auch dieser Brief war den üblichen Weg gegangen und bei meinem Agenten gelandet. Dieser wiederum hatte die in einer sehr kleinen regelmäßigen Handschrift gehaltene Adresse durchgestrichen und durch meine Privatanschrift ersetzt. Die Originaladresse war in einer Schrift abgefaßt, wie sie für Leute typisch ist, die wenig und selten schreiben. Ich erinnere mich daran, wie schockiert ich war, als ich die ersten Zeilen las … Ich kann sie noch auswendig zitieren. Dazu brauche ich noch nicht einmal den Brief hervorzuholen.

»Kann es sein, daß Sie die Tochter von Lucien Legras sind? Alles, was ich über Sie gelesen habe, bringt mich zu dieser Annahme, ohne daß ich dessen sicher wäre. Seit Jahren schon habe ich mit dem Gedanken gespielt, Ihnen zu schreiben, und heute will ich es endlich tun. Wenn ich mich nicht irre, wenn Sie wirklich die Tochter von Lucien sind, dann sollten Sie wissen, daß ich einer seiner besten Freunde war. Wir waren eine Gruppe von Fotografen, die zusammen arbeiteten. Wir haben uns gegenseitig sehr geschätzt und bewundert. Sein Tod war für mich ein großer Schock, und ich habe lange gebraucht, um darüber hinwegzukommen. Ich wohne jetzt in einer anderen Kleinstadt, habe aber ab und zu in Paris zu tun. Könnten wir uns einmal treffen? Wenn Sie es möchten, würde ich Ihnen gern von ihm erzählen, und gemeinsam könnten wir so die Erinnerung an ihn wachhalten. Er war ein außergewöhnlicher Mensch und Freund, und ich habe ihn nie vergessen. Sollte ich mich geirrt haben, und Sie sind nicht die Tochter von Lucien, so bitte ich Sie, diesen Brief zu entschuldigen ….«

Einige Augenblicke lang war ich wie gelähmt. Das Blut stockte mir in den Adern. Nein, er hatte sich nicht geirrt. Ich war wirklich die Tochter von Lucien Legras.

Ich faltete den Brief wieder zusammen, und ich erinnere mich, daß ich noch lange sitzen blieb mit dem Stück Papier vor mir auf dem Tisch. Die Zeit verrann. Augenblicke absoluter Leere, die ich hier nur schwer beschreiben kann. Momente, in denen man nichts fühlt und nichts denkt, in denen Gefühl und Geist wie gelähmt sind, und wo man nur mit offenem Mund und starrem Blick dasitzt. Die Zeit vergeht, und schließlich beginnt man dann wieder – wie mechanisch – sich zu bewegen.

Ich öffnete die anderen Briefe, ich heftete einige Papiere ab, antwortete auf ein paar dringende Briefe, und als ich schließlich keinen Vorwand mehr hatte, nahm ich den Brief nochmals zur Hand. Ich las ihn ein zweites Mal, legte ihn wieder vor mich auf den Tisch, genauso verwirrt wie zuvor. Ich mußte auf diesen Brief antworten. Natürlich mußte ich auf diesen Brief antworten. Aber nicht jetzt gleich. Das konnte ich einfach nicht.

Einige Tage blieb er auf dem Tisch liegen, nur so lange, bis ich – so dachte ich jedenfalls – wieder klarer denken und diese seltsame Verwirrung überwunden haben würde. Und dann wanderte der Brief ganz oben auf den Stapel der noch zu beantwortenden Schreiben.

An dieser Stelle verrate ich einen guten Trick, wie man auf sehr praktische Art und Weise all die Papiere vergessen kann, die einem im Weg sind, einen ärgern oder einem Kopfzerbrechen bereiten. Es genügt, ganz oben, deutlich sichtbar, auf einen unübersehbaren Stapel, all die Briefe zu legen, auf die man möglichst schnell antworten muß. Weiter unten, oder in die Mitte des Stapels – je nach der Zeit, die man sich bis zu einer Antwort auf das Schreiben zugesteht –, legt man nacheinander jene Schreiben ab, mit denen man im Moment noch nicht recht etwas anzufangen weiß. So entstehen ganz langsam deutlich voneinander abgegrenzte Schichten. Sie gehen von »dringend« über »vorläufig noch nicht« (bzw. »noch einmal durchzusehen«), bis hin zu »bei Gelegenheit, falls Zeit ist«. Diese unterste Schicht läuft am ehesten Gefahr, nach einiger Zeit direkt aus dem Stapel in den Papierkorb zu wandern. Manchmal, meist geschieht das einmal pro Jahr, nehme ich all meinen Mut zusammen und gehe den ganzen Stapel Stück für Stück und ausnahmslos durch.

Auf diese Art und Weise fand ich dann regelmäßig jenen bewußten Brief erst oben, dann in der Mitte und schließlich ganz unten im Stapel wieder. Mehrmals versuchte ich, ihn zu beantworten. Eines Tages hatte ich sogar begonnen, einen Brief aufzusetzen, aber es ist

mir nicht gelungen, ihn zu beenden. Mitten auf der Seite blieb ich stecken. Und zwar, ohne daß mich das besonders deprimiert hätte. Es ging einfach nicht. Mir fiel nichts ein.
Im stillen war ich mir selbst deswegen böse. Dieser Mann schlug ein Treffen vor, um mit mir über meinen Vater zu sprechen. Was war daran so schlimm oder so erschreckend? Sein Brief war freundschaftlich und warmherzig geschrieben, und allein schon die Höflichkeit gebot es, ihn zu beantworten …
Aber als ich schließlich soweit war, daß ich mich selbst von der Notwendigkeit einer Antwort überzeugt hatte und mir ein solches Treffen schon bildlich vorstellte, da hielt mich ein idiotisches kleines Detail doch davon ab: Ich wußte, daß ich weinen würde. Natürlich wäre ich zu diesem Treffen gegangen, oder aber ich hätte meinem Gast die Haustür geöffnet, groß, stark, dieses unerschütterliche Gleichgewicht ausstrahlend, das alle von mir gewohnt waren (!), und wenn wir dann zu dem Thema gekommen wären, das uns zusammengeführt hatte, dann hätte mir die Stimme versagt. Ich hätte sicher nicht zuhören können, wie er über IHN sprach, ohne daß meine Lippen begonnen hätten zu zittern. Meine Stimme und meine vordergründige Selbstsicherheit hätten versagt, und sicher wäre es mir nicht gelungen, meine Emotionen unter Kontrolle zu halten. Ich sah mich schon in Tränen aufgelöst, und dies vor einem Mann, der vielleicht völlig überrascht, ja, erschrocken auf solch einen Zusammenbruch reagiert hätte, dessen Auslöser er ja gewesen wäre. Wie ist das nur möglich? Diese große, so selbstsicher wirkende Frau hat zwanzig Jahre nach dem Tod ihrer Eltern noch nicht das Stadium überwunden, in dem man auf so etwas mit herzzerreißendem Schluchzen reagiert? Tatsächlich … Ja, mein Herr, es scheint so. Denn fünfundzwanzig, dreißig und mittlerweile schon fünfunddreißig Jahre später ist dieses Ereignis immer noch allgegenwärtig.
Mittlerweile ist es wahrscheinlich schon zu erraten: Ich habe diesen Brief nie beantwortet.

Zehn Jahre lang – und ich übertreibe nicht –, zehn Jahre lang blieb er auf meinem Schreibtisch liegen.
Mittlerweile war er an den Rändern schon ganz vergilbt – es ist verrückt, wie schnell ein Stück Papier wie eine Antiquität aussieht –, und schließlich hatte es keinen Sinn mehr, ihn noch länger auf meinem Schreibtisch liegen zu lassen. Ich hatte das Gefühl, daß eine so späte Antwort lächerlich, ja, peinlich sein würde (war dieser Mann überhaupt noch am Leben?), und so nahm ich den Brief und legte ihn zu den anderen Reliquien in die dritte Schublade der Mumien-Kommode. Denn ich brachte es einfach nicht übers Herz, ihn wegzuwerfen. Dort ist dieser Brief noch heute.
Immer wenn ich das Foto betrachte, auf dem »die sieben Freunde« zu sehen sind an diesem Strand in der Normandie, dann frage ich mich, wer von ihnen mir wohl geschrieben hat. Vielleicht der ganz links mit der Tasche auf der Schulter? War es der neben ihm, der etwas älter wirkt, oder aber der in dem weißen Hemd, der seine Kamera umgehängt hat? Oder etwa der im Anzug mit dem Kinnbart? Einige Porträtaufnahmen, die ich von ihm in den Negativen meines Vaters gefunden habe, scheinen darauf hinzudeuten, daß sie sich näher kannten. Da ich nicht wußte, wie sie hießen, sagte mir auch die Unterschrift unter dem Brief nichts.
Wenigstens eines ist sicher: Der, der in der Mitte des Fotos posiert, kann es nicht sein, denn das ist mein Patenonkel, den ich übrigens zum letzten Mal gesehen habe, als ich ein junges Mädchen war. Wie zu all den anderen, die meine Eltern kannten, habe ich auch zu ihm den Kontakt abgebrochen und bin vor einer möglichen Freundschaft geflohen. Sie ist fortgegangen, hat sich in Luft aufgelöst, die Tochter von Lucien und Ginette Legras. Sie wohnt nicht mehr hier, kein Anschluß unter dieser Nummer …
All diese Leute – so nett, so warmherzig, so freundschaftlich sie auch waren –, sie alle verfügten in meinen Augen über eine gefährliche Fähigkeit: Sie konnten mir die Realität dessen vor Augen führen, was SIE gewesen waren.

Natürlich wußten sie nicht, daß sie für mich eine Gefahr darstellten. Denn sie hätten den Schleier lüften können, mit dem ich SIE und gleichzeitig auch mich, nämlich das Kind, das ich damals an ihrer Seite gewesen war, verhüllt hatte. Sie hätten das tun können, aus einem persönlichen Gefühl des Bedauerns heraus, wie der Mann, der mir den Brief geschrieben hatte, oder um mir zu helfen, oder sogar unabsichtlich.

Vorsicht. Finger weg. Nur nichts aufrühren. Augen zu ... Mein Geist hätte wohl kaum einen so undurchdringlichen Schleier gewoben, nur um eine längst vernarbte Wunde zu schützen. Und weshalb hätte ich dann von mir aus einen Schutzwall durchbrechen sollen, den mein Instinkt und die Natur für mich geschaffen hatten?

Und selbst wenn ich meinen Widerwillen hätte überwinden wollen, wenn ich neugierig gewesen wäre, dann hätte das, was ich erfahren hätte, keinerlei Echo in mir gefunden. Und das wäre vielleicht das Schlimmste überhaupt gewesen, deshalb vermied ich es, mit anderen darüber zu sprechen. Stumm wäre ich all diesen Leuten, die sie gekannt hatten, gegenübergestanden, denn ich hätte zu diesem Thema nichts beitragen können. Innerlich fröstelnd wäre ich ausgeschlossen geblieben von einem Geheimnis, in das gerade ich hätte eingeweiht sein sollen und bei dem ich fühlte, daß man es mir vorenthalten hatte. Daß die anderen in dieses Geheimnis eingeweiht waren, drängte mich nur noch mehr ins Abseits. Denn – ob es sich nun um enge Freunde, flüchtige Bekannte, Nachbarn oder Arbeitskollegen handelte – sie alle erinnerten sich an IHRE Gesten, ihre Gewohnheiten, an das, was sie sagten und woran sie glaubten. Sie erinnerten sich an all die Tage, an die Jahre, die sie mit ihnen verbracht hatten, an Augenblicke des Glücks, der Freude, an das, was sie gewesen waren. Wirklich gewesen waren. Alles, was mein Vater und meine Mutter erlebt hatten, lebte in ihnen fort. Und in mir? Nichts? Ich, ihre leibliche Tochter, blieb mit leeren Händen und ohne jede Erinnerung an sie, draußen vor der ver-

riegelten Tür meines Gedächtnisses zurück, während die anderen das im Überfluß hatten, was eigentlich mir zukam.
Wenn ich gehört hätte, wie sie in vertrautem Ton dies oder jenes erwähnten, was SIE eines Tages gesagt oder getan hatten, wenn ich gespürt hätte, daß ihnen all diese Erinnerungen mühelos zugänglich waren, ganz so, als wären SIE noch am Tag zuvor zugegen gewesen, dann hätte ich sicher das Gefühl gehabt, meine Eltern zum zweiten Mal verloren zu haben. Sie wären mir noch fremder geworden, denn ich hätte feststellen müssen, daß ich nichts über sie wußte. Und da diese Leute sich wahrscheinlich nur an die besten Seiten meiner Eltern, an das Schmeichelhafte und Liebenswerte erinnert hätten, so hätten sie damit mein Bedauern nur noch unendlich vertieft.
Also weshalb eine unerfüllbare Sehnsucht und eine zwecklose Auflehnung – diese Auflehnung, die einem das Blut vergiftet, einen vor Ohnmacht stöhnen und sich auf die Lippen beißen läßt – noch verstärken, wo doch nichts und niemand mir jemals diese beiden so sinnlos Gestorbenen zurückgeben konnte.
Wie hätte ich die Kraft finden können, diesen Schmerz auszuhalten, wo ich doch fast meine ganze Energie darauf verwendet hatte, zu vergessen – und das zu der Zeit, als ich diesen Brief erhielt, und als es mir immer schwerer fiel, mich dazu zu überwinden?
Dieser Mann, der mir geschrieben hatte, war nicht einfach im Schatten geblieben. Er hatte sich erkundigt und hatte meine Adresse herausgefunden. Er versuchte von diesem anderen, in Nebel gehüllten Ufer aus eine Brücke zu meiner kleinen Insel zu schlagen. Schon allein durch diesen Brief schuf er ein Band zwischen uns und machte einen Schritt auf mich zu, auf dieses einstige »Ich«, von dem ich glauben wollte (wollte ich das wirklich?), daß es mit IHNEN gestorben war. Er konnte nicht ahnen, wie sehr ich meine Erinnerungen und damit meine Kindheit ausgeblendet hatte.
Wenn ich etwas tat und auf diesen Brief reagierte, ja, wenn ich nur ein einziges Wort schrieb, dann würde er in aller Unschuld und

mit den besten Absichten mein empfindliches Gleichgewicht gerade in jenem Moment zerstören, in dem ich schwerfällig und ganz vorsichtig unter meiner Schutzschicht hervorkam, um neue Kontakte zu knüpfen, um neue, noch sehr verletzliche Wurzeln zu schlagen. Wenn ich ihn gewähren ließ, dann würde er meinen Traum mit jenen Wurzeln erschlagen, die mir bei lebendigem Leib herausgerissen worden waren.

Natürlich lief das Ganze eher unbewußt in mir ab – jedenfalls brachte ich es einfach nicht über mich, seinen Brief zu beantworten. Zu jener Zeit dachte ich noch, daß es ausreichte, wenn ich mich »totstellte«, damit meine Lebenskraft und die Natur mit Hilfe der dahinfließenden Zeit die Wunde schließen konnten, ohne daß ich selbst Hand und Herz mitanlegen mußte. Damals wußte ich noch nicht, daß die gute Mutter Natur gar nicht so barmherzig ist und daß Wunden, die man zu schnell mit dem Vergessen zudeckt, nicht heilen … Und selbst heute weiß ich vieles noch nicht.

Er würde meinen Schutzschild umgehen und ganz tief in mir diese Sehnsucht nach IHNEN wieder wecken, diesen Hunger, der unter der dünnen Decke des Vergessens noch immer lebendig war. Mein kleines, zu abrupt entwöhntes »Ich« würde, mit offenem Mund und weit ausgebreiteten Armen, gierig alle Einzelheiten, Anekdoten, Beschreibungen – überhaupt alles, was es nur bekommen könnte – in sich aufnehmen. Dadurch würde mein Hunger nach IHNEN nur noch größer, und es gäbe keine Hoffnung, ihn je zu stillen.

Stets habe ich gespürt, daß dieses kleine gierige »Ich« gut versteckt hinter der Fassade meiner Gleichgültigkeit auf der Lauer lag. Und all meine Versuche, es irgendwie einzuschläfern, zu ignorieren oder unter meiner Lebenskraft und meiner Unabhängigkeit zu ersticken, waren zwecklos. Ich wußte, daß es immer bereit war, alle möglichen Informationen über SIE, die in seine Reichweite kamen, an sich zu reißen. Und während ich scheinbar zerstreut und ungerührt zuhörte, was man mir über sie erzählte – oder vielmehr so tat, als würde ich gar nicht zuhören –, bemächtigte sich das kleine Etwas ganz tief in mir, schnell und sicher, seiner Beute, betrachtete sie von allen Seiten, zerlegte sie in all ihre Teile und versuchte, mit seinem kleinen gierigen Mund, verzweifelt seinen Hunger zu stillen. Aber weil es nicht möglich war und niemals möglich sein würde, diesen Hunger zu stillen, und weil das, was es erhascht hatte, so unverdaulich war, daß es ihm im Hals steckenblieb, ihm keinerlei Erleichterung verschaffte, ja, es sogar schmerzte, sammelte das kleine »Ich« dies alles irgendwo in meinem Kopf, und hob es für eine besonders schmerzliche Gelegenheit, ein Fest der Trauer, auf.

Es gab nur selten Gelegenheiten, etwas über sie zu erfahren. Auch wenn der Wunsch, mehr über sie zu wissen, immer gegenwärtig war, so behielt doch meine Furcht, die zu einem Schutzreflex für mich geworden war, immer die Oberhand. Und selbst jetzt, vierzig Jahre später, weiß ich nichts, oder fast nichts, über sie. Hie und da habe ich, wie bereits erwähnt, einige Einzelheiten aufgeschnappt, das ist alles.

Und die Mitglieder meiner Familie, wird man jetzt sagen, litten sie etwa alle an Gedächtnisverlust? Hat sich im Laufe der Jahre niemand gefunden, der mir erzählen konnte, wer meine Eltern waren?

Nein, eigentlich nicht. Zunächst einmal wußte niemand – selbst ich nicht –, daß ich alles, was sie betraf, aus meiner Erinnerung gestrichen hatte, oder zumindest, daß mein Geist dabei war, dies zu tun. Das wenige, das ich weiß, habe ich im übrigen bei Gesprächen innerhalb der Familie zufällig aufgeschnappt. Oft waren es nur Kleinigkeiten, denn die Trauer schnürte ihnen die Kehle zu, und man wechselte das Thema. Jeder trug seinen Teil dieser Bürde, die der Verlust des Sohnes, des Bruders, der Schwester oder der Cousine für sie bedeutete. Und man versuchte, so wenig wie möglich darüber zu sprechen und daran zu denken.

Manche Todesfälle können, so glaube ich, eine ganze Familie erschüttern, besonders wenn es sich um den gewaltsamen Tod von jungen, glücklichen Menschen handelt, die mitten aus dem Leben gerissen werden. Solche Todesfälle überwindet und akzeptiert man nicht. Deshalb hütet man sich auch davor, über sie zu sprechen. Sie sind einfach zu schmerzlich ... Sicher ist es nie leicht, das Sterben zu akzeptieren, aber wenigstens hinterläßt der Tod von Männern und Frauen, die auf ein langes Leben zurückblicken konnten, oder die einer schweren Krankheit erlegen sind, nicht dieses Gefühl von Unvollendetheit, diesen empörenden Bruch und den Eindruck, dem gnadenlos zuschlagenden Schicksal völlig ausgeliefert zu sein. Natürlich weiß ich, daß man dazu neigt, die Verblichenen zu idealisieren, ihre Fehler zu vergessen. Aber das wenige, was ich über meinen Vater oder meine Mutter gehört habe, erweckte in mir den Eindruck, daß diese beiden ganz besonders fröhlich, frei und von sonnigem Gemüt waren – ganz so, als hätte sich in ihnen ein Potential an Lebensfreude gesammelt, die jeden von ihnen für seine Familie zu einer Art Galionsfigur machte. »Sie waren so fröhlich und strahlten so viel aus ... Man fühlte sich wohl in ihrer Nähe. Deine Eltern waren bei allen beliebt«, sagte eines Tages meine Tante zu mir.

Auch für die Familie als Ganzes gibt es ein »Vorher« und ein »Nachher«, wenn sie so jemanden verliert. Eine Leere entsteht, ein Mangel, ein Verlust an Energie. Man versucht zu vergessen, man findet sich damit ab, jeder für sich, aber die Familientreffs sind nicht mehr so fröhlich. Denn die Verstorbenen haben diese reine Freude, die man empfand, wenn man sich so traf, mit sich genommen. Auf dem Tisch stehen nicht mehr so viele Kuchen, und sie sind mit weniger Liebe gebacken. Über ihren leeren Stühlen verdichtet sich das Schweigen, und nie wieder kann man ohne düstere Hintergedanken solch fröhliche Familienfotos machen im Sonnenschein und unter den Pflaumenbäumen einer abschüssigen Wiese ... Diese Generation kennt von nun an keine Unbekümmertheit mehr. Jetzt ist es an der nächsten, so gut es nur geht, von diesem gesegneten bißchen Zeit zu profitieren, in dem das Glück unvergänglich erscheint, und für dessen Dauer man vergißt – so sehr ist man damit beschäftigt zu leben –, daß das, was man in Händen hält, von einem Tag auf den anderen zerstört sein kann. Und dann, nach einigen Jahren, spricht man – wenn überhaupt – nur noch vage über die Toten. Ihre Einzigartigkeit verliert sich. Auch dabei handelt es sich um einen Schutzreflex. Man vermeidet es, sich zu genau an die zu erinnern, um die man trauert, an ihre Art zu denken, zu reagieren, und an all das, was man ganz besonders an ihr oder an ihm liebte.

So lösen sich auch die Persönlichkeiten von Ginette und Lucien, bzw. das, was Ginette und Lucien im Leben wirklich ausmachte, allmählich auf und weichen den verschwommeneren Erinnerungen an einen verstorbenen Sohn oder Bruder, eine tote Schwester oder Cousine. Sie werden zu Familienmitgliedern ohne wirkliches Profil, zu gesichts- und farblosen Phantomen. Und für mich, die ich in einer unerbittlichen Reaktion meine Erinnerungen einfach erstickt hatte, verschmolzen diese beiden Phantome zu einer undifferenzierten Einheit: »deine Eltern«. Ihre Existenz wurde also allmählich auf die familiäre Funktion reduziert, die sie ausgeübt hatten, und schließlich – zumindest in meinen Augen – zu diesem abstrakten Begriff. Hatten diese in so weite Ferne gerückten Phantome tatsächlich einmal existiert? …

Das erklärt wahrscheinlich auch, warum ihre Erwähnung durch Außenstehende mich immer viel stärker berührte, als wenn jemand aus meiner Familie über sie sprach. Lange Zeit konnte ich mir dieses Gefühl des Unwohlseins nicht erklären, das mich immer befiel, wenn ich mit »Fremden« zu tun hatte, die SIE gekannt hatten: dieser kleine Stich in der Brust, diese seltsame Empfindung, als ob ein Schleier zerreißen, der schützende Nebel sich lichten und der Traum verblassen würde …

Meine Eltern, die ferngehalten wurden durch unsere unausgesprochene Entscheidung zu schweigen zum Wohle aller, erhielten plötzlich auf dem Umweg über Leute, die dieses Schweigen nicht einzuhalten brauchten, wieder Gesichter, Inhalt, Freunde und ein soziales Leben. Also hatten sie auch »anderswo« sichtbare Spuren hinterlassen und waren nicht nur eine mit dem Etikett Bruder, Schwester oder Eltern versehene Abstraktion, sondern ein ganz bestimmter Mann und eine echte Frau, mit allem, was dazu gehört. Ist es nicht seltsam, daß mir ihre buchstäbliche Existenz erst durch Personen bewußt gemacht wurde, die SIE weniger intim kannten als meine eigene Familie? Plötzlich fiel es mir wie Schuppen von den Augen. Ich fröstelte und hatte das Gefühl aufzuwachen, denn da war er, dieser unerwartete Kontakt mit etwas, das ich von ihnen noch nicht wußte … Hatten wir uns in unserer Familie so sehr vor unseren Toten in acht genommen, daß sie zu einer Art kollektiver Halluzination geworden waren? Zunächst ist da die Versuchung, der Wunsch, etwas von ihnen zu erhaschen, und dann dieses Gefühl von Panik, der Reflex, die Augen zu schließen, wegzuhören, das Traumbild unberührt zu lassen. Zu schmerzlich – nur nichts aufrühren …

Aus all diesen widersprüchlichen, vagen, aber in mir allgegenwärtigen Gefühlen heraus, werde ich Ihnen, sehr geehrter Herr, der Sie mir diesen netten und warmherzigen Brief geschrieben haben, selbst heute, fünfzehn Jahre später, nicht antworten.

Wenn Sie noch immer am Leben sind, wenn Sie in der Zwischenzeit nicht ebenfalls dort sind, wo SIE weilen – wie? wo? in welcher Gestalt? –, und wenn Sie sich noch immer mit mir treffen wollen, so muß ich Ihnen sagen, daß ich mich Ihnen gegenüber noch genauso hilflos fühle wie damals, noch genauso erfüllt von kindlichem Schmerz. Selbst wenn es mir gelänge, diesen Schmerz zu überwinden und Ihnen zuzuhören, ohne mich dabei in Tränen aufzulösen, so würde ich mich doch schämen – auch wenn dieses

Wort vielleicht nicht ganz das richtige ist: egal! Es kommt dem am nächsten, was ich empfinde –, ja, ich würde mich dafür schämen, tief in mir, hinter dieser Fassade von »self-control«, einen so heftigen und sinnlosen Hunger nach INFORMATIONEN zu spüren. Ich müßte mich dafür schämen, dieses kleine, schamlos lauernde »Ich« zu spüren, das wieder erwacht, bereit wie ein Aasgeier, gierig das zu verschlingen, was von IHNEN übrig ist. Und außerdem fürchte ich, daß ich in dem Ganzen einen morbiden und lächerlichen Ausgleich für die Leere suchen würde, die SIE in mir hinterlassen haben.

Denn ich sehne mich noch immer so sehr, so unsäglich nach IHNEN …

Und im übrigen wäre ich Ihnen gegenüber nicht aufrichtig gewesen. Ich hätte eine Wahrheit verdreht, über die eigentlich nur Sie verfügen durften. Was immer Sie mir auch an Neuem über SIE hätten erzählen können, es wäre durch die Linse Ihres Bedauerns verzerrt worden. Sodann hätte ich es noch einmal entstellt und schließlich nur das Beste und Schönste davon akzeptiert, damit SIE ja um jeden Preis weiterhin meiner Idealvorstellung von IHNEN ähneln würden. Deshalb ist es besser, die Sache ruhenzulassen und nichts aufzurühren. Es wäre nutzlos.

Das hätte ich Ihnen schreiben sollen.

Jetzt ist es zu spät. Verzeihen Sie mir.

Der Blinde

Dies ist das erste Foto meines Vaters, an das ich mich erinnere. Das erste Foto, das mich schon als Kind beeindruckt hat, natürlich wegen der furchtbaren Augen des Blinden. Wie könnte es auch anders sein?
Später fiel mir dann auch auf, daß sein Gesicht beinahe verzweifelt zum Himmel gewandt war. Suchte er das Licht? Betete er? Stellte er eine Frage? Dieses Antlitz war so sehr geprägt von einem tiefen und zeitlosen Schmerz, daß seine Gesichtszüge beinahe friedlich wirkten.
Es gibt drei Negative von diesem Blinden, aus verschiedenen Blickwinkeln und aus verschiedenen Entfernungen aufgenommen. Auf einem von ihnen sieht man, daß er auf einer kleinen steinernen Säule vor einer Kirche sitzt und in der Hand eine Sammelbüchse hält. Aber ich bin sicher, daß dieses Foto meinem Vater am besten gefiel, denn er hat nur von diesem einen Negativ einen Abzug angefertigt. Der Ausdruck des Gesichtes wirkt sehr viel intensiver, wenn es aus seiner Umgebung herausgelöst ist. Man erkennt kaum noch, daß der Mann vor einer Kirche sitzt. Diese steinerne Strenge und Nüchternheit im Hintergrund kontrastieren mit der Verwundbarkeit und dem Leid des Blinden. Das schwarze Fenstergitter verstärkt noch diesen Eindruck. Der Blinde ist nicht etwa eingesperrt, er sitzt vor dem Gitter in Freiheit und im Licht. Und dennoch ist er ein Gefangener der ewigen Dunkelheit. Stolz steht sie da, diese Kirche, und unberührt von der menschlichen Vergäng-

lichkeit hat sie Jahrhunderte überdauert, schwer, unerschütterlich und mitleidlos. Zweifellos war es das, was mein Vater mit diesem Foto ausdrücken wollte. Oder zumindest sehe ich es so.
Aber was für mich noch wichtiger ist als das Bild: Ich möchte zu gerne wissen, wie er dieses Foto gemacht hat. Hat er gefragt, oder hat er es einfach heimlich aufgenommen? Hat er sich lautlos an den Blinden herangeschlichen, um ihn zu überraschen, oder hat er mit ihm gesprochen? Vielleicht hatten sie sich vor der Aufnahme unterhalten, oder danach? Möglicherweise hat mein Vater ihn vorher gebeten, sein Gesicht zum Himmel zu wenden? War er es, der

die Kopfhaltung des alten Mannes korrigiert hat, um so eine bessere Wirkung zu erzielen? Vielleicht hat er ihm etwas Lustiges erzählt? Wer weiß, vielleicht hatte dieser Blinde trotz seines furchtbaren Schicksals Humor. Hat er ihm etwas in seine Sammelbüchse gesteckt, bevor er weiterging?

All das, alles, was zu diesem Bild an Menschlichem dazugehört, interessiert mich, und vor allem auch der Mann, der die Kamera hielt. Was empfand er, wie reagierte er?

Ich wünschte mir, er hätte mit ihm gesprochen.

Ich hoffe, er hat mit ihm gesprochen.

Ich erkenne dich nicht wieder, Mutter

Es ist schlimm. Ich schaue sie wieder und wieder an, ich suche sie, und ich erkenne sie nicht.

Und ich erkenne mich nicht in ihr, obwohl da gewisse Ähnlichkeiten sind: die Nase, etwas in unserem Lächeln, die ein bißchen zu kräftig geratenen Knie (was auch meine Vorliebe für lange Röcke erklärt), die strammen Oberschenkel – »Vorkriegsschenkel« …

Ich erinnere mich überhaupt nicht an sie. Und außer ein paar vagen Anekdoten, die in der Familie erzählt wurden, ist sie für mich eine völlig Unbekannte.

Was hat sie mir hinterlassen?

Wären da nicht die Fotos meines Vaters, die mir sagen, daß diese Frau meine Mutter ist, so hätte ich aus eigener Erinnerung keinerlei Argumente oder Beweise dafür, daß ich wirklich ihre Tochter bin. ER hat mir wenigstens Fotos hinterlassen …

Kratzige Badeanzüge

Halt! Da gibt es doch etwas! Eine vage, sehr vage Erinnerung an ein Gefühl meiner Kindheit: handgestrickte Badeanzüge, die furchtbar kratzen, sobald sie feucht sind. Es handelt sich hier nicht um ein besonders angenehmes Gefühl, aber was soll's, besser eine unangenehme Erinnerung als gar keine.
Und immer wieder, wenn ich diese Fotos sehe, fällt mir auf, daß alles, was meine Mutter und ich tragen, wirklich alles außer den Strohhüten und den Schuhen, selbstgemacht ist – sogar die Badeanzüge.
Wieviel Sorgfalt, wie viele Arbeitsstunden mußte sie aufwenden, um mich so von Kopf bis Fuß einzukleiden. Wie liebevoll doch die Hände waren, die bei mir Maß nahmen und die ohne Unterlaß irgend etwas für mich strickten. Habe ich etwa nur deshalb jahrelang meine Kleider selbst geschneidert, um mich darüber hinwegzutrösten, daß ich das alles verloren hatte?

Und dann wieder: Was soll's? Diese selbstgemachten Kleider sind nicht so wichtig, genausowenig wie diese vage Erinnerung an kratzige Badeanzüge. Eine Erinnerung, die so flüchtig ist, so schwach, daß ich schon wieder an ihr zweifle … Was mich an diesem Foto fasziniert, was mich wirklich zu Tränen rührt, ist die Hand meines Vaters, die mich hält … wie er so zärtlich seine Hand um mein Knie legt. Die Hand wirkt so leicht, und doch spürt man, daß sie bereit ist, jeden eventuellen Sturz zu verhindern. Und dann ist da noch meine kleine Hand, die ganz locker auf seinem Nacken ruht. Diese beiden Hände, die eine schützend, die andere sich ganz anvertrauend …

Nachdem das Foto gemacht war, hat er mich sicher fest auf den Arm genommen, und ich habe mich vertrauensvoll an ihn gelehnt. Und dann hat er mich von dem Boot heruntergehoben. Dabei hat er wohl »hoppla« gesagt, wie es alle Väter tun, die ihre Kinder über irgend etwas hinwegheben.

Sicher sind wir dann fröhlich zu meiner Mutter zurückgelaufen, die dabei war, den Fotoapparat wieder einzupacken, und dann sind wir alle drei am Strand spazierengegangen. Ja, so hat es sich sicher abgespielt.

Das Foto sagt mir, daß schönes Wetter war, daß der Wind meine Haare zerzauste, und daß das Licht an der normannischen Küste an diesem Tag wundervoll war.

Und als ich so zwischen meinen Eltern über den Strand lief, diesen Eltern, die für einige Zeit noch ganz natürlich und so völlig mir gehörten, habe ich mich sicher über die Muscheln beschwert, die meine Füße piekten, so wie sich alle Kinder beklagen, weil sie nicht wissen, was für ein Glück sie eigentlich haben.

1818
NI

Warte, ich stricke nur noch meine Reihe fertig …

Meine mysteriöse Mutter …
Ich sehe sie nicht. Sie entzieht sich meinem geistigen Auge. Alles bleibt vage und unscharf, und selbst wenn ich meine ganze Vorstellungskraft aufbiete, gelingt es mir nicht, ihr Bild heraufzubeschwören. Aber da gibt es doch eine Kleinigkeit …
Etwas habe ich über sie erfahren: Sie war fröhlich, warmherzig, kontaktfreudig und ein sehr umgänglicher Mensch, der gerne mit Freunden zusammen feierte. Und parallel dazu erinnert man sich in der Familie noch an ihre beinahe legendäre Leidenschaft und Begabung fürs Stricken.
Dazu muß ich sagen, daß ich selbst eine Zeitlang gestrickt habe und die Nebenwirkungen dieses Zeitvertreibs am eigenen Leib erfahren konnte. Deshalb kann ich mit Fug und Recht sagen, daß Stricken eine Beschäftigung für Geistesgestörte ist.
Man kann es fast mit einer Droge vergleichen. Plötzlich bekommt man Strickanfälle, und es können regelrechte Entzugserscheinungen auftreten, wenn man eine Stunde frei hat, in der man hätte stricken können, und man nicht daran gedacht hat, sein Strickzeug mitzunehmen … Stricken macht langsam, aber sicher abhängig. Sehr schnell gewöhnt man sich an das angenehme Gefühl, anwesend und zugleich abwesend zu sein, an dieses Gefühl, geschützt zu sein hinter der unüberwindlichen Schranke der Stricknadeln und hinter dem engmaschigen Vorhang, der einen vom Rest der Welt trennt. Außerdem liefert das perfekte Alibi der Nützlichkeit die

unschätzbare Entschuldigung, nicht am allgemeinen Leben und Treiben teilnehmen zu müssen. Dies wiederum ermöglicht es, den Augenblick der Rückkehr zu den anderen, in das »normale« Leben, so lange es geht hinauszuzögern:

»Warte noch einen Moment. Laß mich schnell die Reihe fertigstricken ...«

Und nichts ist leichter, als quasi unabsichtlich eine neue Reihe anzufangen, sobald die vorhergehende fertig ist. Wenn man gestreßt ist, merkt man das noch nicht einmal – das geht sozusagen automatisch. Eine wohltuende Amnesie senkt sich dann ganz von selbst über einen zwischen den letzten Maschen der vorherigen und den ersten der neuen Reihe.

»Warte, bloß noch diese Reihe ...«

Eine Ausrede gibt es eigentlich immer. Man ist mitten in einem Muster, beim Zählen, oder man fängt gerade an, an den Ärmeln die Maschen abzunehmen ...

»Warte, ich mache nur noch schnell die andere Seite, sonst komme ich durcheinander ...«

Wenn man dann auf diese Art und Weise die fünfte oder sechste Reihe begonnen hat, empfinden die Familienangehörigen – die darauf warten, mit einem auszugehen oder zu Abend zu essen – dieses Verhalten wohl ganz zu Recht als Provokation oder als Ausdruck von Feindseligkeit.

Wird die Strickende direkt darauf angesprochen, so schaut sie ohne die geringste Spur von Provokation oder Feindseligkeit ganz erstaunt von ihrer Handarbeit auf. Und allein schon dieser sanfte, ins Leere gerichtete Blick beweist ihre völlige Unschuld. Meist ist das ganz und gar ehrlich gemeint, denn eigentlich strickt man nicht »gegen« die anderen, sondern zur eigenen Freude und Erleichterung.

Das Stricken ist nämlich ein starkes Beruhigungsmittel. Für das erste Stadium dieser Sucht sind einfache, rechte Maschen typisch. Dem außenstehenden Betrachter erscheint diese Art des Strickens

als die langweiligste, bei der man am schnellsten verblödet. Das stimmt nicht. Während die Hände mit einem sich ständig wiederholenden automatischen Ablauf beschäftigt sind, kann der Geist vor sich hinträumen. In diesem Stadium ist es noch schwierig, den Kontakt zur Außenwelt ganz abzubrechen.
Kompliziertere Maschen und Muster, oder aber die Verwendung verschiedener Farben scheinen für mich schon zu einem fortgeschrittenen Stadium der freiwilligen geistigen Selbstisolierung zu gehören. In hohen Dosen, und unter dem Vorwand, etwas Künstlerisches schaffen zu wollen, kann man wirklich »an der Nadel« hängen. Und natürlich darf man jemanden, der pausenlos seine Maschen zählt, nicht einfach stören. Die Folge: Sehr schnell meidet die Familie jede Art von Kontakt mit der Strickerin.
»So, jetzt hast du es geschafft. Ich habe wegen dir eine Masche fallen lassen, jetzt muß ich die ganze Reihe noch mal auftrennen ...«
Wenn man an einem großen Motiv arbeitet, das über die ganze Vorderseite eines Pullovers, ja, bis in die Ärmel hineingeht, dann ist der schützende Vorhang, der zwischen einem selbst und der Außenwelt herunterfällt, beinahe vollkommen. Und mit diesem Schutzvorhang schirmt man sich dann auch vor sich selbst ab ...
Wenn man mit Maschen kämpft, deren Anzahl sich laufend ändert, dann bleibt keine Zeit mehr zum Träumen.
Und wenn dann schließlich Hände, Gehirn und Augen beschäftigt sind und man wirklich gut geschützt ist vor den anderen und vor sich selbst, dann versinkt man Masche für Masche, Reihe um Reihe, in eine Art hypnotische Lethargie. Ganz in sich selbst zurückgezogen, sitzt man in einer Ecke und strickt für die, die man liebt und die man in all diesen Stunden weder berühren, noch hören kann. Und wenn die Sachen dann fertiggestrickt sind, winkt man den Lieben nach, die damit zur Arbeit oder in die Schule gehen, eingepackt in dieses kleine Stück ohnmächtiger Zärtlichkeit, das man Masche für Masche zusammengeknüpft hat. Dann bleibt einem, um die leeren Hände und den rastlosen Geist zu

beschäftigen, nichts anderes übrig, als eine neue Handarbeit zu beginnen.
Jemand, der für seine Familie strickt, versucht ein Gefühl der Machtlosigkeit und der Nutzlosigkeit zu kompensieren – wenigstens ist das meine Meinung.
Und meine Mutter strickte.
Je komplizierter das Muster war, desto besser.
Sie strickte pausenlos.
Ich weiß nicht, wie ich diese Information interpretieren soll, aber ich weiß, daß die Menschen ihrer Umgebung beinahe wahnsinnig wurden wegen dieser ständigen: »Warte einen Moment, laß mich erst schnell die Reihe fertig machen …«
Und mittlerweile habe ich noch etwas anderes erfahren: Kurz vor ihrem Tod – das sind Worte, die weh tun, denn ich stelle sie mir vor, wie sie sich ganz ahnungslos mit ihrer Handarbeit beschäftigt, ohne zu wissen, daß sie nur noch einige Monate, ja, nur noch einige Tage zu leben hatte, und ich habe das Gefühl, daß ich diesem armen unwissenden Phantom zurufen muß: »Schnell, leg deine Nadeln und die Wolle weg, schau dich um, beweg dich, lebe, anstatt zu stricken! Du hast nur noch so wenig Zeit vor dir!« –, also: Kurz vor ihrem Tod genügte es ihr schon nicht mehr, pausenlos zu stricken. Wahrscheinlich war sie so virtuos und das Ganze lief derart automatisch ab, daß die beruhigende Wirkung der Handarbeit sich verflüchtigt hatte. Und genau wie Drogensüchtige, die eine neue Zutat zu ihrer üblichen Droge hinzufügen, wenn diese nicht mehr die erhoffte Wirkung zeigt, so war es ihr gelungen, beim Stricken zu lesen. Es heißt, daß sie auf diese Art und Weise pro Tag ein Buch verschlang, oder überhaupt alles, was lesbar war.
Vollnarkose …

Was war nur los mit dieser Mutter? Wovor flüchtete sie sich in dieses zwanghafte Stricken, als dessen Resultat ich von Kopf bis Fuß, von der Zipfelmütze über den Badeanzug bis hin zu den Handschuhen, eingekleidet war? Mutter, was ging dir wohl durch den Kopf, wenn du so für mich Masche an Masche reihtest? Und wenn du dann noch nebenher gelesen hast, welchen Gedanken versuchtest du wohl so auszuweichen? Welcher Angst versuchtest du auf diese Weise zu entfliehen?

Ich werde es nie erfahren. Denn ihre beim Stricken halb geschlossenen Augen haben sich ganz und für immer geschlossen und sind schließlich zu leeren Augenhöhlen geworden. Ja, vielleicht ist jetzt, da ich sie zu finden versuche, überhaupt nichts mehr von ihr übrig. Ihre Gedanken sind mit ihr zusammen dahingegangen, und der Zufluchtsort, den sie nun gefunden hat, ist endgültig.

Mutter, dein Bedürfnis wegzulaufen – und das ist eine düstere Frage, die wohl ebenfalls immer ohne Antwort bleiben wird –, hat es dich nicht viel weiter weglaufen lassen, als du eigentlich wolltest?

Nostalgie ist schwarzweiß

Die Nostalgie ist schwarzweiß.

Zumindest ist das für die Menschen meiner Generation noch so. Das Kino, das Fernsehen in seinen Anfängen und natürlich die Fotos, alle waren sie schwarzweiß: Aufnahmen aus unserer Kindheit, von den Großeltern, Verwandten …

Das ist sogar einer der Hauptgründe, warum wir sie so mögen. Diese zarten Grautöne der Nostalgie. Menschen, Dinge und Landschaften zeigen sich ohne vordergründig augenfällige und manchmal irreführende Farben. Es ist ganz so, als hätte man ihnen eine Maske abgenommen und ihre rein grafische Qualität zutage treten lassen. Sie sind auf das Wesentliche reduziert: Schatten und Licht, das, was einen Ort oder einen Augenblick wirklich ausmacht, die Essenz eines Blickes oder eines Ausdrucks, befreit von allem Überflüssigen, wie die Erinnerung selbst. Die Spuren unserer Vergangenheit sind schwarzweiß.

Und heutzutage? In unseren Fotoalben oder in den Schuhkartons mit den Ferienbildern wimmelt es nur so von Fotos, aus denen grelle Grün- und Gelbtöne hervorstechen. Falls meine Enkel oder Urenkel neugierig genug sind, sie hervorzukramen, werde ich für immer auf diesen bunten Stückchen Glanzpapier festgehalten sein: eine blauäugige Großmutter vor dem Hintergrund bunter Blüten, die in jenem weit zurückliegenden Sommer – der für die Kleinen so weit zurückliegt wie die Steinzeit für uns – ein knallrotes Kleid trug.

Es gibt sie nicht mehr, die Schwarzweiß-Nostalgie. Und das finde ich wirklich schade …

Papa – Mama

Ist es möglich, daß diese Frau mich einmal gestreichelt hat? Den Beweis dafür sehe ich auf diesem Foto, auf dem sie meine Hand in der ihren hält. Ist es möglich, daß meine Hand einmal ihre Hand berührt hat und daß ich so ihre Wärme gespürt habe? Daß ihre Haare meine Wange gekitzelt haben, und daß ich dann zu dieser Frau lächelnd »Mama« gesagt habe?

Mama. Papa.
Welch seltsame, mir fremde Worte.
Seit fünfunddreißig Jahren meide ich sie. Ich umgehe sie. Ich halte mich von ihnen fern. Wenn es denn schon sein muß, dann sage ich »mein Vater«, »meine Mutter«. Das ist nicht so persönlich, tut nicht so weh. Es geht leichter von den Lippen.
Aber »Papa«, »Mama«, das tut weh ... Ich kann diese Worte nicht aussprechen, ohne daß sich mir die Kehle zusammenschnürt. Sie schmerzen mich, bleiben mir im Hals stecken, und ich habe das Gefühl, daß sich meine Stimme ändert. Das sind keine Worte für mich. Sie brennen auf der Zunge. Wenn es manchmal nicht anders geht, wenn das Wort »Mama« zum Beispiel in einem Text auftaucht, dann sehe ich es schon lange vorher, ganz so wie ein kleines Hindernis, das es zu überwinden gilt. Werde ich es schaffen, ja oder nein? Schließlich nehme ich innerlich Anlauf, einen Anlauf, auf den dann immer ein unmerkliches Zögern folgt ... Jedesmal habe ich den Eindruck, daß dieses Wort bei mir unecht klingt.

Und manchmal höre ich sie, diese so unauffälligen, so natürlichen Worte, aus dem Munde anderer. Manchmal höre ich, wie jemand, der so alt ist wie ich, oder älter, sagt: »Mama hat da wieder etwas angestellt ...«, »Ich muß Papa noch sagen, daß er das nicht vergißt ...«. Wie flüssig das doch herauskommt. Sie sind sich dieses Privilegs überhaupt nicht bewußt. Es ist etwas ganz Natürliches für sie. Diese einfachen Worte kommen ohne jegliche Anstrengung zwischen ihren Lippen hervor. Und ich schweige in solchen Momenten. Diskret ... ganz so, als wäre nichts geschehen.

Und in meinem Inneren spüre ich dann diesen kleinen Stich, diese Sekunde der Einsamkeit, diese Wand, die ich dann wieder fühle zwischen ihnen und mir. Und ganz allein stehe ich auf der anderen Seite, draußen vor der Tür, die zu dem führt, was für mich unerreichbar bleibt.

Das hört sich schlimmer an, als es ist. Auch diese Augenblicke gehen vorüber. Aber einen Moment lang fühlt man sich wie jemand, der Hunger hat und sich zu reichen Leuten verirrt hat. Jemand, der hört, wie man über Kaviar redet, während ihm der Magen knurrt und der trotzdem lächelnd zuhört, um das Gesicht nicht zu verlieren. Oder man fühlt sich wie ein Flüchtling, der hört, wie über ein Land gesprochen wird, das einst seine Heimat war und in das er niemals wieder zurückkehren darf. Egal, wieviel Glück man sonst im Leben auch hat, in dieser Sekunde fühlt man sich furchtbar arm – eben wie ein Waisenkind ...

Aber das ist nichts Weltbewegendes, und es dauert nur einen kurzen Augenblick.

Dann atmet man tief durch, und das Ganze geht vorüber.

Nur eine Kleinigkeit

Ich dachte an meine Mutter. Oder vielmehr, ich versuchte an sie zu denken. Und da sich mein Geist an keinem noch so vagen Eindruck festhalten konnte, wandte ich meine Augen ab von diesem Gesicht, das mir nichts sagte. Ich saß vornübergebeugt am Tisch, ganz in Gedanken verloren. Mein Geist war leer und abwesend. Und plötzlich wurde ich mir meiner Fußhaltung bewußt. Unter dem Tisch hatte ich meine Füße aufeinandergestellt und leicht nach innen gedreht, ganz so wie ein Fötus im Mutterleib.

Ich mache das sonst nie.

Sicher erinnert sich mein Körper an etwas. Aber mein Geist … nichts.

NICHTS.

Nur eine Kleinigkeit …

Der Fotograf

Ich weiß von ihm, daß er besonders gern Wasserflächen, den Himmel, Steine und die Jahreszeiten aufnahm. Die Menschen, die auf seinen professionellen Bildern sehr selten zu sehen waren, setzten lediglich Akzente. Sie waren Statisten, deren Anwesenheit in der immerwährenden Natur und im Spiel von Licht und Schatten, das ihn so faszinierte, nur von kurzer Dauer war.
Er wollte das Gesicht der Welt festhalten, nicht das der Menschen. Sie waren ihm zu vergänglich …

Morgendämmerung und Nebel

Er ging weg.
Morgens vor Sonnenaufgang ging er weg, in der Kälte der Nacht. Ihm war nie kalt, wenn er sich so auf den Weg machte. Ohne Licht zu machen, hatte er sich geräuschlos angezogen, denn er wollte niemanden aufwecken, weder seine Frau, die sich auf der anderen Seite des Bettes zusammengekuschelt hatte, noch seine Tochter, die inmitten ihrer Plüschtiere schlief. Es herrscht noch völlige Dunkelheit und Stille. Man hört nur das leise Geräusch ihres Atems. Der Boden knarrte ein wenig. Vorsicht … Nein, sie sind zum Glück nicht aufgewacht.
Die Fotoapparate hatte er schon am Abend zuvor vorbereitet – und diese abendlichen Vorbereitungen hatte er voller Vorfreude auf den Morgenspaziergang getroffen. Er brauchte sie also nur noch mitzunehmen, die Tür leise hinter sich zu schließen, die Treppe hinunterzugehen und das Haus zu verlassen.
Die Haustür, der Garten, der erste Kontakt mit der kalten Morgenluft, und … jetzt ist er wirklich im Freien. Die Nacht gehört ganz ihm, die Stille, die Straße und die taufrische Natur, die jenseits der Häuser, am Stadtrand auf ihn wartet. Schnell, bevor die Sonne aufgeht.
Da ist auch schon der Robec, auf der anderen Seite der Straße, dieser schmutzige Kanal, der das Stadtviertel durchzieht. In der Nacht wirkt er wie ein regloser, blaugrüner, beinahe makelloser Spiegel. Schritte hallen über das Pflaster. Da, eine Katze – »Hallo, du! Bist

du auch schon auf? Wir sind die einzigen in der ganzen Straße … uns gehört die Welt!« –, aber da: Die Katze läuft weg, sie geht ihren eigenen Weg. Nur Menschen berauschen sich an dem Gefühl, als einzige wach zu sein, wenn alle Welt noch in Morpheus' Armen liegt. Zunächst noch verstohlen, aber dann wie befreit, läßt man die kalte Luft und diese wunderbare Einsamkeit auf sich wirken, und man freut sich schon im voraus auf die Bäche und die Wiesen, die man dort ganz für sich alleine haben wird.

Er hat sich die Fotoapparate umgehängt und schiebt das Motorrad hinaus auf die Straße, und weiter ein Stück die Straße hinunter, damit das Motorengeräusch, das die Stille zerreißen wird, nicht die Ruhe der Schläfer stört. Die ganze Sippe, seine Frau und das Kind werden alle erst viel später aufwachen. Sie werden in ihrem normalen Leben, im Tageslicht und im Lärm aufwachen, später, wenn alles allen gehört.

Aber er … mit großen Schritten wird er durch die Natur streifen. Er wird sich wohl fühlen. Er wird den Tag anbrechen sehen, diesen Augenblick, wo Erde und Himmel eins werden im Nebel. Diesen Moment wird er sich zu eigen machen, festhalten und für immer auf den Film bannen. Dabei wird er sich gut fühlen. In dieser sonst so vagen, nebligen Umgebung wird er sich durch und durch wohl fühlen. Er wird durch das mit Rauhreif überzogene hohe Gras gehen, das unter seinen Schritten knirscht, und über die Zäune klettern.

Und das schönste Motiv wartet immer noch ein Stück weiter weg, jenseits des Teiches, dort, wo die Baumkronen im milchigen Nebel zu schweben scheinen und die Unendlichkeit ahnen lassen.

Im Schilf rascheln einige unsichtbare Tiere, und in all dieser Stille und Kälte ist es ihm warm, und er hört das Blut in seinen Ohren rauschen.

Herrlich … Man setzt sich einfach über die geltenden Regeln hinweg – Regeln, die besagen, daß man noch schlafen sollte, wie alle anderen auch. Man ist wach, bevor der Rest der Welt aus seinem

Schlummer erwacht. Man hat einen Sonnenaufgang ganz für sich allein, und man macht daraus ein Stück Ewigkeit, einen Traum auf Glanzpapier, an dem später auch andere teilhaben können.
Aber schließlich holt ihn die Zeit, die einen Moment stillgehalten hatte, wieder ein. Der Dunstschleier reißt auf, und nur noch Nebelfetzen schweben über der Landschaft. Dann taucht sie wieder auf, die Wirklichkeit der Dinge. Die Grenze zwischen Wasser und Himmel wird wieder sichtbar. Die bizarren, scheinbar schwebenden Schattenrisse werden wieder zu fest in der Erde verwurzelten Bäumen, von denen die Vögel Besitz ergreifen. Der halbversunkene Kahn mit seinen nutzlos gewordenen Rudern wird zum Symbol für die Reise zu einem anderen Ufer, das man nie erreicht.
Man muß an diesem Ufer bleiben und zurückkehren in die Stadt, zu seiner Arbeit, zu den anderen.
Sein Freund, der mit ihm zusammen im selben Fotogeschäft arbeitete, hat mir das alles erzählt. Er sagte, daß mein Vater von diesen Ausflügen in der Morgendämmerung von Kopf bis Fuß verdreckt, aber strahlend wiederkam. In diesen Augenblicken war er ein anderer Mensch, der sich fröhlich wie ein junger Hund die Nässe aus den Haaren schüttelte. Und er fügte hinzu: »Er sah wunderbar aus.«
Meine Mutter und ich, wir schliefen, während er sich so in der Einsamkeit in einen anderen Menschen verwandelte. Das sind Stunden, die man mit niemand anderem teilt, noch nicht einmal mit den Menschen, die man liebt.
Was trieb dich so früh morgens aus dem Haus, Vater? Die Liebe zur Natur, deine Leidenschaft für die Fotografie oder das Bedürfnis, allein zu sein?

Schreiben – schreien

Ist es nicht seltsam, wenn der Drang, etwas zu schreiben, etwas zu erzählen, so stark wird, daß man sich nichts anderes mehr wünscht, ja, daß man nichts anderes mehr tun möchte. Man wird zum Gefangenen dieses Dranges zu schreiben.

Und welch seltsames Gefühl, wenn man dann vor dem leeren Blatt sitzt, stundenlang, tagelang, und immer diesen fast schmerzlichen Drang verspürt. Man hat beinahe zu viel zu sagen, aber es gelingt einem nicht. Man empfindet etwas, aber man kann es nicht in Worte fassen, noch nicht, oder vielleicht nie. Die Emotionen, die Gefühle werden übermächtig und blockieren einen ganz und gar. Man ist so übervoll davon, daß es beinahe schon körperliche Schmerzen bereitet. Der Atem stockt einem, und es preßt und preßt, aber es kommt nichts heraus. Und man weiß noch nicht einmal, was es ist. Wenn man wenigstens wüßte, was es ist, dann würde es gehen. Würde es wirklich gehen?

Stundenlang läuft man wie die Katze um den heißen Brei. Man spielt Verstecken mit sich selbst, mit seinen Gefühlen. Und dann sind da die zwei Toten, die unerreichbar bleiben, diese beiden Phantome, denen einzig das Bedauern Gesicht und Gestalt gibt. Schließlich zieht man sich wieder zurück. Entmutigt gibt man auf. Und versucht es doch wieder, denn was man auch tut, dieser Drang ist immer noch da, und auch diese Ohnmacht. Aber SIE, sie sind nicht da, und das schmerzt …

Nicht endenwollende fruchtlose emotionale Wehen. Wie kann

man die Bürde, die man in sich trägt, zur Welt bringen und ihr endlich eine Gestalt geben? Wie schafft man es, diese erdrückende Stille in Worte zu fassen, sie endlich vor sich zu sehen, sie lesen, erkennen und verstehen zu können? Sich lesen, um sich zu erkennen? Nichts. Der Druck wird immer stärker, es wächst immer mehr, und nichts kommt dabei heraus.

Man hat den Eindruck, in sich ein kompliziertes und schweres Räderwerk zu tragen, bei dem die großen Zahnräder der Gefühle in die kleinen Rädchen der Ideen greifen. Man spürt deutlich, daß sich das Ganze bewegen könnte, daß es funktionieren müßte ... und dann ist da in irgendeinem Winkel – wo? wie? warum? – ein kleines, vielleicht winziges Teilchen im Weg und blockiert das Ganze.

Man fühlt sich wie ein prallgefüllter Ball, in sich selbst und in seinem Schweigen gefangen, mit diesem Drang zu zerbersten, um sich zu befreien und dann ist da diese Ohnmacht, wie eine riesige Last, die einen lähmt. Es geht nicht. Und man sieht das Leben, jenseits dieses Schweigens, ein Leben, das ohne diese Last so schön sein könnte. Ja, so schön könnte es sein ...

Darum kehrt man zurück an den Tisch, zu diesem leeren Blatt, beugt sich mit rundem Rücken darüber, mit dem eingezogenen Genick des Verlierers, den nutzlosen Füller in der kraftlosen Hand. Was nun? Soll man weiter mit aller Kraft pressen und versuchen, die Sperre gewaltsam zu überwinden? Oder ist es besser, an überhaupt nichts zu denken und den Dingen ihren Lauf zu lassen? Man versucht einfach alles, und nichts hilft. Nichts geht mehr ...

Und dann, wenn man müde ist von der ständigen Anstrengung, dieser sinnlosen Anstrengung, die einem weder ein Ergebnis, noch dieses Gefühl der Erschöpfung nach vollendeter Leistung gibt, dann ist da plötzlich die mit Stille angefüllte Leere. Die Zeit bleibt stehen, man schaltet völlig ab. Nichts. Dieser Zustand kann einige Minuten anhalten oder auch eine Stunde. Ohne Uhr könnte man nie sagen, wie lange.

Und plötzlich wacht man auf, man kommt wieder zu sich, und es ist noch immer da, das Ungesagte, das auf einem lastet.
Und dann, manchmal, verdichtet sich die Stille, und etwas perlt aus der Feder, eine Kleinigkeit, ein Wort, ein Satz. Es ist so unendlich wenig, verglichen mit dem, was weiter ungesagt bleibt, daß es eigentlich nichts anderes ist als das offene Eingeständnis der Ohnmacht und nichts weiter.
Von Erleichterung keine Spur. Dieser Drang ist weiter unvermindert da, das Unsägliche, das trotzdem herausdrängt. Es ist immer noch da, dieses Gefühl, zerbersten zu müssen.
Das weiße Papier kommt einer höhnischen Herausforderung gleich. Man kritzelt etwas in die Ecken. Kleine geometrische Formen tauchen auf, Gekritzel, kleine Mickymäuse. Man versteigt sich in geistlose Spielereien, man dreht und wendet ein Wort, bis es völlig abstrakt im Raum steht.
Schreiben.
SCHREIBEN … Vielleicht genügt es, diese Ansammlung von Buchstaben leicht durcheinanderzuschütteln, und schon hat man es endlich gefunden, dieses kleine Teilchen, das das ganze Uhrwerk blockiert. SCHREIBEN – SCHREI – SCHREIEN – AUFSCHREIEN – AUFSCHREIBEN – ich schreibe mich auf, ich schreie nicht auf.
Und was soll das Ganze?
Was kann man tun, außer es sich von der Seele zu schreiben? SCHREIEN?
Nichts als schreien?

Warte. Warte, nur nicht so hastig. Vielleicht ist das Ganze nicht nur ein Spiel, eine bloße Spielerei mit einem Wort.
SCHREIEN …
Ja, einmal habe ich geschrien.
Und seitdem nie wieder.
Ist es das, was alles blockiert? Muß ich das aufschreiben? Muß ich wirklich so weit zurückgehen, in das Haus mit den Toten und noch einmal schreien?
Nein, das will ich nicht. Das bringt nichts.

Bild eines vergangenen Festes

Bild eines vergangenen Festes.
Als ich es inmitten eines Stapels anderer, mir unbekannter Familienfotos entdeckte, hat mich dieses Bild sofort angesprochen. Es hat mich fasziniert, weil alles darin enthalten ist.
Es erzählt mir den Anfang IHRER Geschichte. Es sagt mir aber auch, was um sie herum geschehen ist, was auf ihnen lastete.
Die Leute auf dem Bild gehören zur Familie meiner Mutter: ihre eigene Mutter, ihre Geschwister, ihre Freunde. Ich bin überrascht, daß mein Großvater nicht darauf zu sehen ist. Zufälligerweise hält er sich etwas abseits. (Nein, mein Großvater ist nicht der Herr mit der wirklich unglaublichen Physiognomie, der hier mit seiner Frau und seiner kleinen Tochter zu sehen ist. Ich weiß wirklich nicht mehr, um wen es sich bei diesen Leuten handelt.)
Und vor den Personen stehen die Gegenstände: der riesige, alles beherrschende Tisch, und auf ihm das zerknitterte, mit den Überbleibseln des Festmahls übersäte Tischtuch. Dabei sind die Flaschen beinahe ebenso gegenwärtig wie die Personen.
Am rechten Rand des Bildes steht die Löwin, meine Großmutter. Ihre Ärmel sind wic immer hochgekrempelt, sie trägt eine Schürze. Sicher hatte sie das ganze Essen zubereitet: mehrere Vorspeisen, vier oder fünf Hauptgerichte und eine Vielzahl von Nachspeisen. Und dort, mitten auf dem Tisch, steht die Kirschwasserflasche, deren Inhalt wahrscheinlich den Obstsalat oder den berühmten Kastanienkuchen verfeinert hat. Sie stützt sich mit der Hand auf

den Tisch, IHREN Tisch. Sie ist zufrieden, denn sie hat den Leuten etwas Köstliches vorgesetzt. Und alle fühlen sich satt und behaglich. Wie schön muß es in den ersten Jahren nach dem Krieg gewesen sein, nach all dieser Not, im Überfluß zu essen … Auch davon zeugt dieses Foto. Endlich wieder von allem essen können, soviel das Herz begehrt – ja, sogar zu viel.
Und hinter dem Tisch, umgeben, ja, umzingelt von Familie und Freunden, wie verloren zwischen all diesen materiellen Dingen, die vor ihnen ausgebreitet sind, sitzt DAS Paar, der neue Kern inmitten des Familienclans. Mein Vater, der junge Ehemann, hat seine Hand mit dem funkelnagelneuen Ehering auf die Schulter meiner Mutter gelegt. Ruhig meldet er so seinen Besitzanspruch an, und sie lehnt sich an ihn. Da ist sie … Und beim Anblick ihres Gesichtes empfand ich sofort Schmerz.
Wahrscheinlich handelt es sich um ein Foto von ihrem Hochzeitsessen.
Das ist durchaus möglich, denn ich weiß, daß sich niemand besonders festlich dafür angezogen hatte. Meine Mutter trug kein weißes Kleid, und das Ganze war ohne Aufwand, im kleinen Kreis, sehr diskret abgelaufen. Es war fast ein Tag wie jeder andere gewesen.
Sie waren zwanzig Jahre alt. Sie arbeiteten im selben Fotoladen. Sie mochten sich. Und mein Vater hatte seine hübsche Kollegin gebeten, nach Feierabend für Aktaufnahmen zu posieren, damit er noch Beleuchtungsstudien machen konnte …
Ich weiß nicht, welches künstlerische Resultat diese nächtlichen Sitzungen hatten, jedenfalls hatten sie ein anderes sehr greifbares Resultat: mich.
Damals waren uneheliche Kinder in der Gesellschaft noch bei weitem nicht so akzeptiert wie heute, und deswegen wurde die ganze Sache im Januar legalisiert. Es war auch höchste Zeit, denn schon im Juni kam ich auf die Welt. Durch das dunkle weitgeschnittene Kostüm fiel ihr Zustand beinahe nicht auf.

Ich bin also auch auf dem Bild. Ich bin da, unsichtbar, aber gegenwärtig, unter dem Tisch, in ihrem Bauch, ja, wahrscheinlich bin ich sogar der eigentliche Grund für dieses Familienfest. Dieses Foto zeigt also auch den Beginn meiner Geschichte …

Ich will jetzt gar nicht näher auf die ganze Familie eingehen, auf dieses große Nachkriegsfestmahl und auf die Umstände dieses Familienfestes, sondern ich möchte mich dem zuwenden, was mich vom ersten Moment an in diesem Bild fasziniert und wie magisch angezogen hat: SIE.
Das Gesicht meiner Mutter.
Ihr hübsches Gesicht, das inmitten all dieser Menschen und Dinge wirkt wie ein auf eine Nadel gespießter bleicher Schmetterling. Sie ist mitten unter ihnen, und doch isoliert. Furchtbar isoliert. Sie ist so sehr für sich allein, daß mein Vater, ihr frischgebackener Ehemann – obwohl er sie im Arm hält –, auf mich ganz so wirkt, als

würde er nur zum Hintergrund gehören: einer von vielen in dieser Gruppe.
Ich habe nur Augen für sie. Für sie allein.
Ich sehe diese kleine weiße Blume, die sie sich in die Haare gesteckt hat und die fast so wirkt, als würde sie zu einer Verkleidung gehören, ein äußeres Zeichen von Fröhlichkeit, das ganze Gegenteil der tragischen Gleichgültigkeit ihres Blickes, der beweist, daß sie mit den Gedanken überhaupt nicht bei dieser Feier ist. Ich betrachte die kleine Haarsträhne hinter ihrem linken Ohr. Sie wirkt ganz so, als wäre im Zimmer ein kleiner Lufthauch, der nur ihr Gesicht umspielt. Und dann diese diffuse Blässe ihrer Haut. Es sieht so aus, als wäre ihr Gesicht nicht in dasselbe Licht getaucht wie die Gesichter der anderen. Vielleicht liegt das auch daran, daß sie (wie es für schwangere Frauen typisch ist) von innen heraus zu strahlen scheint. Alle um sie herum leben den gegenwärtigen Augenblick – sie nicht. Sie ist mit den Gedanken woanders. Und sie ist umgeben von einer Aura der Abwesenheit.
Wo ist sie mit ihren Gedanken?

Ich wollte sie noch weiter isolieren und alles, was um sie herum ist, auslöschen, um mich so nur auf ihr Gesicht konzentrieren zu können.
Dann ist es nur noch schlimmer.
Je mehr ich mich ihr nähere, um so mehr entgleitet sie mir, und um so tiefer erscheint mir ihre innere Einsamkeit, eine kleine gefangene Seele versteckt hinter der Undurchsichtigkeit ihres Blickes.
Wenn man das ganze Bild um sie herum betrachtet, dann fällt das weniger auf. Man konnte ihre Geistesabwesenheit vielleicht durch die Umstände erklären, aber wenn man das Gesicht so für sich allein sieht, losgelöst von der Umgebung, strahlt es bereits eine persönliche Tragik aus. Ich versuche zu vergessen, daß es sich um meine Mutter handelt, und trotzdem ist der Eindruck nicht weniger schmerzlich.

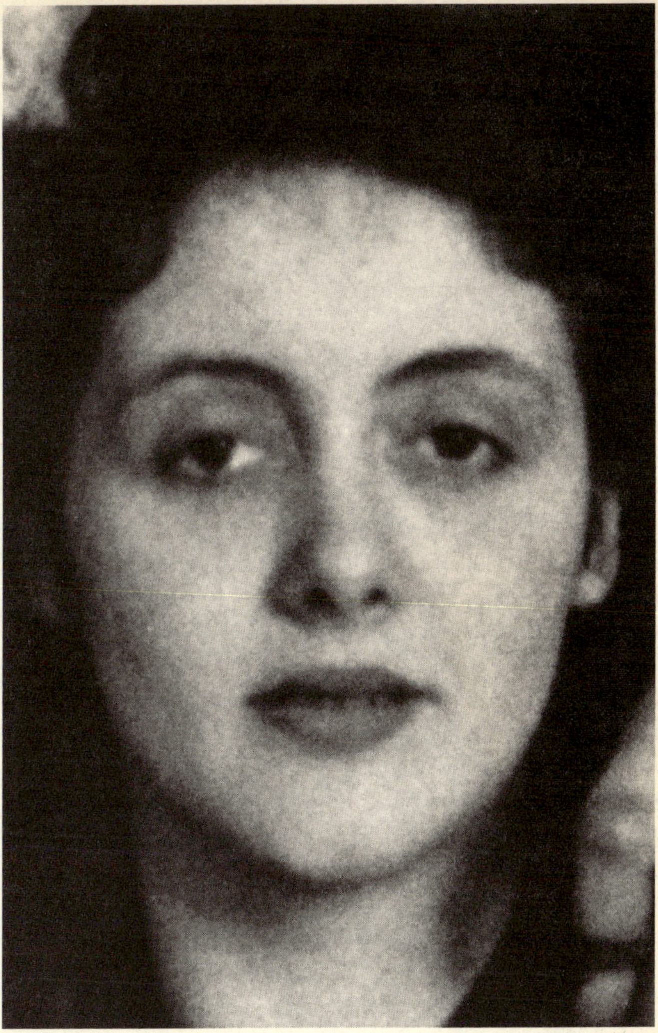

Dieses Gesicht bewegt mich und macht mir angst …
Auch die Vergrößerung hilft da nicht. Im Gegenteil. Schon die Körnung des Negativs, die wie ein Nebel, wie die Hand eines Malers die Einzelheiten der Gesichtszüge verwischt, erinnert mich an andere Fotos, an die Bilder von Toten, an diese schlechten Aufnahmen, die oft Sensationsmeldungen illustrieren. Ich muß unwillkürlich an diese Momentaufnahmen eines letzten Blickes denken, den man sich auf dem Bahnsteig zuwirft, bevor man einem tragischen Schicksal entgegenfährt. Es ähnelt diesen flüchtigen und technisch unzureichenden Aufnahmen von Verurteilten, von Menschen, die in den Lagern oder anderswo ums Leben kamen, die diese Abgestumpftheit ausstrahlen, der die Überlebenden später dann einen Sinn geben. Dieser getrübte, starre Blick, in dem man ein Wissen zu lesen glaubt, eine Sekunde der Vorahnung. Die Konturen ihres Gesichtes sind weich, unscharf. Sie wirkt so sanft, und die Augenlider über den halbgeschlossenen Augen sind so schwer wie bei unschuldigen Opfern, die sich voller Resignation in ihr Schicksal fügen. Ihr Blick hat schon etwas Jenseitiges an sich.
Ihre Augen bereiten mir Schmerzen.
Und Angst …
Schließlich habe ich ihr Bild neben meines gelegt, neben dieses zeitlose Porträt, das mein Vater einige Monate vor ihrem Tod von mir aufgenommen hat. Und plötzlich fiel es mir wie Schuppen von den Augen. So lange hatte ich erfolglos nach einer Ähnlichkeit zwischen ihr und mir gesucht, und jetzt endlich habe ich sie gefunden.
Die Augen.
Ihre Augen …
Erst jetzt ist mir das aufgefallen.
Diese Ähnlichkeit, gegen die ich schon immer mit allen Mitteln gekämpft hatte, mit Kohlestiften, Lidschatten in allen möglichen Farben, Schwarz, Blau, Grün. Wie viele habe ich davon gekauft und aufgebraucht? Unter dem Vorwand, daß es für meinen Beruf als Schauspielerin unbedingt nötig war, habe ich mir das ganze

Zeug auf die Augen geschmiert, und das nur, um dieser Ähnlichkeit zu entgehen. Diese Augen, die mir vertraut waren, die ich jeden Morgen im Spiegel wiedererkannte. Ich habe sie auf alle nur mögliche Arten geschminkt. Ich zog einen Strich in den Augenwinkeln, um sie optisch nach oben zu ziehen. Ich versuchte sogar meinen Gesichtsausdruck so zu ändern, daß die Form der Augen anders erschien – und all das nur, um sie zu verbergen, so sehr lehnte ich sie ab.

Insgeheim habe ich meine Augen – meine WAHREN Augen – und den Ausdruck in ihnen, den mein Vater auf meinem Bild festgehalten hatte, immer verabscheut.

Diesen Blick zeigt man nicht in der Öffentlichkeit. Er ist zu nackt, zu direkt. Jemand mit solchen Augen wird vom ersten besten Auto überfahren, oder man fragt ihn jedesmal, wenn man ihn sieht: »Was ist denn mit dir los? Geht's dir nicht gut?« Mit solchen Augen möchte man sich immer am liebsten verstecken, eine dunkle Brille aufsetzen und nach Hause gehen. Und erst jetzt – und das ist fast unglaublich – entdecke ich die Ähnlichkeit zwischen meinen Augen und denen meiner Mutter.

Ich dachte, daß ich sie mit all meinen Kräften suchte, und in Wirklichkeit floh ich vor ihr. Erst seit kurzem habe ich sie angenommen, lebe ich mit ihnen und zeige sie ungeschminkt, so wie sie sind: deine Augen, meine Mutter, und den Blick, den du mir vererbt hast.

Vielleicht ist es ein erster Schritt zu meiner Wahrheit, der Wahrheit DAVOR.

Und ein erster Schritt zu dir?

Schlüsselworte

Worte …
Ich liebe sie.
Ich respektiere sie.
Es gibt Worte, die in unserem Leben genau in den Augenblicken fallen, in denen man sie hören kann, oder hören muß. Manchmal sind es einfache Worte – Worte, die man vorher schon oft gehört hat, deren Sinn aber einem nie wirklich aufgegangen ist.
Und plötzlich werden sie zu Schlüsseln.
Ganz so wie eine elegante Erwiderung im Theater den Sinn eines ganzen, vorher undurchsichtig gebliebenen Aktes plötzlich erhellen und gleichzeitig die weitere Handlung auslösen kann.
Es gibt eine Reihe dieser Worte, die mir geholfen haben, eine Zeit zu beenden, in der ich mir meiner Gefühle überhaupt nicht sicher war. Diese Zeit hätte vielleicht noch lange andauern können. Möglicherweise hätte ich mich überhaupt nicht weiterentwickelt. Das Ganze hätte sogar böse enden können, wäre da nicht ein solches Zauberwort gefallen, bei dem mir plötzlich über mich selbst ein Licht aufging.
Ich werde hier nur dieses eine Beispiel anführen, weil es das schönste und auch das beste Exempel dafür ist. Durch dieses Wort, diese Äußerung, wurde meine Sichtweise eines relativ intimen Problems auf den Kopf gestellt. Die Bemerkung, die das Problem gelöst hat, war sozusagen ein Geburtshelfer für gewisse Auswirkungen, die für mich unheimlich wichtig und wertvoll sind. In der

Folge wird es sehr schnell klarwerden, welche Folgen ich meine ... Dieses Schlüsselwort – oder besser noch diesen Schlüsselsatz – sprach mein Lebensgefährte aus.

Nach einigen Jahren des Zusammenlebens trat eine wichtige Unstimmigkeit in unserer Beziehung auf. Kam auch nur die Rede auf möglichen Nachwuchs, so löste das bei mir tiefe Angstgefühle aus. Ich hatte nicht nur niemals wirklich ein Kind gewollt, ich hatte es sogar darüber hinaus immer vermieden, auch nur daran zu denken. Dabei war mir noch nicht klargeworden, daß es sich dabei um eine Art Blockierung meinerseits handelte. Psychisch nahm ich eine totale Abwehrhaltung ein, sobald das Wort »Kind« auch nur fiel. Ich erlebte diese Blockierung mit einer gewissen Furcht – oder eigentlich sollte ich sagen, daß ich sie in einer Gewißheit der Furcht erlebte. Und in dieser Sackgasse saßen wir nun, als mein Lebensgefährte die folgenden Worte sprach: »Kinder so sehr abzulehnen, kommt fast schon einer Art Selbstmord gleich.«

Diese Worte trafen mich tief. Sie gingen mir durch und durch.

Sie wirkten augenblicklich auf mich, ähnlich wie ein Fixierbad. Plötzlich wurde mir alles klar: dieses tiefe Gefühl, das ich empfand, Glied einer zerrissenen Lebenskette zu sein, und die Angst, die mich bei dem Gedanken ergriff, diese Kette wieder zusammenzufügen, den Platz der Verstorbenen einzunehmen und selbst Mutter zu werden. Mir wurde klar, daß ich diese Art von Selbstmordwunsch wirklich hatte. Mit meinem eigenen Tod sollte alles enden. Ich wollte keine Kinder haben, keine Spur hinterlassen, und so das Zerstörungswerk, das mit IHNEN begonnen hatte, vollenden.

Plötzlich wurde alles klar, alles lag auf der Hand.

Drei Monate später war ich schwanger.

(An dieser Stelle möchte ich noch etwas bemerken, und zwar für die Ärzte unter den Lesern, für die es vielleicht interessant sein könnte zu erfahren, welche physiologischen Folgen solch eine geistige Blockierung haben kann. Vor dieser Zeit, in der ich wieder »mit beiden Beinen auf die Erde fiel«, habe ich niemals Verhütungsmittel anwenden müssen. So unglaublich es scheint, es ist eine Tatsache. Man könnte jetzt sagen, daß es ein Zufall ist, wenn ich ohne Verhütungsmittel niemals vorher schwanger geworden war. Aber einen Zufall, der sich zwölf oder dreizehn Jahre lang ständig wiederholt, kann man wohl kaum noch als solchen bezeichnen ...)

Im Verlauf eines ganz normalen Gesprächs fiel vor fünf oder sechs Jahren noch ein anderes Wort.

Eines Tages unterhielt ich mich mit einer Freundin – die als Psychologin tätig ist – darüber, wie es ist, ein Waisenkind zu sein, und über mein damals noch ziemlich radikales Bild dieser Situation. Und plötzlich sagte sie: »Mir kommt es ganz so vor, als hättest du den Tod deiner Eltern niemals akzeptiert ...« Was sie da sagte, erschien mir so unglaublich dumm, daß ich sofort einen Lachkrampf bekam.

AKZEPTIEREN?!!

Im übrigen nahm ich das als persönlichen Angriff, auf den ich sofort ziemlich kurz angebunden reagierte. »Wie kann man so was akzeptieren?« Und dann vergaß ich die ganze Sache.

Aber ohne daß ich es merkte, hatte dieses Wort meinen Schutzwall durchbrochen.

Akzeptieren ...

Monate vergingen. Ich merkte es noch nicht, aber dieses Wort hatte begonnen an mir zu nagen, ganz so, als hätte man einen Tropfen Säure auf meinen verhärteten Widerstand gegossen.

Ganz ohne weiteres Zutun zerfraß es ihn und löste ihn auf.

Zweifellos ist dieses so banale Wort der eigentliche Auslöser für dieses Buch.

Was die Fotos mir sagen

Und dann schaue ich mir noch einmal alle Fotos an. Ich versuche, mich dabei zu vergessen – meine Suche zu vergessen, mein so lebhaftes Bedauern, meine verlorenen Erinnerungen, die es mir nicht gelingt, wieder zum Leben zu erwecken. Ich bemühe mich, sie anzuschauen und auf das zu lauschen, was sie mir sagen. Und plötzlich wird mir eines klar: Alle Bilder, die sein fotografisches Werk ausmachen – mit Ausnahme einiger Familienfotos –, erzählen mir von den Stunden des Tages, wenn die Umrisse der Dinge ungewiß sind, vom Blaugrün des trüben Wassers, vom Plätschern der Wellen, von diesem dunklen Geheimnis, das das umgibt, was auf dem Grunde der Teiche lauert, von der Zartheit der Spiegelungen, von der Vergänglichkeit des Lichts, der Wege und der Zeit ... Ich glaube nicht, daß ich mich irre.

Ich glaube nicht, daß es das Drama ihres Todes ist – um es einmal so auszudrücken –, das diesen Bildern sozusagen a posteriori eine Färbung und einen Sinn gibt, die sie nicht haben. Nein, keines von ihnen strahlt wirkliche Fröhlichkeit oder Leichtigkeit aus.

Alle spiegeln sie für mich den Ausdruck des BEDAUERNS wider.

Und dieser Fotograf, der mir das sagt, bist du, mein Vater.

Was für eine zwiespältige Persönlichkeit warst du eigentlich, du, der als so fröhlich galt?

Das Foto dieses schneebedeckten Kreuzes hat mein Vater in dem Jahr gemacht, in dem er gestorben ist.
Es ist also eines seiner letzten Bilder.
In jenem Winter, nämlich vor unserem Umzug in das neu erbaute Haus, begeisterte sich mein Vater ganz plötzlich für Friedhöfe. Was ihn damals besonders zu faszinieren schien, war die verschneite Natur, rauhreifbedeckte Felder und Wege im Morgengrauen und die Ufer zugefrorener Teiche.
Schnee, Friedhöfe – Kälte, Tod.
Ist es ein Zufall? Ein seltsames Zusammentreffen besonderer Umstände?
Das Ganze ist zu seltsam, als daß der menschliche Geist nicht zu anderen Schlußfolgerungen gereizt würde.
War es eine Warnung? Eine Vorahnung?
Und an dieser Stelle hält der Geist dann erschrocken inne.
Die gleiche Furcht, die gleiche Lähmung überfiel mich, als ich mir einmal mein Horoskop stellen ließ und man mir sagte, daß ein »schwarzer Mond« auf einen Unfall, einen Bruch hindeutete – ein Hinweis darauf, daß meine Eltern sterben würden ... Mehr wollte ich darüber gar nicht wissen. Ich schloß meine Augen, hielt mir die Ohren zu und brachte meine Gedanken zum Schweigen.
Wie vor diesem beinahe letzten Foto meines Vaters, vor diesem verschneiten Kreuz, hielt ich wie paralysiert inne. Das unerforschliche Mysterium lähmt mich jedesmal. Ist denn alles vorherbestimmt?

Da, wo sie jetzt sind

Ich habe niemals wieder ihr Grab besucht.
Ich erinnere mich jedoch verschwommen an die Besuche, die wir in den ersten Jahren nach ihrem Tod auf dem Friedhof machten. Ich sehe noch diese schmucklose hellgraue Grabplatte vor mir. Am oberen Ende hatte sie eine kleine Vertiefung, die mit bunten Glasstückchen gefüllt war, was ich damals sehr hübsch fand.
Während die Erwachsenen andächtig und nachdenklich am Grab standen und manchmal auch weinten, setzte ich mich auf den Rand der Platte und spielte mit den Glasstückchen. Ganz in meiner Gleichgültigkeit verloren, sortierte ich diese kleinen Schätze und häufte sie in der Reihenfolge meiner Lieblingsfarben auf: Grün, Rosa, Hellblau …
Und wenn es mir dann auf dieser Marmorplatte zu kalt wurde, wenn die Erwachsenen zu lange verweilten – was machten die bloß stundenlang vor diesem Ding? –, wenn es mir also wirklich zu langweilig wurde, dann begann ich, zwischen den Gräbern herumzurennen, mich zu verstecken, Blumen zu pflücken – kurzum, ich benahm mich unmöglich, und man mußte mit mir nach Hause gehen. Endlich.
Und als ich schließlich alt genug war, um meine eigenen Entscheidungen zu treffen, entschied ich mich dafür, nicht mehr hinzugehen. Und meine Entscheidung wurde respektiert.
Danach vergaß ich dieses Grab ganz und gar – was im Hinblick auf meine Flucht vor diesem Thema eigentlich nur logisch war.

OUT. Raus aus meinem Leben.
Vor kurzem wurde ich jedoch wieder an seine Existenz erinnert, als nämlich die Pachtzeit für die Grabstätte abgelaufen war und sich das Problem stellte, eine Entscheidung über ihre eventuelle Verlängerung zu treffen. Plötzlich fiel es mir wieder ein: »Ach, ja! Da ist ja noch das Grab.« Das Ganze beschäftigte mich nur einige Sekunden lang, und dann wischte ich das Problem einfach weg, ganz so wie man eine aufdringliche Fliege verscheucht, und überließ die Entscheidung den anderen, den Tanten und Onkels. Sollten die doch machen, was sie für richtig hielten. Ich fühlte mich von der ganzen Sache nicht betroffen.
Mittlerweile weiß ich, daß die Pachtzeit für die Grabstätte tatsächlich verlängert wurde, daß es sie also noch immer gibt. Ich weiß das zwar, aber nicht etwa weil ich mich danach erkundigt hätte – es wurde mir einfach erzählt, deshalb weiß ich es. Der Gedanke, daß dieses Grab eines Tages verschwinden könnte, machte mir überhaupt nichts aus. Ich sehnte mich nach ihnen, nach ihrer Gegenwart, nach den lebendigen Wesen. Was aus ihren irdischen Überresten wurde, war mir völlig gleichgültig.
Ich sage das jetzt so – aber kann ich dessen so sicher sein?
Nein. Natürlich nicht.
Denn einige Details strafen diese Gleichgültigkeit Lügen – eine Gleichgültigkeit, die ich zwar wirklich noch immer empfinde, die aber beinahe zu direkt ist, zu offensichtlich, um echt zu sein. Eine Kleinigkeit mag in diesem Zusammenhang aufschlußreich sein und zu einem kleinen Lächeln Anlaß geben: Ich wohne direkt neben einem Friedhof.
Natürlich ist es nicht DER Friedhof ... aber als ich nach einem Haus suchte, stieß ich zufällig auf diesen Ort. Ich kann selbstverständlich nicht ausschließen, daß dieser Ort mir auch gerade wegen seiner Lage und wegen dieser besonderen Atmosphäre so gut gefiel. Manche Menschen sind bei dem Gedanken schockiert, an einem Ort zu leben, an dem sie ständig Gräber vor Augen haben.

Mir macht das nichts aus. Im Gegenteil. Ich fühlte mich dort gleich zu Hause. Ich ging mit meinen Kindern im Kinderwagen dort spazieren, und manchmal – das ist eigentlich ganz lustig – gehen sie noch auf den Friedhof, um die Blumen dort zu gießen und sich dabei nasse Füße zu holen.

Im übrigen erinnere ich mich auch noch an die Faszination, die ich empfand, als ich damals im Naturkundemuseum von Rouen Stunden damit zubrachte, Mumien zu betrachten.

Wenn jetzt jemand sagen würde, daß ich seit jeher einen zwanghaften Drang unterdrücke, ihr Grab zu öffnen, um mich mit ihnen hineinzulegen und das zu umarmen, was von ihnen noch übrig ist, dann würde ich dieser Person ruhig und ohne zu lachen zuhören. Wahrscheinlich würde ich erwidern: »Ja, das ist möglich. Ja, vielleicht ist es wirklich so.« Denn noch andere Dinge, auf die ich jetzt erst aufmerksam geworden bin, widersprechen dieser wirklich verdächtigen Gleichgültigkeit, die ich ihrer letzten Ruhestätte gegenüber zu empfinden scheine.

Mit dreißig Jahren – seit zwei oder drei Jahren war ich damals schon vom hohen Roß meiner Gleichgültigkeit heruntergestiegen und hatte erkannt, daß mein Wille, keinerlei Bindungen einzugehen, eine Selbsttäuschung war – lernte ich meinen Lebensgefährten kennen.

Kurz danach nahm er mich einmal mit aufs Land. Dort besaß er inmitten von Wäldern und Feldern ein kleines Häuschen – eben jenes Häuschen, in dem ich heute diese Seiten niederschreibe …

Seit ich das Haus meiner Großmutter in Bonsecours mit seinem Gemüsegarten und den Obstbäumen verlassen hatte, seitdem ich weggegangen war aus dieser ländlichen Umgebung, wo ich nach dem Tod meiner Eltern zwei Jahre lang gelebt hatte, hatte ich völlig vergessen, daß es so etwas wie »Natur« überhaupt gab. Deshalb war ich auch nie, nicht ein einziges Mal, aufs Land hinausgefahren.

Selbstverständlich hatte ich die Natur auch in der Zwischenzeit gesehen, aber eigentlich mehr von weitem – zum Beispiel aus einem fahrenden Zug oder wenn ich mit dem Auto unterwegs war. Und natürlich hatte ich in der Stadt das grüne Zeug bemerkt, das hier und da wuchs (... übrigens war es meist sehr gepflegt, zurechtgestutzt und von Zäunen oder Mäuerchen umgeben) und das wohl dazu diente, das Grau des Betons ein wenig aufzulockern.
Eigentlich reichte mir das völlig aus. Ich kann nicht von mir behaupten, daß ich die Natur nicht mochte, oder daß ich sie nicht brauchte, ich kann nur sagen, daß ich sie nicht wirklich wahrnahm.
Von diesem Haus, in das er mich damals zum ersten Mal mitnahm, von diesem Ort, der rings von freier Natur umgeben war, war ich erschüttert. Ich erfuhr eine dieser Gemütsbewegungen, die zwar nach außen hin unsichtbar bleiben, unter deren Einfluß man jedoch sprachlos, kraftlos und für einen Augenblick sogar wie gelähmt zurückbleibt.
Es war meine erste wirkliche Begegnung mit dieser Natur, die ich vergessen, ja, die ich aus meinem Leben verbannt hatte. Schon im ersten Augenblick fühlte ich, daß es sich bei diesem Gefühl nicht um eine Entdeckung, sondern vielmehr um eine Rückkehr handelte.
Wenn ich davon spreche, daß ich den Kontakt zur Natur verloren hatte, so betrifft dies natürlich nicht die steile und leblose Steinwelt der Gebirge und das flüssige und in steter Bewegung begriffene Element der Meere. Diesen dumpfen Schock bewirkten die Wurzeln und Samen, die Pflanzen, die sterben und vermodern, um so der Erde neue Kraft zu geben und die Geburt junger, neuer Pflanzen zu ermöglichen. Der Zusammenhang zwischen Tod und Leben, diesen beiden ineinander wurzelnden und miteinander verwobenen Extremen, wurden hier, unter unseren Händen und Füßen, überdeutlich fühlbar.
Während der ersten Tage dort auf dem Lande verließ ich das Haus kaum. Doch dann begann ich, genauso vorsichtig und mißtrauisch

wie eine Katze, die sich auf unbekanntem Terrain bewegt, das Gebiet zu erkunden. Ich machte einige erste Schritte über das Gras und lauschte in mich hinein, auf dieses so weit entfernte, verschüttete, ja, unbeschreibliche Gefühl.
Und mein Lebensgefährte war völlig überrascht darüber, daß ich nicht sofort hinauslief über Wege und Felder, und hinein in die warme Tiefe der nach Humus riechenden Wälder. Und ich? Ich konnte ihm einfach nicht erklären, warum – ich wußte es selbst nicht. Einige Zeit später, nachdem wir mehrmals in dieses Haus zurückgekehrt waren, gestand ich ihm, daß ich seltsamerweise an diesem Ort sehr oft an meine Eltern denken mußte, und daß ich nicht verstand, warum.
Eines Tages – wir waren gerade dabei, das Unkraut aus einem Stück Land zu jäten, um dort einen Garten anzulegen – hatte ich angefangen, mit einem Spaten die Erde umzugraben, als mich plötzlich ein so starkes und überwältigendes Gefühl überkam, daß ich innehalten und mich sogar auf die frisch umgegrabene Erde setzen mußte. Wie ein Kind begann ich plötzlich ihren Tod zu beweinen. Ich weinte laut und frei, wie ich seit ihrem Begräbnis nie mehr über sie geweint hatte.
Mittlerweile überrascht mich das nicht mehr.
Wenn ich mir die Seiten durchlese, die die Zeit vor meiner »Bodenlandung« beschreiben, dann stechen mir all die Worte ins Auge, die mir spontan einfielen und die widerspiegeln, wie weit ich mich von der Erde entfernt hatte: ich »schwebte über all dem«, »stand über allem«, fühlte mich »leicht und stark zugleich«, ich »überflog«, ich »warf über Bord« usw ... Und habe ich nicht auch diesen Text mit den Worten eingeleitet, daß ich »vom hohen Roß meiner Gleichgültigkeit heruntergestiegen« war?
Ich war wirklich gelandet. Oder genauer gesagt: Ich war allmählich dabei zu landen ... Wie einfach, wie wunderbar einfach wäre es doch, wenn nach einer so starken Auflehnung gegen ihren Tod, gefolgt von einer so langen Flucht vor der Realität, nun all das, was

lange verkrustet war, sich ohne Anstrengung, ohne Tumult von selbst lösen könnte.

Ja, es wäre wunderbar gewesen, wenn nicht sogar mein Körper sich dagegen aufgelehnt hätte.

Denn ist es ein Zufall, daß gerade, als ich endlich begann, mit beiden Beinen auf der Erde zu stehen, sie umzugraben, sie zu durchwühlen, daß ich gerade zu diesem Zeitpunkt an einer doppelseitigen Sehnenscheidenentzündung beider Achillessehnen erkrankte? Ich, die vorher nie Probleme damit gehabt hatte. Diese Entzündung wurde sehr schnell chronisch und quälte mich ständig. Manchmal konnte ich tagelang keinen Fuß auf die Erde setzen, ganz so, als würde unter ihr ein Feuer brennen.

Nach einer so langen, trügerischen Leichtigkeit, mit welchen Schmerzen stand ich da nun mit meinem ganzen Ich auf dieser Erde, auf dem Boden, dem Ort letztendlich, wo sie jetzt sind.

Der umgegrabene Keller

Einige Zeit später, als ich nach meiner Wiederentdeckung der Mutter Natur erneut etwas vertrauter mit ihr geworden war und die Arbeit im Freien dank meines Lebensgefährten wirklich genoß, hatte ich zwei Träume. Sie waren von solch wunderbarer Symbolik und haben mich so tief beeindruckt, daß sie sich im Unterschied zu so vielen anderen für immer in meine Erinnerung eingegraben haben.

Sie sind viel mehr als nur Träume.

Den ersten – dem ich vielleicht zu Unrecht eine geringere Bedeutung beimesse – hatte ich eines Nachts, nachdem ich den ganzen Tag damit zugebracht hatte, Schwertlilien einzupflanzen. Ich hatte sie – wie es sich für Schwertlilien gehört – nur ganz flach eingegraben, so daß ihre dichten Wurzelgeflechte beinahe noch an der Erdoberfläche lagen.

In meinem Traum war ich nach Paris zurückgekehrt und ging dort meinem normalen Leben nach, sowohl privat als auch beruflich. Alles ging seinen gewohnten Gang. Das einzig Überraschende an der ganzen Sache war, daß ich jetzt eine seltsame Frisur trug.

Auf meinem Kopf wuchsen Schwertlilien.

Oder genauer gesagt IN meinem Kopf. Die Wurzeln hatten sich dort fest verankert. Ja, sie waren Teil meines Schädels geworden und hatten sich untrennbar mit den Knochen verbunden. Ihre Spitzen waren bis in mein Gehirn gedrungen, aus dem sie die Kraft zogen zu wachsen. Und sie gediehen prächtig.

Das heißt, an Stelle meiner Haare, die zuvor ganz und gar normal und unauffällig gewesen waren, zierte meinen Kopf jetzt eine Krone aus saftig grünen, festen Blättern, die sich zum Himmel reckten. Es sah wunderschön aus und tat überhaupt nicht weh.
Um mich herum war man jedoch beunruhigt – ich weiß nicht, wer, denn in meinem Traum blieben die Menschen um mich unsichtbar –, aber ich empfand, daß sie wegen meines Zustandes erstaunt und besorgt waren, und ich hörte sie fragen: »Tut dir das denn nicht weh? Kannst du das wirklich nicht vom Kopf nehmen?« Und ich antwortete sehr ruhig darauf: »Nein, ihr seht doch, daß das unmöglich ist. Sie sind mit mir verwachsen. Und es ist gar nicht schlimm, ich habe mich schon daran gewöhnt. Damit muß ich von nun an leben, weil ich jetzt einfach so bin.«
Als ich nach diesem Traum aufwachte, verspürte ich ein tiefes Glücksgefühl. Ich, die ich mich nie an das erinnere, was ich träume (die einzige Ausnahme bilden die Träume, die ich in diesem Buch erzähle), war überrascht, wie seltsam und wie klar dieser Traum war. Und ich wunderte mich über die ungewöhnliche Kraft der Bilder, die mir von ihm geblieben waren. Zum damaligen Zeitpunkt sah ich seine einzige Bedeutung darin, daß diese Leidenschaft für die Gartenarbeit, die ich langsam entwickelte, auch innerlich von mir Besitz ergriff …

Und dann hatte ich einige Tage später einen anderen, noch viel seltsameren Traum, dessen Bilder von sehr großer surrealistischer Schönheit waren und der einen noch viel stärkeren Eindruck bei mir hinterließ.
Diesmal befand ich mich in einer ländlichen Umgebung. Ich stand am Eingang eines Kellers – eines jener Keller, die, wie in manchen Gegenden üblich, in einiger Entfernung vom Wohnhaus angelegt sind. Es handelte sich um ein einfaches, fensterloses Gebäude aus Stein, das man durch eine enge und niedrige Tür betrat.
Danach mußte man drei oder vier Stufen hinuntergehen. Diesen

Keller hatte man besonders tief ausgeschachtet, zweifellos damit dort immer eine relativ niedrige Temperatur herrschte. Und tatsächlich war er auch furchtbar kalt.
Der Boden des Kellers, ein gestampfter Lehmboden, lag in einem fahlen Licht, das durch die Tür auf ihn fiel. Im Laufe der Generationen war er durch das Kommen und Gehen unzähliger Füße so festgetreten worden, daß seine glatte Oberfläche wie poliert wirkte und hart war wie Zement.
Ich betrat das Gebäude und ging die Stufen hinunter, um eine Arbeit weiterzuführen, die ich bereits begonnen hatte: Ich wollte, im hintersten und dunkelsten Winkel des Kellers – jenem Teil des Kellers, den man beinahe nicht mehr sehen konnte, so dunkel war es darin –, fortfahren, den ganzen Keller umzugraben …
Fast augenblicklich hörte ich von außerhalb Stimmen, die versuchten, mir das auszureden, und mich aufforderten, damit aufzuhören. An all den Träumen, an die ich mich erinnere, ist mir etwas aufgefallen, was ihnen gemeinsam ist: Die »anderen«, die stets unsichtbar und anonym bleiben – also die anderen allgemein –, machen sich immer große Sorgen um mich. Ich hingegen fühle mich sehr wohl und finde meinen Zustand völlig normal, einen Zustand, den alle anderen für unnormal halten. Ich bin auch immer diejenige, die dann diese anderen bezüglich meines Zustandes beruhigt. Um auf meinen Traum zurückzukommen: Die Stimmen wurden immer dringlicher und befahlen mir, aufzuhören. Sie sagten mir, daß meine Arbeit sinnlos und undurchführbar sei, daß ich mich dabei überanstrengen würde, daß dieser gestampfte Lehmboden hart sei wie Stein …
»Aber nein«, antwortete ich und nahm meinen schönen Spaten zur Hand, den ich dort zurückgelassen hatte, »es ist ganz einfach. Seht nur!« Und mit diesen Worten ging ich in den hintersten Winkel des Kellers. Dort war im Halbdunkel kaum sichtbar ein Teil des Bodens schon umgegraben. Ich begann meinen Spaten in die Erde zu stoßen, und sein Blatt schnitt mit einer Leichtigkeit in den Bo-

den, als wäre es nicht hart gestampfte Erde, sondern Butter. Ich hob die Erdschollen heraus und drehte sie um. Sie waren von einer schönen warmen hellbraunen Farbe und zerfielen mit überraschender Leichtigkeit.
Auf diese Weise grub ich mühelos einen großen Teil des Kellers um. Dabei ließ ich mich auch durch die dort herrschende Grabeskälte nicht im geringsten stören. Ich zog gleichmäßige Furchen und arbeitete mich langsam in Richtung Tür vor.
Währenddessen klangen die Stimmen der anderen von draußen immer dringlicher, immer ängstlicher. Sie versuchten mich dazu zu überreden, doch damit aufzuhören. Sie hielten mir vor, daß meine Arbeit sinnlos sei, denn selbst wenn es mir gelänge, den ganzen Keller umzugraben, so würde dort ohne Licht und ohne Wärme trotzdem niemals etwas wachsen!
Schließlich nahm ich meinen Spaten, ging zur Tür und schritt die Stufen hinauf, um sie vom Gegenteil zu überzeugen: »Doch, dort wird es sehr gut wachsen. Ihr werdet schon sehen!« Als ich mich dann umdrehte, bemerkten wir alle, daß auf wundersame Art und Weise ein vielfarbiger Blumenteppich von ganz alleine dort gewachsen war, wo ich die Erde umgegraben hatte, und die Pracht seiner Farben verlor sich allmählich in der dunklen Weite des Kellers, dessen hinterster Winkel in völliger Finsternis lag. Als sie das sahen, schwiegen die anderen.
Und auch ich schwieg, ganz überrascht und wundersam berührt.
Ich hatte es erreicht, daß in einem Keller Blumen wuchsen …

Ich gebe nicht sehr viel auf Traumdeutungen. Wie sollte ich auch, wo ich mich doch so selten an meine Träume erinnere – drei Träume in zwanzig Jahren, das ist nicht viel! Vielleicht ist gerade das der Grund, weshalb ich den Eindruck habe, daß die Träume, die ich auf diesen Seiten erzähle, mehr sind als einfache Hirngespinste. Sie sind Teil meines Lebens. Sie sind für mich so real, als hätte ich sie im wachen Zustand erlebt.

Ich werde deshalb keine zu weit hergeholten Vermutungen anstellen, was diese beiden Träume wohl bedeuten mögen.
Ich behalte lediglich im Gedächtnis, daß ich die Erde aufreiße, daß ich grabe, daß ich nach den Wurzeln suche, genauso wie mit diesem Buch. Und – o Wunder – wäre es doch nur möglich, daß am Ende all dieser Arbeit, daß am Ende dieser Suche in der Dunkelheit meiner Erinnerung – ähnlich wie aus dem Umgraben einer trockenen und unfruchtbaren Erde in der Tiefe eines Kellers – in mir eine Kraft frei werden könnte, so neu und so lebendig wie die Blumen meiner Träume.

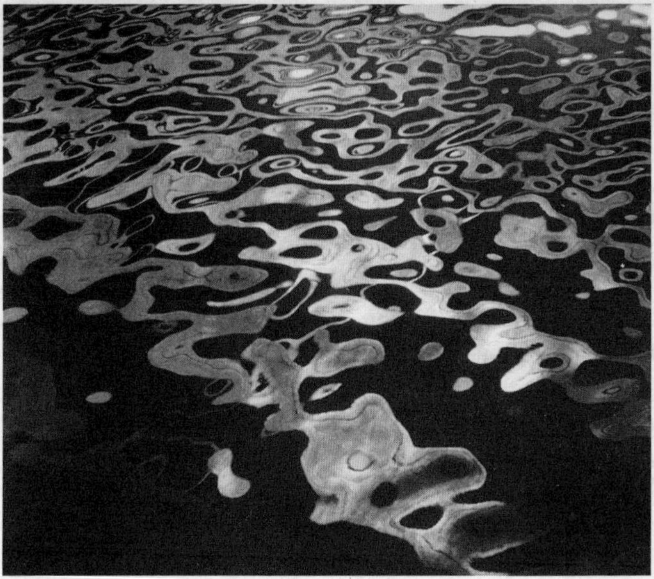

Die Stimme der Vernunft

Heute morgen habe ich durch den Mund meines achtjährigen Sohnes die Stimme der Vernunft vernommen.
Wir waren beide in meinem Zimmer. Jeder war mit sich selbst und mit dem, was er gerade tat, beschäftigt. Und obwohl wir nicht miteinander sprachen, genossen wir es, beisammen zu sein. Er saß an seinem Computer und – wenigstens schien das so – war ganz in eines dieser Science-fiction-Spiele vertieft, die ihn so faszinieren. Reihenweise schoß er Außerirdische ab. Zum Glück hatte er den Ton des Computers abgestellt, so daß das unerträgliche Geröchel, das man immer hörte, wenn ein Marsmensch tödlich getroffen war, mich nicht bei meiner Arbeit störte.
Ich saß an einem anderen Tisch, ihm beinahe gegenüber, und war dabei, einige dieser Seiten zu tippen. Ich arbeitete langsam und war ganz in das, was ich tat, vertieft, weil ich hier und da ein Wort änderte oder eine Zeile neu schrieb. Ich ging völlig in meiner Arbeit auf, und wahrscheinlich spürte mein Sohn, daß seine Mutter auf ganz besondere Art und Weise abwesend war.
Plötzlich schaltete er nämlich seinen Computer ab und kam herüber. Er lehnte sich über meinen Tisch und sah mich an.
Dann warf er einen Blick auf mein Manuskript.
»Was tippst du denn da?«
»Du weißt doch, das ist das Buch über meine Eltern, das ich letzten Sommer angefangen habe. Ich versuche jetzt, weiterzumachen.«
»Aber … Die sind doch tot!«

»Natürlich sind sie tot. Aber trotzdem möchte ich etwas über sie schreiben, weil ich noch immer an sie denke.«
Schweigend dachte er einen Moment darüber nach. Sein Gesicht war ganz entspannt und ruhig, und dann verkündete er mir mit gelassener Stimme:
»Gut. Aber jetzt solltest du aufhören, weiter daran zu denken.«
Und dann ging er, ohne sich länger um mich zu kümmern, zu seinem Computer zurück, schaltete ihn ein und nahm den Kampf gegen die Außerirdischen wieder auf.
Betroffen und gerührt, konnte ich meinen Blick nicht von seinem schmalen ernsten, unergründlichen Profil abwenden. An diesen Seiten jetzt weiterzuarbeiten war mir unmöglich, es kam mir plötzlich lächerlich vor. Wie gut und schnell hatte doch sein kindlicher Verstand die Situation analysiert und zusammengefaßt.
Jetzt war es an der Zeit, damit aufzuhören …
Natürlich, mein Kleiner, sollte ich aufhören, daran zu denken. Das wäre das einzig Richtige. Du hast recht. Nur wie? Durch dich hat die Stimme der Vernunft zu mir gesprochen, aber deine Mutter ist weder vernünftig noch weise. Der beste Beweis dafür: Ich kann deinem Rat nicht folgen und bin schon wieder zurückgekehrt, beinahe gegen meinen Willen, in jenes leere Haus, mit diesen beiden Toten, die zu meinen Füßen liegen, und das, obwohl du doch bei mir bist, gegenwärtig und lebendig. Deine Mutter trägt in sich ein kleines Mädchen, das nicht erwachsen geworden ist …

Einige Augenblicke später hielt ich erneut betroffen inne.
Plötzlich war mir bewußt geworden, daß mein Sohn genau so alt war wie ich damals, als ich die Tür jenes Badezimmers öffnete.

Ein Ende machen – jetzt

Jetzt müßte ich dem Ganzen ein Ende machen.
Ein Ende machen, ja. Und die Zweideutigkeit dieses Satzes, sein todbringender Sinn, lähmt meine Hand.
Sagen wir lieber, ich sollte jetzt aufhören zu schreiben … das ist weniger schmerzhaft.
Es wäre an der Zeit. Höchste Zeit …
Es fällt mir immer schwerer, Worte zu finden. Lange Phasen des Nachdenkens oder sprachloser Leere zwischen den einzelnen Sätzen machen diese meine Anstrengung, den Abschluß hinauszuschieben, noch mühsamer, noch bedrückender.
Ich kann dieses Buch nicht beenden.
Ich möchte es gar nicht fertigschreiben.
Denn es ist mir nicht einmal gelungen, auch nur einen Bruchteil des Bedauerns, das mich quält, auszudrücken. Ich wollte es mit jemandem teilen, und es lastet doch noch unvermindert auf meinem Herzen. Ich bin kein bißchen erleichtert. Und obwohl ich stundenlang und immer wieder die Fotos meines Vaters betrachtet habe, habe ich nichts von meiner Kindheit und nichts von IHNEN wiedergefunden.
Meine Erinnerungen bleiben ein für allemal schwarzweiß. Eine Reminiszenz auf Papier.
Es war sicher zu früh.
Oder zu spät …
Diese ganze Arbeit hat in mir noch nicht mal die Illusion erweckt,

ihnen näherzukommen – im Gegenteil. Sie sind verloren für mich, unwiederbringlich verloren, zweifellos für immer. Es gelingt mir nicht, diesen Monolog zu beenden, denn ich habe den schmerzlichen Eindruck – und war dieser neue Schmerz wirklich nötig? –, daß ich sie in den Schatten und ins Schweigen zurückstoße, wenn ich aufhöre zu schreiben.

Ende. Das Thema ist abgeschlossen. Blättern wir um. Wenden wir uns etwas anderem zu …

All diese Worte tun mir weh. Ich habe das Gefühl, daß ich SIE zum zweiten Mal begrabe, und deshalb klammere ich mich beinahe verzweifelt an diese Seiten.

Fünfunddreißig Jahre Schweigen auf der einen Seite, und zwei Jahre des Schreibens auf der anderen, ist das zu viel oder zu wenig?

Ich kann es nicht sagen.

Aber ich sollte dem allen ein Ende machen, aufhören mit dieser sinnlosen Suche nach der Vergangenheit, einen Strich ziehen unter meine verstümmelte Erinnerung.

Wie auch immer.

Und wenn ich dann mit dem allen fertig bin, dann wäre es an der Zeit, wie mein Sohn so weise sagte, »aufzuhören, weiter daran zu denken«.

Es wäre an der Zeit …

Soweit habe ich durchgehalten.
Zunächst wollte ich über diese Fotos schreiben, ganz einfach über diese Fotos. Ich hatte die vage Hoffnung, daß einige von ihnen nach all diesen Jahren mich an irgend etwas aus meiner Kindheit erinnern würden, an Gesichter, an Augenblicke, an sie – oder an uns. Nichts dergleichen. Nichts aus diesen neun Jahren ist wieder an die Oberfläche gekommen.
Dann fühlte ich mich veranlaßt, zu diesen Fotos etwas zu schreiben, zu dem, was ihr Tod in mir und folglich in meinem Leben ausgelöst hat. Eine Art Bestandsaufnahme nach fünfunddreißig Jahren des Lebens als Waisenkind. Ein Dasein, das ich alles in allem nie wirklich akzeptiert habe. Zwar wußte ich das alles schon vorher, aber erst diese Seiten haben mir klargemacht, wie WEIT diese Ablehnung wirklich ging, und wie sehr dieses unterdrückte, erstickte, mit allen Mitteln bekämpfte Bedauern in mir unausrottbar lebendig und intakt geblieben ist.
Als ich die Arbeit an diesem Buch begann, schwebte mir vor, beim Schreiben den eleganten Abstand des Schriftstellers zu wahren. Ich hoffte und wünschte, ruhig, maßvoll, überlegt vorzugehen und meine Emotionen zu kontrollieren. »Haltung unter allen Umständen ...«
In dieser idealen Vorstellung war auf dem Tisch kein Platz für Papiertaschentücher. Leider sah die Wirklichkeit anders aus. Ich muß eingestehen, daß nicht nur eine, sondern viele Packungen Ta-

schentücher in schwierigen Augenblicken aufgeweicht in den Papierkorb gewandert sind, ja, manchmal, wenn es an Papiertaschentüchern mangelte, mußte sogar rollenweise Toilettenpapier herhalten. Und mein Papierkorb war randvoll mit kleinen weißen Zellstoffknäueln.

Nein, ich bin weder stark, noch maßvoll. Lange genug habe ich mir eingeredet, ich sei kaltblütig, während in Wirklichkeit das Bedauern gegenwärtig ist, wie eine zweite Haut. Wem macht man etwas vor, wenn man allein am Tisch sitzt?

Mit diesem idealen Anspruch im Hinterkopf, nämlich Maß und Abstand einzuhalten, wollte ich schon von Anfang an einfach nicht aufschreiben, was an jenem Morgen geschehen war, als ich sie fand. Den Morgen ihres Todes beschreiben ... Das ist Selbstmitleid, dachte ich, eine Anekdote ... uninteressant. An sich uninteressant, das ist sicher, aber darum geht es hier nicht. Ich muß es schreiben, ich muß einfach. Nicht aus Selbstmitleid oder aus Exhibitionismus, und nicht damit die anderen mich und mein Schicksal bedauern – ein Schicksal, das, was mein Leben nach diesem Tag betrifft, im übrigen alles andere als bedauernswert war –, sondern weil das, was ich an jenem Morgen erlebt habe, sozusagen die Klippe für mein ganzes weiteres Leben ist. Es ist das einzige, was mir geblieben ist, die einzige Erinnerung, die mir noch ganz und gar gegenwärtig ist, mit allen Geräuschen, Gerüchen und mit allem, was gesagt wurde – ganz so, als wäre ich noch dort. Es ist genau der Augenblick zwischen dem Davor und dem Danach, von dem ich so oft gesprochen habe. In diesem Moment hat sich alles abgespielt. Von all dem, was davor war, habe ich nichts wiedergefunden. Mit all dem, was danach kam und kommt, setze ich mich tagtäglich auseinander ... und da sollte ich gerade über den Augenblick schweigen, in dem mein Leben sich schlagartig geändert hat? Ich soll meine einzige Erinnerung zum Schweigen bringen?

Jetzt, wo ich so weit gekommen bin, muß ich mir eingestehen, daß ich vielleicht dieses ganze Buch nur begonnen habe zu schreiben,

damit es soweit kommt. Zweifellos wußte ich es schon von Anfang an, nur wollte ich es – wie es nun mal leider in meiner Natur liegt – nicht wahrhaben: Es mußte ausgesprochen werden. Ich mußte es endlich einmal aussprechen.
Den Augenblick, den ich an jenem Morgen allein in diesem Haus verbracht habe – diesen vielleicht wichtigsten Augenblick meines Lebens –, habe ich niemals mit jemand anderem geteilt. Es waren jene Momente, in denen ich allein war mit ihren beiden auf dem Boden ausgestreckten Körpern und mit diesem unschuldigen Säugling in seiner Wiege. Vielleicht lebten sie sogar noch? Vielleicht steckte in ihnen noch ein Hauch von Leben, wie ein verglühender Funke. Ich war allein, wirklich allein, wie geblendet von dieser Katastrophe, von diesem unverfälschten Augenblick nackter Einsamkeit, ohne die Fähigkeit, einen klaren Gedanken zu fassen, schutzlos dem ausgeliefert, was über mich hereinbrach, allein mit diesem lautlosen Getöse in meinem Kopf, mit dem Gefühl, von einem Augenblick auf den anderen zerrissen zu werden, und dann wieder mit der Empfindung, so unendlich langsam vom Vorher ins Nachher hinüberzugleiten. Ich war an einem Punkt angelangt, an dem die Zeit stehenblieb, bevor mein anderes Leben begann. Niemals habe ich jemandem erzählt, was passiert ist, weder meiner Schwester, noch meiner Tante, noch sonst jemandem. Nicht, daß ich es absichtlich verschweigen wollte, es kam einfach nie aus mir heraus.

Alles andere habe ich vergessen, meine ganze Kindheit, wie fortgespült. Aber jener Morgen ist noch völlig präsent in meiner Erinnerung, und seit fünfunddreißig Jahren begleitet er mich in jedem Augenblick. Selbst in Stunden tiefempfundenen Glücks ist er da, ganz und gar intakt, eingraviert in meine Erinnerung, wie ein Gegenpol. Es ist DIE Erinnerung meines Lebens. Ich brauche sie nicht zu suchen, ich brauche sie nicht abzurufen, und ich brauche auch nicht zu versuchen, sie auszulöschen. Ich habe die Bilder ständig vor Augen. Sie kommen ohne mein Zutun. Was ich auch tue, es kann immer wieder ganz plötzlich geschehen, daß ein kleines Stück jenes Morgens vor meinen Augen abrollt, ein Bild ganz klar, ganz scharf, unglaublich frisch und lebendig.

Dabei handelt es sich nicht um eine Erinnerung wie alle anderen, die sich im Laufe der Jahre ändert oder verklärt, die man aus dem einen oder aus dem anderen Blickwinkel sieht, mal so, oder auch mal anders, und die, je älter man wird, sich in immer neuen Farben präsentiert. Meine Erinnerung ist unveränderlich. Sie ist endgültig. Ja, handelt es sich dann überhaupt um eine Erinnerung? Sie ist ein Teil meiner Selbst. Sie ist ich selbst.

Ich weiß auch ganz genau, daß es mir nicht gelingen wird, sie loszuwerden, nur weil ich sie jetzt aufschreibe. Das wäre zu einfach. Es wird mir nicht möglich sein, sie in diesen Seiten ein für allemal einzuschließen und festzuhalten, und das latente dunkle Geheimnis, wie durch einen Exorzismus, zu lüften, nur weil ich irgendwelche Zeichen auf ein weißes Blatt Papier male. Nein, diese Erinnerung wird mich nicht verlassen. Bilder von diesem Morgen werden mein Leben lang vor meinem geistigen Auge aufblitzen, und kleine Stücke dessen, was geschehen ist, werden sich in meine Gedanken drängen, ganz so, als handele es sich um etwas, das gerade passiert. Die Treppe … Ich stoße gegen einen Stuhl, der laut polternd umfällt. Meine Hände auf dem Balkongeländer und die Kälte des Geländers. Die Wiege meiner Schwester in ihrem Zimmer, genauso wie sie war, und das Licht im Zimmer. Und meistens, ja, mei-

stens ist es dieses Bild, das ich wiedersehe: die Beine meiner Mutter, ausgestreckt auf dem gekachelten Boden, wie sie hinter der Tür des Badezimmers hervorragten. Und dann die meines Vaters weiter hinten. Ihre Beine auf dem Boden …
Aber verstehen Sie mich nicht falsch. Die Präsenz dieses Bildes hat nichts Dramatisches. Es schockiert mich nicht, fällt nicht wie ein Stein oder wie ein Vorhang abrupt in meine Gedanken. Es raubt mir nicht die Sicht auf das, was ich gerade erlebe. Dieses Bild ist unendlich leicht, durchsichtig, wie ein Filter, ein unveränderliches, beinahe transparentes Bild zwischen mir und dem, was mir widerfährt. Es ist weder traurig, noch herzzerreißend, ja, noch nicht mal überraschend. Es kommt einfach ganz plötzlich, und ich bin mittlerweile daran gewöhnt. Es ist da, aber es hindert mich nicht daran zu lachen, weiterzusprechen oder zu arbeiten. Höchstens, daß es mir eine leichte Distanz zu den Dingen gibt. »Woran denkst du?« Man weiß, daß ich ein bißchen zerstreut bin. Ich bereite das Essen vor, ich probe für ein neues Stück, ich umarme meine Kinder, und plötzlich habe ich das Bild des Badezimmers vor Augen. Ich stehe ganz in meinem Leben, in den Augenblicken meines Lebens und gleichzeitig, zum Beispiel während ich meine Kinder berühre, die so viel Leben und Wärme ausstrahlen, gleichzeitig sind da IHRE Beine auf dem Boden hinter der Tür. Ich werde ewig an der Tür dieses Badezimmers stehen, und das Kind, das sie damals fand, lebt weiter in der Frau, die ich jetzt bin.
Das ist mein anhängliches Andenken. Ich glaube, es hat aus mir jemanden gemacht, der für das Glück empfänglich ist. Ich weiß wirklich all das zu schätzen, was mir seitdem an Gutem widerfahren ist. Ich genieße es, ich hege es und pflege es, ich bin mir seiner ständig bewußt. Ich nehme es nicht als selbstverständlich hin, daß mir bislang kein anderes echtes Unglück widerfahren ist. Das Bild von ihren Beinen auf dem Boden ist immer da, um mich daran zu erinnern, daß alles von einem Augenblick zum anderen zu Ende sein kann.

Ihr, mein Vater und meine Mutter, wie ihr so auf der Erde liegt und so unveränderlich in meinem Geist gegenwärtig seid, ihr seid es, die mir gezeigt haben, was in einer Stunde, ja, in einigen Sekunden, aus dem Glück werden kann. Das, was ich da sage, ist sehr pragmatisch, sehr realistisch. Es ist ein ganz einfacher Gradmesser, der manchmal sehr praktisch ist, um die Wichtigkeit von Dingen zu beurteilen. Keinen großen Exkurs jetzt über den Sinn des Lebens: Das Leben ist, oder es ist nicht.
Im Moment ist es da, also lebe ich es …
Bleibt abzuwarten, ob dieses Bild ihrer auf dem Boden ausgestreckten Körper, dieser im Augenblick noch so leichte, so transparente Hinweis auf eine mögliche völlige Zerstörung, sich nicht eines Tages durch die Alchimie der Ereignisse oder des Verstandes trübt, um mir so den Blick für das Glück, das mir widerfahren ist, zu verstellen, meine Lebensfreude zu ersticken und meine so ausnahmslos positive Sicht unseres Daseins ganz plötzlich ins Negative zu verkehren. Wer kann das schon vorhersagen?
Vielleicht bliebe mir dann mit einer unsäglichen Erleichterung und einem großen inneren Frieden nur noch eines übrig: nicht mehr diese großen Anstrengungen zu unternehmen, um glücklich zu sein, und IN das Bild hineinzugehen, das ich in mir trage, zu IHNEN zu gehen, wie sie es an jenem Morgen von mir verlangten, mich zwischen sie auf die glatten und kühlen Kacheln zu legen, genauso leicht zu werden wie sie und an jenem Ort zu sein, wo ich vielleicht hätte sein sollen, wenn ich damals nicht so ungehorsam gewesen wäre …
Für den Augenblick lebe ich, gehe ich vorwärts, umarme und zittere ich, wie alle anderen Menschen auch.
Es geht. Es geht mir sehr gut. Noch.

Das Einfamilienhaus, das sie gekauft hatten, war sehr häßlich.
Es war eines dieser typischen Häuser, wie sie in den fünfziger Jahren überall in den Vororten gebaut wurden. Es war ganz aus Beton,

Räume, in denen es seltsam hallte und deren Mauern beim Klopfen hohl klangen.
Zwischen dem Haus und der Straße befand sich ein rechteckiges Grundstück, dem man nicht die Zeit gelassen hatte, ein Garten zu werden. Das Ganze war mit einem mannshohen Metallzaun umfriedet. Das Erdgeschoß war eigentlich ein Zwischengeschoß, unter dem noch eine Garage, ein Abstellraum und ein Keller lagen. Man gelangte über eine außen an der Fassade emporführende Treppe in eben dieses Erdgeschoß. Die Treppe führte auf einen schmalen Balkon, der durch das damals allgemein übliche einfache Eisengeländer gesichert war. Durch die kleine Balkontür gelangte man ins Innere des Hauses.
Das Haus war nicht groß. Wohnzimmer und Küche befanden sich im Erdgeschoß. Die Treppe nahm einen großen Teil des übrigen Raumes ein, und im Obergeschoß gab es nur noch zwei kleine Zimmer, die durch das Badezimmer voneinander getrennt waren. Alle Fenster gingen auf die Straße hinaus.
Das Haus der Nachbarn, das genauso aussah wie unseres, bildete mit ihm zusammen ein Doppelhaus. Danach folgte in einigem Abstand das nächste Doppelhaus. All diese Häuser hatten ein kleines rechteckiges Stück Land zur Straße hin. Voneinander getrennt waren sie durch ein Mäuerchen, das jedoch so niedrig war, daß man sich problemlos von Garten zu Garten, oder von Balkon zu Balkon unterhalten konnte.
Unsere unmittelbaren Nachbarn hatten eine kleine Tochter in meinem Alter, mit der ich spielte. Sicher gingen wir in dieselbe Schule, vielleicht sogar in dieselbe Klasse. Keinerlei Erinnerung. Ich erinnere mich nur deshalb an sie, weil sie an jenem Morgen ihre Rolle spielte.
Ich beschreibe dieses Haus und diese Straße nicht in den rosigsten Farben, und das ist wirklich nicht erstaunlich. Wenn ich dort im Schoße meiner Familie glücklich gelebt hätte, dann hätte ich sicher nicht diese tiefe Abneigung gegen solche Vorortstraßen bekom-

men, gegen alle Arten von Vororten, selbst die luxuriösesten. Der Friede und die Ruhe, die dort herrschen, sind für mich Ausdruck einer dumpfen Bedrohung. Für mich weht ein Hauch des Todes über den Zäunen. Das ist die ideale Umgebung für die häusliche Ruhe und ebenso für die häusliche Katastrophe, die Schlagzeilen macht. Natürlich ist dieser Eindruck rein gefühlsbedingt und subjektiv: ein vages Gefühl des Unwohlseins, der Drang, woanders zu sein … Wären sie in einer ländlichen Umgebung gestorben, so hätte ich sicher alle Wiesen dieser Erde gehaßt, und das gleiche wäre mit den Innenstädten passiert, wenn sie in der Stadt zu Tode gekommen wären. Aber sie sind in einem Vorort ums Leben gekommen. Es ist sicher idiotisch, aber das bleibt mir. Solche Eindrücke sind unauslöschlich.

Meine Abneigung hat sich im übrigen auf alle Arten von Neubauten ausgeweitet. Neue Häuser oder auch neue Wohnungen lösen bei mir das gleiche Unwohlsein aus. In ihnen spürt man den Widerhall einer verdächtigen Leere zwischen diesen von nichts getränkten Mauern, und dagegen helfen selbst die dicksten Teppichböden nichts. An solchen Orten packt mich eine kindisch irrationale Lust, die Flucht zu ergreifen. Ich liebe nur das Alte, die Mauern, die schon anderen Leben vor mir Schutz geboten haben, die sich schon als Orte des Lebens bewährt haben. Solche Mauern tragen eine undefinierbare Spur derer, die sie einst umgaben, und ich fühle mich in ihnen beschützt und sicher.

Ich kenne andere Leute, für die ganz im Gegensatz dazu alte Häuser nach Tod riechen und die es überhaupt nicht mögen, wenn jemand vor ihnen dort gelebt hat. Auch ihre Aversion ist ganz wie die meine sicher auf vage, nicht abzuschüttelnde Kindheitseindrücke zurückzuführen.

Also, was mich betrifft, ich mag weder Vororte, noch Neubauten. Dazu muß man sagen, daß meine Eltern gar nicht die Zeit gehabt hatten, diesen Ort heimelig zu machen. Wahrscheinlich sind wir zu Beginn des Sommers in dieses Haus eingezogen, aus dem man

sie am sechsten November wieder herausgetragen hat. Nur einige Monate, jedenfalls nur so kurze Zeit, daß die Geschäfte, in denen sie die Möbel auf Kredit gekauft hatten, sich bereit erklärten, diese wieder zurückzunehmen.
Ich habe ein kleines Foto dieses Hauses gefunden, aber es ist unnötig, es zu zeigen, denn es ist noch viel trauriger und häßlicher, als ich es beschrieben habe. Ich verstehe nicht, wie jemand dort leben wollte. Dieser Ort ist vielleicht gerade gut genug, um dort durch eine Nachlässigkeit zu sterben, aber sonst …
Was war nur in sie gefahren?
Was wollten sie dort überhaupt?
Dieser Gedanke drängt sich mir jetzt plötzlich auf, während ich diese Zeilen schreibe. Was war nur der Grund dafür – und jetzt drängt sich mir ein übles Wortspiel auf –, sich dort zu vergraben? Ich habe nie darüber nachgedacht, weil ich daran gewöhnt war, von ihnen nur ein abstraktes, gegenstandsloses Bild zu haben. Ich habe mich nie gefragt, was sie wohl dazu bewegt hatte, sich einen so häßlichen und traurigen Ort auszusuchen.
Jetzt weiß ich nicht mehr weiter. Irgend etwas übersehe ich bei der ganzen Sache.
Dieses Reihenhaus paßt nicht zu meinen Eltern. Einerseits paßt es nicht zu dem Bild, das ich von ihnen habe, andererseits auch nicht zu dem wenigen, was ich über sie weiß: ein bißchen zigeunerhaft, ein bißchen originell. Irgend etwas stimmt da nicht. Das paßt einfach nicht zusammen.
Es paßt nicht zu meinem Vater, zu seinen Fotos, zu dem guten Geschmack, den sie beweisen. Selbst wenn er aus dem städtischen Milieu und aus einem allgegenwärtigen Matriarchat hätte fliehen wollen, so weiß ich doch, daß er das Leben auf dem Lande leidenschaftlich liebte. Er liebte das echte Landleben, die unberührte Natur, das Wasser, den Himmel, den Horizont, den Kontakt mit den Elementen. Beweis dafür sind all die Bilder von Sonnenaufgängen und von Morgennebeln, die er von seinen langen Ausflügen in der

Morgendämmerung mitbrachte. Aber das doch nicht. Nicht das. Nein. Vielleicht wollte er fliehen, aber sicher nicht in dieses schmale, in Betonmauern eingezwängte Rechteck. Das paßt einfach nicht.

Und meine Mutter?

War sie es vielleicht, die das wollte? Strebte sie, nachdem sie nun aus einer langen Abhängigkeit von ihrer eigenen Mutter entkommen war, strebte sie nun danach, ihr eigenes kleines Häuschen zu haben, schön ordentlich und sauber, in dem man ganz für sich war und doch Nachbarn hatte, die nicht zu weit weg wohnten, so daß man nicht völlig isoliert war? Ich weiß nur sehr wenig über sie. Aber irgendwie paßt das Ganze nicht zu ihrem Charakterzug von Unordentlichkeit, zu diesem Leben in der großen Sippe, das bis dahin das einzige gewesen war, was sie kannte. Außerdem war sie immer gerne von Leuten umgeben und liebte Fröhlichkeit. Ich kann sie mir nur schwer in diesen engen Mauern vorstellen, damit beschäftigt, ihre Kinder und ihre nagelneuen Möbel sauberzuhalten. Nein. Das paßt auch nicht zusammen.

Was dann?

War es ein einfacher Nachkriegstick, das kleine Einfamilienhaus in einem neuen Stadtteil? War das der typische Traum eines jungen Ehepaares, das sich einen Hausstand gründet? War es das? Schlicht und einfach das?

Ich verstehe es nicht. Irgendwo hat die Sache einen Knoten, den ich nicht lösen kann.

Aber sie sollten so was nicht tun. Nein, wirklich, das hätten sie nicht tun sollen …

Dieser Eindruck wird noch verstärkt durch die Tatsache, daß man – sowohl in der Familie meiner Mutter, als auch in der meines Vaters – immer an Orten gewohnt hatte, an denen die Zeit nicht spurlos vorübergegangen war, sei es mitten in der Stadt, in einem Arbeiterviertel, wie das, aus dem wir gerade weggezogen waren, sei es in wirklich ländlichen Häusern, wie jenen auf dem Bonsecours-

Hügel, wo ich später dann einige Jahre leben sollte. Weshalb war das so? Weil man es so und nicht anders wollte? Oder aus einer Notwendigkeit heraus, weil alte Wohnungen und Häuser billiger waren? Ich weiß es nicht. Auch später galt das noch. In beiden Familien zog man öfter um, in andere Häuser oder Wohnungen, und im Geiste sehe ich noch ein ganzes Kaleidoskop von verglasten Eingangstüren, Erkern und Nischen, altem Parkett, gestampften Lehmböden und Brotschränken mit den dazugehörigen Gerüchen, die sich zu einem Gesamteindruck aus vier oder fünf verschiedenen Wohnorten herauskristallisiert haben, von denen einer älter war als der andere. Aber niemandem war je der Gedanke gekommen, solch ein Einfamilienhaus zu kaufen oder zu mieten. Es war und blieb das einzige dieser Art in der ganzen Familie. Der Irrtum. Der Bruch …

All diese konfusen, aber tiefen Eindrücke, und vor allem der Schock ihres Todes – eines Todes, verursacht durch ein neues und schlecht ausgebautes Haus –, all das hat, glaube ich, ausgereicht, um in mir eine sicher unwiderrufliche Vorliebe zu wecken, eine Vorliebe für Häuser, Wohnungen, Orte mit einer Geschichte, und sei sie auch noch so unbedeutend. Dabei ist es mir egal, ob diese Orte in der Stadt oder auf dem Land liegen, wichtig ist nur eines: Es darf sich keinesfalls um eine Vorstadt handeln. Denn durch solch einen Neubau sind sie ums Leben gekommen – welch schrecklichen Preis mußten sie doch zahlen für den Bruch mit der traditionellen Vorliebe der Familie für das Alte.

Aber ich schweife ab. »Der Tod kann einen hier so gut ereilen wie dort«, wird man jetzt sagen, »das alles bleibt dem Zufall überlassen.«

Ja, ja, natürlich. Wahrscheinlich ist das alles Unsinn. Es ist im eigentlichen Wortsinn nicht vernünftig. Ich komme tatsächlich völlig vom Thema ab – und dabei sage ich nur einen Bruchteil dessen, was mir durch den Kopf geht. Es ist einfach lächerlich … Ich gestehe mir einen waschechten Aberglauben zu, einen hundertpro-

zentigen, unkontrollierbaren, dummen Aberglauben, dem ich nachgebe. Gerade ich, die ich als so vernünftig und so ausgeglichen gelte!
Gut. Ich habe jetzt den Hintergrund ausgemalt. Soweit ist alles klar. Darüber braucht man kein weiteres Wort zu verlieren, es genügt. Was wird mir jetzt noch einfallen? Welche neue Ablenkung wird mir jetzt in den Sinn kommen, um den Moment hinauszuzögern, in dem ich meine Erinnerungen zu Papier bringe, und es endlich zum ersten Mal SAGE?

An diesem Sonntag, dem sechsten November, waren wir bei meiner Patentante zum Mittagessen eingeladen. Sie wollte alle Mitglieder beider Familien bei sich haben, und sowohl bei meinen Großmüttern als auch bei meinen Onkels hatte man wahrscheinlich den Sonntagsstaat hervorgeholt, wie es sich für einen solchen Anlaß gehört, und alle waren dabei, sich dafür herzurichten. Bei mir zu Hause – und genau von diesem Augenblick an erinnere ich mich ganz abrupt und präzis – sind mein Vater und meine Mutter schon dabei, sich fertig zu machen, und rufen mich aus dem Badezimmer. Ich erinnere mich nicht an den Klang ihrer Stimmen, und doch höre ich noch ihre Aufforderung: »Komm dich waschen!« Die Worte, ja. Aber die Stimme, nein. Seltsam.
Ich liege noch in meinem Bett und trödle herum. In diesem neuen Haus habe ich mein eigenes Zimmer. Es ist winzig und eng. Das Bett steht an der Wand mit Blick auf das Fenster. Das Kopfende ist nicht weit von der Tür, und ich sehe den Treppenabsatz und die Tür des Badezimmers. Ich nehme an, daß ich dieses Zimmer später mit meiner Schwester hätte teilen müssen, aber da sie erst fünf Monate alt war, stand ihre Wiege noch im Zimmer meiner Eltern, neben ihrem Bett, auf der anderen Seite des Treppenabsatzes.
Ich liege auf dem Bauch, halb zugedeckt, und stütze mich auf meinen Ellenbogen. Ich lese ein Comicheftchen: eine Indianergeschichte. Eigentlich ist diese Art von Heftchen »nichts für

Mädchen« – aber ich erinnere mich noch genau daran, daß ich eben das las. Es war eines dieser billigen Comicheftchen mit schwarzweißen Zeichnungen auf leicht gelblichem Papier. Das Heftchen lag vor mir auf dem Kopfkissen, und ich war ganz in meine Lektüre vertieft. Die Cowboys fand ich furchtbar, aber ich bewunderte und liebte die Indianer mit ihren langen glänzenden wunderschönen Haaren. Ich träumte oft davon, eine Indianerin oder sogar ein Indianer zu sein.

Gerade, weil ich mich so genau an dieses Comicheftchen erinnere, habe ich mich oft gefragt, woher wohl diese seltsame Faszination rührte … Und erst jetzt habe ich die Erklärung dafür gefunden. Natürlich war es mein junger Onkel Claude, der Bruder meiner Mutter, der mich damit angesteckt hatte. Er war ganz verrückt nach allem, was mit Indianern zu tun hatte: Er war es auch gewesen, der mich mit dem Lasso wie ein Paket verschnürt, und – Vorsicht, ihr Hühner, geht in Deckung! – mit Pfeil und Bogen Zielübungen veranstaltet hatte. Das war damals im Hof dieses Hauses im Robec-Viertel, in dem wir noch einige Monate vorher alle zusammengelebt hatten. Ich bewunderte diesen jungen Onkel sehr, und irgendwie hatte er seine Begeisterung und einige seiner Comicheftchen an mich weitergegeben – und beides hatte ich in unser neues Haus mitgenommen.

An jenem Morgen lag ich also in meinem Bett und ritt in meiner Phantasie über die weite Prärie: Ich wollte einfach nicht aufstehen.

»Anny, jetzt komm dich endlich waschen!«

Diese Aufforderung beantwortete ich mit einem vagen »ja, ja …«, denn mit meinen Gedanken war ich ganz woanders und hatte nicht die geringste Lust, mein warmes Bett zu verlassen. Ich fühlte mich schwer, bleischwer …

Sie riefen mich noch mehrmals. Mindestens vier- oder fünfmal, mit langen Pausen zwischen den einzelnen Aufforderungen. Das letzte Mal – ich glaube, es war meine Mutter, die mich rief – klang es schon ziemlich ungeduldig, als sie mich an das gemeinsame Mit-

tagessen bei meiner Patentante erinnerte. Die Worte sind mir noch gegenwärtig, aber die Stimme … Man sagt, daß die Stimme das erste ist, was sich verliert. Anscheinend mache ich keine halben Sachen, denn ich habe alles vergessen. Bis auf jenen Morgen …
Ich träumte vor mich hin, und ich glaube, nichts und niemand hätte mich dazu gebracht, aufzustehen. Und dann schlief ich langsam wieder ein und hörte ihre Rufe nicht mehr. Oder aber sie hatten plötzlich aufgehört zu rufen, und da diese Stille meinen Träumen freien Lauf ließ, tauchte ich ganz in sie ein. Ich weiß nicht. Jedenfalls war da plötzlich nichts mehr. Ich war abwesend, wie betäubt.
Vielleicht ist es zu einfach, diese Trägheit als Vorahnung zu bezeichnen, vor allem wenn man weiß, was danach geschehen ist. Vielleicht ist es wirklich zu einfach, wenn ich mir einrede, gespürt zu haben, daß ich nicht aufstehen sollte, daß ich nicht in dieses Badezimmer gehen durfte, jedenfalls nicht an jenem Morgen. Zu einfach. Aber andererseits auch wieder so naheliegend, wenn ich mich daran erinnere, wie entsetzlich müde ich mich fühlte, und wie schwer, so schwer, daß es unmöglich war, auch nur einen Fuß oder einen Arm aus dem Bett zu heben. So schwer, daß ich völlig taub war für ihre Rufe und wieder diesem unüberwindlichen Drang einzuschlafen nachgab. Ich schlummerte ein und versank in diesem Zustand zwischen Traum und Wirklichkeit, aus dem man gerade morgens so schwer herauskommt. Natürlich ist ein bevorstehendes Familientreffen selten dazu angetan, Kinder voller Vorfreude aus den Betten zu treiben. Und dennoch, eine so schwere Trägheit …
Wie dem auch sei, ob es jetzt eine unschuldige Faulheit oder eine geheimnisvolle Vorwarnung war, die mich ans Bett fesselte, jedenfalls stand ich nicht auf und schlief wieder ein.
Wieviel Zeit verging? Natürlich weiß ich das nicht. Ich weiß nur eines: daß mein Schlaf nicht sehr tief war, weil ein seltsames Geräusch in mein Bewußtsein drang. Ich hörte, wie jemand schnarchte.

Oder genauer gesagt, ich hörte eine Art langgezogenes, durchdringendes Röcheln, das von kurzen Momenten absoluter Stille unterbrochen wurde, dann wieder von vorne begann und lange, lange anhielt. Zu seinem, zu ihrem Unglück schnarchte mein Vater normalerweise, und da ich acht Jahre lang das Zimmer mit ihnen geteilt hatte, war ich daran gewöhnt. Vielleicht ist es diese eine Kleinigkeit, die über ihr Schicksal entschied.

Aber trotzdem, trotz allem, das Geräusch war ungewöhnlich. Es schoß mir durch den Kopf: Komisch, wie Papa heute schnarcht … Aber ich wachte nicht auf.

Und als das dann so weiterging, dieses heftige Schnarchen, NACHDEM sie mich mit soviel Nachdruck aufgefordert hatten, zu ihnen ins Badezimmer zu kommen, kam mir die ganze Sache merkwürdig vor. Und ich erinnere mich daran, daß ich dachte: Das ist seltsam. Sie müssen auch wieder eingeschlafen sein …

Aber ich bin nicht aufgewacht. Nein, ich bin nicht aufgewacht, nicht wirklich. Ich tauchte wieder ganz ein in meine Träume, die in jenem Moment weitaus realer waren als mein wirkliches Leben.

Später mußte ich sehr oft über diesen Augenblick nachdenken. Ich hörte immer wieder so etwas wie das Echo dieses eigenartigen Schnarchens, das mich hätte wecken MÜSSEN. Wie konnte sich dieses kleine Mädchen bloß in seine Kopfkissen kuscheln, während seine Eltern nur ein paar Schritte von ihm entfernt dabei waren, zu ersticken, und sie das hörte.

Nun, ich wollte mich nicht waschen und war wieder eingeschlafen. Was ist an einem Sonntagmorgen daran auszusetzen?

Später, in einer Anwandlung von Zynismus, sagte ich mir manchmal, daß ich mein Leben meinem Ungehorsam verdanke. Wenn man an eine schicksalhafte Vorbestimmung glaubt, so könnte man annehmen, daß MEINE Stunde noch nicht gekommen war … Aber dann muß man wohl auch davon ausgehen, daß IHRE Zeit abgelaufen war, wenn mich das besagte Schicksal so unbekümmert weiterschlummern ließ, ohne daß ich auch nur einen Anflug von

Beunruhigung oder von schlechtem Gewissen hatte, der ihr Leben hätte retten können.
Natürlich wußte ich es nicht. Ich war gerade acht Jahre alt. Ich konnte nicht wissen, daß jemand, der dabei ist zu ersticken, solche Geräusche von sich gibt …
Und dann hörte es auf. Da war kein Geräusch mehr. Nichts störte meine Träume, und ich schlief wieder fest ein.

Als ich aufwachte – wieviel Zeit war wohl vergangen? –, herrschte völlige Stille.
Einen Moment lang lauschte ich in diese Stille hinein.
Ich erinnerte mich daran, daß wir zum Mittagessen bei meiner Tante eingeladen waren und daß ich mich noch waschen und anziehen mußte. Aus dem Badezimmer hatte mich niemand mehr gerufen.
Dann erinnerte ich mich an diese seltsamen Schnarchgeräusche – sie hatten sich also tatsächlich auch wieder hingelegt …
Ich ging direkt in ihr Zimmer, auf der anderen Seite des Treppenabsatzes, weil ich sicher war, sie dort im Bett zu finden. Das Bett war leer. Davor stand die Wiege meiner kleinen Schwester. Sie war wach, hatte die Augen weit geöffnet und strampelte ganz brav herum, ohne zu weinen. Im ganzen Haus war kein Laut zu hören …
Sie waren sicher unten. Oder vielleicht noch im Badezimmer, dessen Tür geschlossen war – warum eigentlich? Normalerweise schlossen sie die Tür nie, und ich sollte mich jetzt besser waschen … Jedenfalls mußte ich dringend auf die Toilette, also ging ich zum Badezimmer.
Die Tür ließ sich nicht öffnen. Sie war nicht abgeschlossen, denn ich konnte sie ein oder zwei Zentimeter bewegen, aber irgend etwas machte es mir unmöglich, sie zu öffnen.
In diesem Augenblick hatte ich noch keine Angst, nein, noch nicht. Ich war nur überrascht über diese Stille, ohne daß sie mich wirklich beunruhigte. Sicher hatten sie es sich anders überlegt, hat-

ten beschlossen, später wegzufahren, um mich noch schlafen zu lassen. Ich rief nicht nach ihnen, denn ich war sicher, sie unten beim Frühstück zu finden. Ich ging also die Treppe hinunter.
Aber unten war auch alles still. Niemand in der Küche, oder im Wohnzimmer. In kurzer Zeit hatte ich überall in unserem kleinen Haus nachgesehen.
Auch in dem noch völlig kahlen Vorgarten war niemand. Das Gartentor war geschlossen. Wie ich so auf dem Balkon stand und auf den leeren Vorgarten schaute, wuchs mein Erstaunen. Sie waren doch wohl nicht ohne mich fortgegangen ... Ich sagte mir, daß sie vielleicht in der Garage unter dem Balkon waren, und rief einmal nach ihnen. Als niemand antwortete, ging ich ins Haus zurück, ohne in der Garage nachzusehen.
Nun bekam ich langsam Angst und rief mehrmals nach ihnen. Ohne Erfolg. Stille. Ich blieb nicht länger unten, sondern ging sehr schnell die Treppe hinauf. Ich stand vor der Badezimmertür auf dem Treppenabsatz.
Und plötzlich war es da.
Auf einen Schlag. Dieses Gefühl der Kälte, der Furcht. Diese Gewißheit, daß es sinnlos war, sie irgendwo anders zu suchen, daß ich diese Tür öffnen mußte. Daß es DA war.
Von dieser Sekunde an, sogar noch bevor ich die Türklinke berührte, war ich mittendrin IN der Katastrophe. Ich sehe mich noch vor jener Tür, wie erstarrt, erfüllt von dieser Gewißheit.
In einem Film würde man diese Szene, wenn man das Kind vor der Tür stehen sieht, mit einer rhythmischen dumpfen Musik unterlegen, einer Musik, die an den menschlichen Herzschlag erinnert ...
Ich kann immer noch meinen eigenen Pulsschlag hören und das Rauschen meines Blutes in meinen Ohren, das sich anhörte wie das Rascheln von Papier. Die Stille existierte nicht mehr. Meine Furcht hatte sie ausgefüllt. Das Ganze war nun schwer und voll. Und ich war MITTENDRIN.
Mehrmals stemmte ich mich mit all meinen Kräften gegen die

Tür. Als ich das dritte oder vierte Mal drückte, da hat »es« nachgegeben, und die Tür ließ sich halb öffnen. Das Bein meiner Mutter, das die Tür blockiert hatte, fiel mit einem kleinen dumpfen Geräusch auf den gekachelten Boden. Ich sehe ihr nacktes Bein auf dem Boden. Ihr Bein und eine Ecke der Dusche und weiter hinten das Waschbecken und einen Teil des bewegungslosen Körpers meines Vaters.
Ich mußte über meine Mutter hinwegsteigen, um ins Badezimmer zu gelangen. Mein Vater lag ausgestreckt auf dem Gesicht. Er war ganz hinten im Raum, sein Kopf befand sich beinahe unter dem Waschbecken. Zwischen dem Waschbecken und der Tür, links vom Eingang, war die Dusche. Meine Mutter saß auf dem Rand des Duschbeckens. Kopf und Körper lehnten direkt neben dem Türrahmen, an der Wand. Die Haare hingen ihr ins Gesicht. Wahrscheinlich hatten ihre angewinkelten Beine an der Tür gelehnt und diese blockiert. Als ich sie aufgedrückt hatte, waren sie zu Boden geglitten und standen jetzt schräg vom Körper ab. Aber sie war nicht nach hinten gekippt, sondern in dieser sitzenden Haltung geblieben.
Später schloß man daraus, daß zuerst mein Vater ohnmächtig geworden war. Da Kohlenmonoxid schwerer ist als Luft, muß es auch meiner Mutter schlecht geworden sein, als sie sich über ihn beugte. Wahscheinlich hat sie dann versucht, die Tür zu erreichen, vielleicht indem sie auf dem Boden dorthin kroch, und als sie schließlich dort angekommen war, hatte ihr die Kraft gefehlt, sie zu öffnen, und sie war dort, gegen die Tür gelehnt, sitzen geblieben.
Ich erinnere mich auch noch ganz genau an den besonderen Geruch in diesem Badezimmer. Nicht an den Geruch an jenem Morgen, der wohl nicht anders war, als an allen anderen Tagen auch, aber ganz allgemein daran, wie ein neu eingerichtetes Bad riecht, nämlich nach dieser Mischung aus Metall, frischer Farbe und dem süßlichen Geruch, den der Gasboiler verströmt. Eine einzigartige Mischung, die mir noch gegenwärtig ist.

Diesem besonderen Geruch bin ich nur ein einziges Mal wieder begegnet, und zwar viele Jahre später in einem anderen Badezimmer, als wir bei Bekannten eingeladen waren.
Ich bin nicht etwa sofort hinausgestürzt, ja, ich habe nichts wirklich Außergewöhnliches empfunden. Und doch war es ein kleiner Schock für mich – die Bilder … Genau das war der Geruch. Seitdem ist er mir nicht wieder begegnet.
Ich sehe meine leblos im Badezimmer liegenden Eltern noch ganz genau vor mir. Danach ein Filmriß. Ich will damit sagen, ich weiß nicht, was genau ich getan habe. Das Ganze ist sehr chaotisch, sehr durcheinander. Ich war zu sehr eingespannt in das, was da geschah, so sehr in diesem Gefühl der Katastrophe gefangen, daß es mir heute nicht mehr möglich ist, klar zu sehen. Ich erinnere mich an keine Bilder, sondern vielmehr an Gesten, an das, was ich körperlich wahrnahm, als ich diese Dinge tat, aber es ist mir unmöglich zu sagen, in welcher Reihenfolge ich sie tat.
Also: Ich erinnere mich, daß ich irgendwann längere Zeit jammernd neben der Wiege meiner kleinen Schwester gestanden bin, die ganz ruhig war und nicht weinte. Ich erinnere mich genau an den Gegensatz zwischen ihr und mir, an dieses Baby, das mich ansah, das vielleicht überrascht war, von mir die Geräusche zu hören, die es selbst normalerweise von sich gab. Ich bin ins Badezimmer zurückgegangen und habe versucht, sie wachzurütteln. Dann bin ich ins Erdgeschoß hinuntergestiegen, und es scheint mir, daß ich lange weinend durchs Haus geirrt bin. Wie lange? Zwei Minuten? Zehn? Zwanzig? Ich glaube, ich konnte mich kaum auf den Beinen halten, denn ich erinnere mich, daß ich mich an einem Stuhl gestoßen habe.
Schließlich gelangte ich auf den Balkon und blieb dort wie erstarrt stehen. Ich klammerte mich am Geländer fest, zitterte und weinte. Ich erinnere mich noch an das Gefühl des kalten Metalls in meinen Händen.
Ich nehme an, daß ich versuchte, jemanden zu rufen. Aber nicht

ein einziger Ton kam über meine Lippen. Wahrscheinlich habe ich doch genügend Lärm gemacht, denn meine kleine Nachbarin wurde auf mich aufmerksam – es sei denn, daß sie gerade in diesem Augenblick sowieso auf die Straße ging, um zu spielen, denn ich glaube mich daran zu erinnern, daß sie einen Mantel trug. Völlig überrascht blieb sie vor unserem Haus stehen, während ich auf dem Balkon nicht aufhörte zu schluchzen. »Was hast du denn?« Ich konnte ihr nicht antworten. Sie schaute mich an. »Aber was hast du denn … Was ist los mit dir?«

Ich weiß nicht, ob es mir schließlich gelang, irgend etwas zu sagen. Jedenfalls ging sie in ihr Haus zurück und holte ihren Vater.

Auch er stellte mir Fragen, und es gelang mir, ihm mitzuteilen, daß etwas mit meinen Eltern war. Er überquerte die Straße und kletterte über den Zaun, weil das Gartentor abgeschlossen war.

Dann führte ich ihn nach oben. Wir gingen gemeinsam die Treppe hoch, und er sah, was los war.

Alles, was danach kommt, läuft sehr schnell und unerbittlich ab. Ich sehe die Dinge wieder klar vor mir, so als würden sie jetzt gerade vor meinen Augen geschehen.

Ich war auf dem Treppenabsatz geblieben. Er stieg über meine Mutter hinweg und betrat das Badezimmer. Er beugte sich kurz über sie, dann über meinen Vater, und dann hat er sofort das Fenster geöffnet. Er trug einen blauen Arbeitsanzug, sicher nutzte er diesen Sonntagvormittag dazu, irgend etwas in seinem Haus zu reparieren. Er war flink und doch von einer gewissen bäurischen Schwerfälligkeit, wie sie typisch ist für Menschen, die an körperliche Arbeit gewöhnt sind. Es war ein schockierender und anstößiger Anblick, diesen bekleideten Mann zu sehen, wie er sich da so lebhaft bewegte. Der Gegensatz zu meinen nackt und unbeweglich auf dem Boden liegenden Eltern war zu groß. Seine Bewegungen, seine Gegenwart füllten den ganzen Raum. Das kleine Fenster befand sich hoch oben an der Wand, beinahe unter der Decke. Er stellte seinen linken Fuß auf das Waschbecken und hielt sich am

Fensterbrett fest, um den Griff erreichen zu können. Ich sehe noch deutlich diesen braunen Schnürstiefel mit seiner dicken Sohle auf dem Rand des weißen Waschbeckens, der Schuh auf dem Waschbecken und diese bekleidete Silhouette über meinem nackt auf dem Boden ausgestreckten Vater. Dann streckte er seinen Kopf aus dem Fenster und schrie.

Dieser Schrei …

Auf einen Schlag zerbrach er die Stille, in der ich gefangen war. Er riß den Nebel auf, und die vage Ahnung, daß etwas Furchtbares geschehen war, dieses Gefühl, das es mir unmöglich gemacht hatte, klar zu sehen, ja, zu atmen, wurde zur Gewißheit. Plötzlich explodierte diese Stimme. Sie erschallte in diesem kleinen Badezimmer, im Haus, und füllte die ganze Straße. Ich höre sie heute noch. Mir ist davon ein schmerzliches Gefühl, ein Schock geblieben, ganz so, wie wenn einem Schlafenden eiskaltes Wasser ins Gesicht geschüttet wird – ein Schock, der einem im ersten Moment den Atem raubt. Mein Weinen hörte auf, wie abgeschnitten. Mehrmals schrie diese Stimme: »Zu Hilfe! Helft mir!« Und dann: »Holt Hilfe! Herr und Frau Legras sind erstickt!«

Ich glaube nicht, daß ich wirklich begriff, was das bedeutete. Sicher nicht. Aber dieses herausgeschriene Wort »erstickt«, selbst wenn ich es nicht kannte, beschrieb genau das, was vor sich ging. Plötzlich war da eine Mauer zwischen mir und den Körpern meiner Eltern, die mir von diesem Augenblick an nicht mehr gehörten. Da lagen nicht mehr meine Mutter und mein Vater wie schlafend auf dem Boden, sondern das waren Herr und Frau Legras, die erstickt waren.

Wie erstarrt stand ich auf dem Treppenabsatz. Ich war nicht mehr wirklich Teil dessen, was ablief, aber auch noch nicht im »Danach«. Vielleicht hat mir der Nachbar Fragen gestellt, ich weiß es nicht mehr. Von dem Moment an, als er die Stille hatte bersten lassen, ging alles sehr schnell.

Zwei andere Männer, die ihn von der Straße aus gehört hatten, kletterten über den Zaun und kamen zu uns herauf. Wie angewachsen stand ich da und schaute dem allen zu. Sie trugen meine Eltern aus dem Badezimmer heraus und legten sie auf das Bett in ihrem Zimmer. Zuerst meine Mutter. Ich sah, wie ihr lebloser Körper mit herunterbaumelnden Armen vorübergetragen wurde. Die Männer hielten sie unter den Achseln und an den Knöcheln fest. Einen Moment lang legten sie sie direkt vor mir mit dem Rücken auf dem Boden ab. Sie glitt ihnen aus den Händen. Dann trugen sie meinen Vater vorbei, und vor Anstrengung keuchend sagte einer der Männer: »Mein Gott, sind die schwer.« Danach ging alles wieder sehr schnell. Der Nachbar holte die Wiege mit dem Baby und nahm uns mit zu sich. Ich war wie betäubt.

Ich erinnere mich überhaupt nicht mehr an das Haus dieser Nachbarn, in dem ich aufgenommen wurde – instinktiv und ungerechterweise würde ich anstatt »aufgenommen« eher das Wort »festgehalten« verwenden wollen, denn meine ganze Aufmerksamkeit war auf das gerichtet, was draußen vor sich ging. Es fiel diesen braven Leuten sehr schwer, mich von dem, was da geschah, fernzuhalten. Ich erinnere mich nur noch ganz vage daran, daß das Fläschchen für das Baby zubereitet wurde – die dazu nötigen Utensilien hatten sie sicher in unserem Haus mitgenommen.

Ich saß in der Küche neben der Wiege und klammerte mich an ihr fest. Was auch immer die Leute taten, ich war allein. Das Baby und ich waren wie abgeschnitten vom Rest der Welt, und das einzige, was mich wirklich anzog, war das Fenster und das, was draußen geschah. Es war unmöglich, mich zu erreichen, ich hörte nichts. Genau wie unsere Küche, war auch die der Nachbarn etwas höher gelegen als die Straße, und so konnte ich sehr gut über die Gartenmauern hinweg die Einsatzfahrzeuge, die blinkenden Blaulichter und die Menschenmenge, die sich vor dem Gartenzaun angesammelt hatte, überblicken. Um die Sanitäter ins Haus lassen zu können, hatte man das Gartentor ausgehängt, da es unmöglich gewesen war, die Schlüssel zu finden.

Und all das sah ich von weitem. Diese ganze Aufregung, all diese Leute, die Nachbarn, die Schaulustigen, die Neugierigen. An jenem Sonntag hatte das Unglück andere getroffen, und man kam, um sie zu bemitleiden.
Wahrscheinlich hatten die Nachbarn einen Moment lang nicht auf mich aufgepaßt, denn ich lief weg, um dorthin zurückzugehen.

Es waren so viele Leute auf der Straße, daß es schwer war, mir einen Weg durch die Menge zu bahnen. Ich durchquerte den Garten und betrat das Haus, ohne daß dies irgend jemandem auffiel. Auf der engen Treppe war ein stetes Kommen und Gehen, und ich mußte mich einmal ganz flach an die Wand pressen, um einen Mann vorbeizulassen, der an mir vorbeihastete.
Auch vor ihrem Zimmer standen so viele Leute, daß man nicht hinein konnte. Aber es gelang mir trotzdem, mich zwischen ihren Beinen hindurchzuschlängeln, und dort blieb ich nun stehen, in der hintersten Ecke des Zimmers, zwischen der Tür und dem Fenster. Ich mußte kommen, ich mußte sehen, was da vor sich ging.
Ich kann nicht sagen, was ich empfand. Ich kann es nicht beschreiben. Im übrigen glaube ich, daß man das, was in solchen Momenten in einem vorgeht, gar nicht als Gefühle bezeichnen kann – die Gefühle kommen später. Ich war nicht wirklich bei mir. Ich war mitgerissen worden, ausgeliefert, erfüllt von der Leere des Unsagbaren im Mittelpunkt der Explosion ... Und dort in meiner Ecke machte ich mich ganz klein, ich schaute und hörte zu, empfing und nahm Worte und Bilder auf, die sich für immer in mein Gedächtnis einprägten.
Sie lagen noch immer nackt auf dem Bett. Ich vermute – jetzt erst kommt mir das in den Sinn –, daß man sie wahrscheinlich mittlerweile in den Notarztwagen getragen hatte, um sie dann, als die Helfer sahen, daß alles zu spät war, wieder ins Zimmer zurückzubringen. Ich glaube, daß es so gewesen sein muß, weil in ihrer Nähe weder Beatmungsgeräte, noch sonstige Apparate standen und weil

die Männer, die um das Bett herumstanden, sich nicht um sie kümmerten.
Ständig war da dieser schockierende Kontrast zwischen den Leuten, die angezogen um das Bett standen oder herumliefen, und ihnen, die so weiß, so schwach, bewegungslos auf dem Bett ausgestreckt lagen. Ich glaube, man versteht, daß es hier nicht um Schamgefühl geht, sondern um den schmerzhaften Schock, den ich empfand, als ich sie so schutzlos daliegen sah; sie, die beiden Pfeiler meines Lebens, mein Vater und meine Mutter, die nun, obwohl sie so stark und groß waren, plötzlich noch schwächer und noch kleiner geworden waren als ich selbst. Ihre Schwäche, ihre Abwesenheit wurde durch die laute und lebendige Anwesenheit der Herumstehenden noch betont. Nicht diese fremden Leute waren es, die ich bei mir haben wollte.
Sie lagen fast noch genauso auf dem Bett wie in dem Moment, als der Nachbar mich mitgenommen hatte. Mein Vater lag auf der rechten Seite, der Tür zugewandt, und seine Arme waren an den Körper angelegt. Meine Mutter lag nah bei ihm, ihr rechtes Bein war leicht angewinkelt, und ihr Gesicht von mir weg zur Wand gedreht, so daß ich es fast nicht sehen konnte. Ja, ich habe an jenem Morgen ihr Gesicht eigentlich überhaupt nicht richtig gesehen: weder im Badezimmer, wo sie vornübergebeugt mit ihrem Oberkörper und dem Kopf an die Wand gelehnt saß, und ihre Haare das Gesicht verdeckten, noch danach, beim Heraustragen, als ihr das Kinn auf die Brust gesunken war, so daß ihre Haare mir wieder ihr Gesicht verbargen, noch da jetzt auf dem Bett, wo ich nur ihr flüchtiges Profil wahrnehmen konnte.
Das Gesicht meines Vaters jedoch war allen Blicken zugänglich. Es strahlte Ruhe aus. Es wirkte ganz so, als würde er schlafen, unendlich tief schlafen.
Jenes Bild ist das perfekte Symbol dessen, was mir von jedem von ihnen geblieben ist. Mein Vater »sichtbar«, dessen Geschmack, dessen Charakter ich, wenn auch manchmal nur vage, deuten

kann, den ich mir vorstellen kann, indem ich die wenigen Informationen, die ich über ihn habe, zusammenfasse und seine Fotos betrachte. Und meine Mutter, die nicht greifbar ist ... Das abgewandte Profil meiner mysteriösen Mutter, das ich nicht entschlüsseln kann, an dem selbst meine Vorstellungskraft keinen Ansatzpunkt findet.

Da waren sie nun, anwesend und abwesend zugleich. Sie lagen bewegungslos, und ihre weiße Haut schien zu strahlen. So sah ich sie, ja, so sehe ich sie noch.

Von vorher, von der Zeit, als sie noch lebten, mit MIR lebten, sind mir nur auf Glanzpapier gebannte Schwarzweißbilder geblieben. Und jetzt gerade ist mir klargeworden – und ist es nicht fast schon lächerlich? –, daß der Anblick ihrer auf dem Totenbett ausgestreckten Körper das einzige direkte »lebende« Bild ist, das ich von ihnen noch habe.

Dieses Bild ist in meine Erinnerung eingeprägt, so wie ich es damals aufnahm, als kleines Kind. Denn ich sehe sie auf dem Bett leicht über mir, während die Leute, die um sie herum sind, wie Riesen wirken und die Decke zu berühren scheinen. Niemand hatte mich gesehen, ich schaute und hörte zu.

War das der Moment, in dem ich erfuhr, daß man sie ein paar Minuten früher noch hätte retten können?

Oder habe ich es später gehört, als man sich in der Familie darüber unterhielt?

Ich glaube, daß ich diese Information eher dort erhalten habe, in jenem Zimmer, und daß das, was ich danach hörte, sie nur noch bestätigt und ergänzt hat, denn mir klingt noch die Stimme dieses dunkel gekleideten Mannes im Ohr, der direkt neben dem Bett stand, ganz nahe bei meiner Mutter, als er sagte: »Es ist doch zu dumm, fünf Minuten oder zehn Minuten früher, und wir hätten sie zurückholen können.« Ich erinnere mich noch genau an den Ausdruck »zurückholen«.

In jenem Moment hatten diese Worte zweifellos nicht mehr

Gewicht als die anderen. Sie waren wie das Hintergrundgeräusch zu diesem körperlichen Gefühl des Unglücks, das ich empfand. Erst später verstand ich, wie sehr mich diese Worte doch getroffen hatten, denn von all dem, was ich dort gehört habe, ist das das einzige, an das ich mich erinnere. Erst viel später, natürlich …

Plötzlich wurde jemand auf meine stumme Anwesenheit aufmerksam und rief: »Mein Gott, die Kleine!«

Ich weiß, daß ich mich dann auf das Bett gestürzt habe, auf sie, daß ich mich gewehrt habe, aber man hat mich festgehalten und mit Gewalt aus dem Zimmer gebracht.

Ich verstehe die Leute. Sie wollten mir das ersparen, und sich selbst auch. Das läßt sich einfach nicht anders machen, es muß so vor sich gehen, man muß weggerissen werden. Ein schreiendes Kind, das sich verzweifelt an die Leichen seiner Eltern und an alles, was es nur erreichen kann, klammert, war wahrscheinlich ein schlimmer Anblick.

Ich sehe noch, wie sie allmählich hinter der Mauer des Treppenabsatzes verschwinden, während man mich wegträgt: dieses Bett, das sich entfernt, ein Oberkörper, ein Oberschenkel, ein nackter Fuß, und es ist vorüber.

Ich werde sie nie wiedersehen.

Der Film im Kopf

Es ist vorüber.
Hier reißt dieser so realistische Film von den Ereignissen jenes Morgens in meinem Kopf ab. Ich sehe noch, wie ein Fuß hinter einer Wand verschwindet. Schnitt. Völlige Dunkelheit. Dieser Vergleich mit einem Film mag als eine berufsbedingte Manie erscheinen. Aber für mich ist es einfach der Vergleich, der dem Ganzen am ehesten gerecht wird und der am aufschlußreichsten ist.
Vorher war nichts, eine leere Leinwand, Nebelschleier. Es gibt da zwar ein paar vage Eindrücke von Orten, wie zum Beispiel von diesem Stadtteil Robec, und von dem Haus, in dem wir lebten, bevor wir umzogen; aber das sind verschwommene Kulissen ohne Leben, da ich mich weder an Gesichter, noch an Ereignisse erinnere. Eine Straße, eine Häuserecke tauchen schemenhaft weit entfernt und unscharf, kaum sichtbar auf und verschwinden wieder. Und dann das Dunkel. Das Dunkel. Achteinhalb Jahre Dunkelheit.
Und schließlich, ganz abrupt, übergangslos, ohne Vorwarnung, wie eine nachträglich in einen unbelichteten Film einmontierte Szene, taucht mein Zimmer in dem neuen Haus auf, das Comicheftchen auf meinem Kopfkissen, die Rufe nach mir, die genaue Lage der einzelnen Zimmer, kurzum, alles, was ich gerade erzählt habe. Dann reißt der Film wieder ab, als ich das Haus kurz verlasse und mich bei Nachbarn aufhalte.
Und dann, ganz plötzlich, wieder die Straße, die Menschenmenge, durch die ich beinahe nicht hindurchkomme, die Treppe … bis

hin zum Anblick ihrer Körper, die hinter der Wand des Flurs verschwinden, ganz so, als wäre mein Auge das Objektiv einer Kamera, die rückwärts aus der Szene fährt.
Und Dunkelheit. Die Leinwand ist wieder leer. Sie wird noch Monate, ja, Jahre völlig leer bleiben. Einige Tatsachen, die sich in mein Gedächtnis eingeprägt haben, einige Dinge, die mich sehr beeinflußt haben, kommen aus dieser Zeit nach ihrem Tod ab und zu an die Oberfläche, aber es gelingt mir nicht, sie präzise und klar zu sehen. Jedenfalls sind sie in keiner Weise vergleichbar mit diesen harten unabänderlichen Bildern, die in mir festgehalten sind, wie auf einem FOTO.
Es ist ein seltsames Gefühl, von den ersten zehn Jahren seines Lebens nur einen winzigen grausamen Filmabschnitt im Kopf zurückbehalten zu haben, der immer wieder abläuft – und was soll man auch anderes tun, als ihn immer wieder ablaufen lassen, wo er doch das einzige darstellt, was einem geblieben ist, das einzige, was das Gedächtnis festgehalten hat?
Was vorher passiert ist, habe ich mit Hilfe der Informationen, die ich aus meiner Umgebung erhalten habe, rekonstruiert. Aber davon sind mir keine Bilder geblieben. Stück für Stück habe ich den Ablauf der Ereignisse wie ein Mosaik zusammengesetzt, diese Ereignisse, die schließlich zu dem geführt haben, was an jenem Morgen passiert ist. Ich habe versucht, das Drehbuch ihres Todes zu verstehen und zu rekonstruieren. Dabei übermannte mich immer ein lähmendes Gefühl der Hilflosigkeit und der Verständnislosigkeit – das ich jetzt noch empfinde, wenn ich daran denke, wie sehr das Schicksal alles darangesetzt hat, ihrem Leben an jenem Morgen in diesem Badezimmer ein Ende zu setzen.
Bestimmung, Schicksal, diese Worte sind mir zuwider. Aber wie soll man diese Kette von Zufällen, von Details, von kleinen, auf den ersten Blick völlig unwichtigen Tatsachen nennen, die, wenn man sie aneinanderreiht, scheinbar gezielt zu dieser Katastrophe führen. Es gab zehn, ja, zwanzig Gelegenheiten, sie zu retten. Eine

Kleinigkeit hätte genügt, und das alles wäre vermieden worden. Und dennoch scheint es, daß es unausweichlich war.

Es sieht so aus, als ob der Tod blitzartig kam und diese zwei Personen gemeinsam, ohne jede Vorwarnung, dahingerafft hat. Wenn ich mir noch einmal rekapituliere, was seit ihrer Ankunft in diesem Haus geschehen ist – und vielleicht sogar schon vorher? Wo hat dieses ganze Geschehen eigentlich überhaupt seine Wurzeln? –, dann war in Wahrheit der Tod bereits gegenwärtig. Eigentlich möchte ich es vermeiden, hier einen Gevatter Tod als Person mit beinahe menschlichen Zügen ins Spiel zu bringen, aber man ist wirklich versucht zu sagen, daß er bereits da war, daß er auf sie wartete und daß er geduldig und zielstrebig zu Werke gegangen ist.

Ein schon in der Planung falsch ausgelegtes Bad, das viel zu klein ist für einen bei weitem zu leistungsfähigen Gasboiler.

Vorwarnungen: Zweimal im Abstand von einigen Wochen duschen Mitglieder der Familie bei uns und werden dabei im Badezimmer beinahe ohnmächtig. Man wird darauf aufmerksam, daß etwas nicht in Ordnung ist, ja, daß eine Gefahr besteht, und man bestellt einen in der Nähe wohnenden Installateur, um das noch fehlende Belüftungssystem einzubauen.

Es ist Spätsommer, es ist noch nicht kalt. Die Fenster bleiben geöffnet, und die Zeit vergeht. Die Zeit vergeht für sie, die sie dieses Problem vergessen haben, und auch für den Klempner, der Tag für Tag am Haus vorbeigeht und entweder keine Zeit hat, diese kleine Arbeit auszuführen, oder aber sie auch vergessen hat.

Später wurde diesem Mann wegen Fahrlässigkeit der Prozeß gemacht. Sicher hatte der Anwalt meinen Verwandten geraten, mich zum Gerichtstermin mitzunehmen, denn ich habe noch diese vage Erinnerung an einen Mann, der unendlich lange, mit lauter Stimme über dieses Thema sprach, und ich sehe, wie in einer ganz scharfen Momentaufnahme, einen auf mich zeigenden Finger, und höre gleichzeitig diese Worte, die sich mir eingeprägt haben: » … und mit dem Ergebnis, daß wir hier zwei Waisenkinder haben.« Ich erinnere mich sehr gut an diese Worte und an die theatralische Geste, die sie unterstrich.

Ich weiß nicht, ob der Mann, den man für ihren Tod verantwortlich gemacht hat, noch lebt. Es ist wohl ziemlich unwahrscheinlich. Aber ich muß jetzt an diese schreckliche Verantwortung denken, die man ihm da aufgebürdet hat. Ich nehme an, daß sein Gewissen ihm keine Ruhe gelassen hat. Ich war so völlig damit beschäftigt, meinem eigenen Leid aus dem Weg zu gehen, daß ich niemals versucht habe, ihn wissen zu lassen, daß ich ihm wegen seines Verhaltens niemals einen Vorwurf gemacht habe. Aber ich hätte es ihn wissen lassen sollen. Er trägt nicht mehr Verantwortung an dem, was geschehen ist, als ich, die ich nicht aufgewacht bin, oder als sie selbst, die sie eine Gefahr, von deren Existenz sie wußten, einfach ignoriert haben.

Dann wird es langsam kälter, und ab Anfang November werden die Fenster geschlossen. Aber warum machten sie auch die Tür zu? Sie waren in diesem Haus allein mit ihren Kindern, und nur kurz zuvor hatten sie mich zu sich gerufen. Hatten sie die Tür geschlossen, um es im Badezimmer wärmer zu haben? Oder um mich nicht zu stören, weil sie bemerkt hatten, daß ich wieder eingeschlafen war?

Danach scheinen sich die Ereignisse zu überstürzen, aber in Wirklichkeit geht alles sehr langsam vonstatten, und langsam, aber sicher gibt es kein Zurück mehr. Meine Mutter hat es beinahe bis zur Tür geschafft. Ja, sie hat sie erreicht, sie war an der Tür. Sicher hat sie den Arm ausgestreckt, um sie zu öffnen, aber dann fehlte ihr einfach die Kraft dazu. Und dann ich, die ich halb aufwache, die ich beinahe wirklich wach geworden wäre, die sie hört und trotzdem wieder einschläft.

Und dann wieder ich. Endlich bin ich wach und suche überall in der Stille dieses Hauses nach ihnen, bevor ich die bewußte Tür öffne. Wenn es wirklich ein Schicksal gibt, das um jeden Preis ihren Tod wollte, so bin unglücklicherweise ich von diesem Augenblick

an sein Werkzeug: Als es mir schließlich gelingt, sie zu öffnen, laufe ich weinend ziellos durch das Haus. Wieviel Zeit ging dadurch verloren? Und dann auf dem Balkon, als es mir zunächst nicht gelang, einen Ton herauszubringen und um Hilfe zu rufen. Und die kleine Spielkameradin, die stehenbleibt und mich immer wieder fragt, was ich denn habe, anstatt sofort ihren Vater zu holen. Bis hin zu diesem dummerweise abgeschlossenen Gartentor, das es zu überwinden gilt. Und das alles im Licht der Feststellung: »Fünf Minuten früher und …«
All das ist auch wie ein Film, ein grausamer Film, den man sich Monate und Jahre später immer wieder im Kopf abspielt. Ein Film, von dem man weiß, wie er unweigerlich enden wird, und dessen unschuldige Protagonisten man in ihr Unglück rennen sieht, ohne daß jemals der Lauf der Dinge auch nur im geringsten verändert werden kann.
Man sieht das Ganze wieder und wieder, und man möchte dem Klempner zurufen: »Halt! Bleib stehen.« Man möchte ihn am Ärmel packen, um ihn in dieses Badezimmer zu ziehen. Man möchte sie daran hindern, das Fenster zu schließen, und dann die Tür. Und man will der Frau, die dabei ist aufzugeben, zurufen: »Nur Mut. Noch eine kleine Anstrengung, eine ganz kleine Anstrengung. Zehn Zentimeter, und du kannst die Tür öffnen!« Und man möchte das schlafende Mädchen wachrütteln, ihr in die Ohren schreien: »Nein. Es ist nicht normal, daß dein Vater um diese Zeit schnarcht. Wach auf!« Man will sie daran hindern, später nach unten zu gehen. Man will sie sofort an die Tür schicken, damit schnell Luft in das Badezimmer kommt, sie daran hindern, ziellos im Haus herumzuirren, sie rütteln, um ihrer Hysterie ein Ende zu bereiten. Man möchte der kleinen Nachbarin einen Klaps auf den Po geben, damit sie nicht mitten in ihrem Garten stehenbleibt und unablässig wiederholt: »Aber was ist denn bloß? Was hast du denn? Was ist los …« Schnell. Beeil dich! Die Zeit drängt. Und während all dieser verlorenen Zeit leben sie noch.

Doch nein. Das Ganze dauert sehr lange, ist bleischwer, zieht sich in die Länge. Und ganz plötzlich ist es zu spät. Es ist aus. Das einzige, was noch zu tun bleibt, ist, das kleine Mädchen aus dem Raum zu führen. Sie kann weinen, soviel sie will, alles ist gesagt. Die Szene ist im Kasten, ein für allemal.

Kinder sind lieb

Der Installateur war nicht für das verantwortlich, was an jenem Morgen geschehen ist, jedenfalls nicht mehr als sie selbst, nicht mehr als ich … »Nicht mehr als ich«, habe ich gesagt.
Ist das wirklich sicher? Kann ich wirklich sicher sein, daß ich mich selbst nicht belüge, wenn ich das behaupte?
Ich weiß es nicht. Nein, wirklich nicht – und in diesem meinen »ich weiß es nicht« müßte ich das suchen, was »nach diesem Buch« kommt. Ich weiß wirklich nicht, inwieweit ich mich wegen meiner Trägheit schuldig gefühlt habe, und weil ich sie gehört habe, ohne wirklich aufzuwachen, und dann, weil ich für unbestimmte Zeit herumgeirrt bin. Ich weiß nicht, inwieweit ich – um die Dinge endlich beim Namen zu nennen – mich für ihren Tod verantwortlich gefühlt habe.
Vielleicht befindet sich an dieser Stelle der wunde Punkt meines Lebens, als Ursprung meiner aggressivsten Selbstverteidigung und Erklärung für diese überstürzte Flucht aus meiner Kindheit. Die Zeit ist nicht gekommen – noch nicht –, um es zu wissen, um mich von jeglicher Schuld freizusprechen, oder auch nicht.
Aber wenn ich mich völlig unschuldig gefühlt hätte, so offensichtlich unschuldig, wie ich vorgebe zu sein, hätte ich dann als kleine schmerzliche Erinnerung diesen Satz im Gedächtnis behalten, den man mir später an den Kopf geworfen hat, viel später, auf einem Schulhof, und der in meinem Gedächtnis haften geblieben ist wie ein spitzer Pfeil?

Ich nehme an, daß ich nach dem Unfall darüber gesprochen habe, daß ich erzählt habe, was passiert war, und daß das ganze Geschehen auch in der Presse ziemlich detailliert geschildert worden war, genauso wie die Rolle, die ich dabei gespielt habe, denn Jahre später bekam ich folgendes zu hören:
Ich war damals ungefähr zwölf Jahre alt und besuchte das Gymnasium. Während einer Pause stand ich mit zwei oder drei anderen Mädchen in einer Hofecke. Ich sehe uns noch da stehen, mit unseren rosa Blusen. Wir diskutierten – ich weiß nicht mehr worüber, und auch nicht, ob das irgend etwas mit dem besagten Thema zu tun hatte –, als eine meiner Schulkameradinnen mich plötzlich direkt ins Gesicht fragte (oder vielleicht hatte ich nur diesen Eindruck der Unvermitteltheit, weil mich diese Frage völlig überrascht traf): »Sag mal, ist es eigentlich wahr: Du hast deine Eltern sterben lassen?«
Meine Antwort darauf weiß ich nicht mehr. Ich weiß nicht mehr, wie oder ob ich mich überhaupt verteidigt habe.
Ich fragte sie jedenfalls, wer ihr denn das gesagt habe.
»Meine Eltern.«
So erfuhr ich, daß ich irgendwo in einem Haus, das ich nicht kannte, von Leuten, die mir fremd waren, schuldig gesprochen worden war, und dies, obwohl ich, als das alles passierte, gerade erst acht Jahre alt war.

Die kleine grausame Erinnerung

Eine kleine grausame Erinnerung:
Vielleicht handelt es sich bei ihr um die Erinnerung, die mich am meisten schmerzte, als ich mich später wieder auf sie besann. Sie ist die einzige, in der meine Mutter gegenwärtig ist – gegenwärtig und unsichtbar. Sie ist nur eine körperlose Stimme.
Wir gingen in Rouen spazieren. Ich weiß, daß sie bei mir war, aber natürlich sehe ich sie nicht. Ich habe nur das flüchtige Gefühl eines Mantelsaums, der sich in Augenhöhe des kleinen Mädchens, das ich damals war, bei jedem Schritt hin und her bewegte. Ich sehe einen ziemlich breiten Gehweg und den schmiedeeisernen Zaun eines Parks ein Stück weiter entfernt. Ich könnte die Gegend wiedererkennen.
Plötzlich war da vor uns eine Gruppe von Kindern, die zu zweien den Gehweg entlang liefen. Sie trugen alle marineblaue Kleidung und wurden von Nonnen beaufsichtigt. Ich fand ihre weiten Mäntel mit den Falten und den weißen Krägen sehr hübsch. Während sie auf den Park zuliefen, unterhielten sie sich fröhlich. Auf die Frage, die ich ihr stellte, antwortete meine Mutter: »Das sind Waisenkinder.«
Das Wort kam mir seltsam vor, ich kannte es nicht. Zweifellos erklärte sie mir, was es bedeutete, aber in dem Augenblick verstand ich es wohl nicht recht, jedenfalls merkte ich es mir nicht. Die Definition dieses seltsamen Wortes interessierte mich nicht. Ich war fasziniert von den hübschen Uniformen, von dieser Gruppe von

Kindern, die sich so fröhlich unterhielten, die ein bißchen lärmten, wie eine Armee von Schwestern, die alle gleich angezogen waren. All das schien dem Einzelkind, das ich noch war und dessen kindliche Spiele zu Hause manchmal sehr einsam waren, sehr beneidenswert.

Das melodiöse Wort klang in meinen Ohren nach. »Waisenkinder … Waisenkinder …« Von allem, was mir meine Mutter über sie erzählt hatte, hatte ich nur eines wirklich gehört: Sie lebten immer zusammen. Ich sah, wie sie herumrannten und in einer Allee des Parks verschwanden. Ich ging nur widerwillig weiter. Ich fühlte mich allein, ganz allein mit meiner Mama. Ich dachte – und wie doch ein unschuldiger und einfältiger Gedanke der kindlichen Phantasie einem Jahre später das Herz schwermachen kann –: Haben die aber Glück … Wäre ich doch nur ein Waisenkind.

Erster und letzter Brief an meine Mutter

Mama,
verzeih mir.
Ich habe Dich ignoriert. Ich kannte Dich nicht, und fast hätte ich Dich verleugnet, denn ich fand, daß ich Dir überhaupt ähnlich war.
Verzeih mir.
Nun kenne ich Deine Geschichte. Nur einen einzigen Schritt mußte ich dafür tun. Einen einzigen Schritt in die Vergangenheit, auf jene Mitglieder Deiner Familie zu, die ich dreißig Jahre lang nicht mehr gesehen hatte. Ganz tief in mir kannte ich sie sicher – mit neun Jahren sieht man alles, versteht man alles –, aber ich wollte nichts mit Dir zu tun haben, ich habe sie hinter meinem schwarzen Schleier versteckt.
Deine Geschichte, Deine kleine Geschichte, die so schlimm ausgegangen ist, ähnelt der von so vielen anderen Frauen. Wie kurz ist sie doch, nicht wahr, die Zeit, in der man alle Wege offen vor sich liegen sieht, in der man so vor Kraft strotzt, den Kopf so voller Träume hat, mit zwanzig, bevor die Liebe, die Natur und die Last der Familie einem eine vorbestimmte Rolle auferlegen …
Und da ist der lebensfrohe Liebhaber, den man bei der Arbeit kennengelernt hat. Der Mann, mit dem man gleichberechtigt und frei ein erstes Stück des Weges gemeinsam und nebeneinander gegangen ist, geht nun unbelastet seinen Weg weiter, während Du schon die Last eines Kindes zu tragen hast, das Dir den Weg versperrt. Er

lebt sich aus, schreitet voran in die Zukunft, während Dich Deine Sippe wieder vereinnahmt.
Eine Zeitlang geht das gut. Dann noch ein paar Jahre, und man hört auf zu arbeiten, man bleibt zu Hause, man hält nicht mehr Schritt mit den anderen. Man bleibt allein mit seinen enttäuschten Träumen, man wird ein bißchen dicker, und man flüchtet sich in Handarbeiten ...
Und er, er mit seiner Kunst, seiner Freiheit, seiner Kraft, er beginnt Erfolg zu haben. Er schreitet voran.
Und dann kommt ein zweites Kind, und alles überstürzt sich. Man muß die Löwin, meine Großmutter, verlassen, die so gut wußte, ja, sicher zu gut wußte, wie sie ihre Töchter an sich binden konnte. Und man mußte hinaus aus dem warmen Nest, das für die Last der zwei Kinder zu eng geworden war, und von da an das häusliche Leben allein meistern, in einem Haus, das er ausgesucht hatte, er, und das Du nie gemocht hast ...
Dir gefiel dieses Haus nicht. Es war zu neu, zu leer.
Ich habe jetzt die Antwort.
Die Quelle des Bruchs, dieses tödlichen Irrtums.
Der Beginn des Weges in die Katastrophe.
Und in diesem Haus gingst Du unter ...
Da ist es nun, zerbrochen in tausend Stücke, dieses falsche Bild, das ich mir, seit ich neun Jahre alt war, von einer glücklichen, starken und fröhlichen Mutter machte. Das idyllische Traumbild einer Mutter, die meiner Vorstellung nach einfach glücklich sein mußte.
Man hat mir nicht wirklich die Augen geöffnet.
Man hat mir nur das bestätigt, was ich schon selbst begonnen hatte, zu vermuten, oder, genauer gesagt, was ich schließlich bereit war, zu sehen, wenn ich auf den Fotos meines Vaters Deine Augen betrachtete. Deine Augen, die genauso aussehen wie meine, wenn ich sie nicht verstecke. Nirgend sonst, außer in mir selbst, konnte ich Dich finden ...
Verzeih mir. Du bist wirklich meine Mutter.

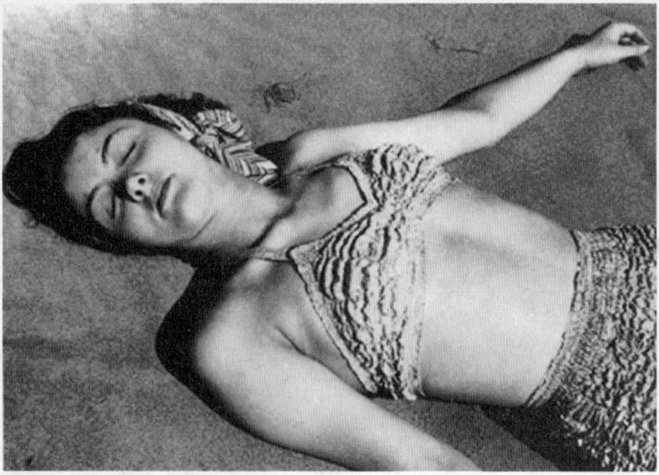

Nachdem ich Dich jetzt endlich erkannt habe, wird es mir gelingen, Dich so zu lieben, wie Du warst, jetzt, fünfunddreißig Jahre nach deinem Tod?

Und da ich jetzt nun einmal weiß, daß es Dir unmöglich war, glücklich zu sein, daß auch in Dir ein kleines Mädchen steckte, dem es nicht gelungen war, erwachsen zu werden, daß Du hinter Deinem zitternden und betrübten Lächeln unsicher, schweigsam und depressiv warst, wie man heute zu sagen pflegt, daß Du an dieser tödlichen Melancholie littest, die sich durch nichts aufhalten läßt, weder durch die Kinder, noch durch den Lebensgefährten … jetzt, wo ich all das weiß, kann ich nicht umhin zu denken, daß Du es vielleicht warst, ja, daß sicher Du es warst, die die Gefahr auf die leichte Schulter nahm, die den Klempner nicht noch einmal bestellte, die ihn, ohne ihm Bescheid zu sagen, Tag für Tag an unserem Haus vorbeigehen ließ, diesem Haus, in dem Du Dich langweiltest, ja, nach Deinen eigenen Worten, »zu Tode« langweiltest … Ich kann nicht umhin zu vermuten, ja, ich bin sicher, daß Du es

warst, die der Katastrophe, dieser Erleichterung, dieser Lösung, Tür und Tor geöffnet hat. Wie alle melancholischen Menschen – und wie auch ich – konntest du Kälte nicht ertragen. Deshalb warst sicher Du es, die an jenem Morgen darauf bestand, das Fenster im Badezimmer zu schließen. Irgendwo, tief in meinem Inneren, habe ich das wohl immer gewußt, und das wird auch der Grund sein, warum ich vor Dir geflohen bin.
Jetzt weiß ich es ganz sicher. Jetzt, wo alles zu spät ist, weiß ich es. Ihm war nie kalt. Der beste Beweis dafür sind die Fotos von all den winterlichen Sonnenaufgängen, denen er auf seinen Streifzügen mit Begeisterung nachjagte.
Und jetzt, wo ich das alles weiß, kann ich die Augen nicht mehr vor dem verschließen, was geschehen ist: Du hast gesehen, wie er hinfiel, und hast Dich zur Tür geschleppt, zu dieser Tür, durch die Luft und Leben hereinströmen konnten. Aber dieses Leben, das weitergehen würde, lastete so schwer auf Dir, daß Du Dich, als Du fast schon dabei warst, die Tür zu öffnen, erschöpft entschieden hast, diese Anstrengung nicht auf Dich zu nehmen, Deine Hand wieder fallen zu lassen, zu resignieren und zu schlafen, zu schlafen …
Das alles weiß ich jetzt.
Ich muß akzeptieren, daß ich es weiß; Du hattest Dich so eng an diese Tür geschmiegt, daß ich mit all meiner Kraft gegen sie drücken mußte, um Dein Bein auf den Kacheln des Fußbodens so weit wegzuschieben, daß ich sie endlich öffnen konnte.
Es war ein Unfall. Natürlich war es ein Unfall …
Ich werde nicht so weit gehen zu sagen, daß Du es vorher schon einmal geprobt hattest, wie ich damals als Dreizehnjährige, bevor ich mich schließlich tatsächlich vor ein Auto fallen ließ. Nein.
Aber alles war bereit, in Deinem Kopf, genauso wie in diesem Haus. Alles hatte sich so gefügt, daß der Unfall schier unausweichlich wurde.
Und es geschah tatsächlich.
Und Du hast es geschehen lassen.

Und ich auch, ich habe es geschehen lassen …
Oh! Meine Mutter, meine arme, ängstliche, erschöpfte Mutter, meine kleine Schwester, die mit mir die gleiche Angst teilt. Meine Komplizin?
Wenn Du in mir gegenwärtig bist, wenn wirklich Du es bist, die ich in gewissen Stunden tief in mir erkenne, in gewissen Minuten, in denen ich diese tödliche Gleichgültigkeit und die Versuchung empfinde, aus dem Leben hinauszugleiten, und wenn Du mich wirklich geliebt hast, bevor Du es aufgegeben, Dich aufgegeben hast, dann bitte, mache Dich leicht in mir. Mache es mir nicht noch schwerer. Mache mich stärker, mache mich mutiger, als Du es gewesen bist.
Laste nicht zu sehr auf mir.
Wenn ich eines Tages unglücklicherweise Deinen Weg gehen sollte, wenn auch mir die Versuchung gegenübertreten sollte, es geschehen zu lassen, aufzugeben, und wenn ich dann einen Augenblick, eine Sekunde lang die Wahl haben sollte und sich mir die Möglichkeit bietet, eine Tür zu öffnen, um mich zu retten, irgend etwas zu tun, um mich ans Leben zu klammern, dann bitte hilf mir, und laß meine Hand nicht kraftlos herunterfallen.
Das bist Du mir wohl schuldig.

Ich habe einen sehr teuren und alten Freund – sagen wir einmal einen Freund, den ich schon sehr, sehr lange kenne, denn ich kann mir vorstellen, was er für ein Gesicht machen würde, wenn er sich in diesen Zeilen wiedererkennt, wo ich ihn als »sehr alten Freund« bezeichne … Auch er wurde zum Waisenkind, jedoch nicht durch ein kleines privates Unglück, sondern durch eine internationale Katastrophe, nämlich die des letzten Weltkrieges und der Schrecken des Nationalsozialismus. Er verfolgt sehr väterlich – und schon seit langer Zeit, denn er hat mir viele Jahre der Erfahrung mit diesem Zustand als Waisenkind voraus – die Entwicklung meines Schmerzes.

Wir sehen uns selten, verlieren uns aber nie ganz aus den Augen. Egal, ob er in meiner Nähe ist, egal, ob Monate oder Jahre vergehen, er ist da. Die Hand des Freundes und sein offenes Ohr sind mir immer sicher. Selbst wenn er weit weg ist, selbst wenn wir nicht miteinander sprechen: Er ist immer da.

Und von Zeit zu Zeit, wie durch Zufall – aber es gibt keinen Zufall in einer Freundschaft wie dieser –, gerade dann, wenn es nötig ist, gerade dann, wenn ich ihn brauche, dann läßt er mir eine kleine Nachricht zukommen: »Wie steht's?«

Vor mehr als zwanzig Jahren (o ja … wir sind schon sehr lange befreundet!) sagte ich ihm einmal lachend, daß er, der Jude, und ich, die Normannin, doch etwas gemeinsam hatten: Sowohl seine als auch meine Eltern waren durch Gas gestorben …

Ich fand damals meinen Scherz sehr gelungen, und mein Freund hatte auch ein höfliches, kurzes Lachen hören lassen, das jedoch fast einem Schluchzen glich.
Das Ganze spielte sich damals ab, als ich mich noch mit aller Kraft dagegen wehrte zu leiden, und mich zu diesem Zweck einer aggressiven und bitteren Ironie bediente. Damals war mir noch nicht klargeworden, daß Humor zwar etwas Kostbares ist, daß man aber auch wissen muß, wann man auf ihn zu verzichten hat, soll er nicht zu einer fragwürdigen Manie werden.
Langsam, aber sicher kam ich immer mehr von diesem schwarzen Humor ab, wenn ich von IHREM Tod sprach, obwohl ich heutzutage manchmal noch Anflüge dieses Humors bekomme, die mich an meine Jugend erinnern.
Ungefähr zehn Jahre später gab ich mich meiner Leidenschaft für die Fotografie hin – einer Passion, die ich eigentlich für ganz unschuldig hielt. Ich verbrachte damals viele Stunden damit, in meinem zur Dunkelkammer umfunktionierten Badezimmer meine Schwarzweißfotos zu entwickeln. Eines Tages brachte er mir ein ganz besonderes, sorgfältig eingepacktes Negativ mit.
Ein einziges, für ihn unendlich kostbares Negativ …
Jemand aus seiner Familie hatte gerade diese einzige Aufnahme seiner im Konzentrationslager umgekommenen Eltern gefunden.
Wir haben dann dieses kleine Stück Film, auf dem noch nichts wirklich zu erkennen war, vorsichtig aus seinem Umschlag herausgenommen, und im Halbdunkel der roten Lampe beugten wir uns über die Schale mit Entwickler und schauten auf das Stück Papier, das schon belichtet, aber noch weiß in der Flüssigkeit schwamm, und wir warteten schweigend auf den Moment, wo langsam die beiden Gesichter zum Vorschein kommen würden …
Als junges Mädchen war ich bei einer Familienfeier anwesend, bei der man beschlossen hatte, ein paar alte Filme anzuschauen, die mein Großvater gedreht hatte. Diese stummen Bilder zeigten meine Eltern, als sie noch jung waren, wie sie sich lachend über die

Leinwand bewegten. Ich wußte damals nicht, daß ich sie sehen würde.
Wenn ich einen Schock empfinde, dann äußert sich das bei mir so, als würde das Blut in meinen Adern gefrieren. Es ist ein ähnliches Gefühl, wie man es bei einer Narkose empfindet, ganz kurz bevor man das Bewußtsein verliert. Aber man verliert das Bewußtsein nicht. Man bewahrt Haltung, man spricht, man bewegt sich »normal«, und man versteckt seine Gefühle. Aber es dauert Monate, bis man sich davon erholt hat.
Ich sah meinen Freund an, als er das entwickelte Foto in seinen Händen hielt. Weinend betrachtete er die Gesichter seiner Eltern, diese Gesichter, die ihm nicht etwa wiedergeschenkt, sondern vielmehr auf grausame Art und Weise unerreichbar geworden waren: festgehalten, und doch für immer verloren.
Damals waren die Negative meines Vaters noch in der Schublade der Mumien-Kommode. Ich hatte noch nichts herausgeholt, noch nichts durchstöbert. Die Zeit war dafür noch nicht reif.
Ich sah, wie er weinte, aber ich hatte damals noch keine Tränen.
Er war damals soweit, wie ich es jetzt bin.

Und die Jahre, das Leben, gingen weiter. Wir waren getrennt, aber die Freundschaft blieb. Einmal pro Jahr traf man sich zum Essen, wir hörten voneinander: »Wie geht's?« – »Ach, es geht …«
Letzten Sommer verbrachte ich eine Zeitlang ganz allein, um dieses Buch zu beenden. Ich versuchte, mich an seinen Sinn heranzutasten, an sein Ziel. Nach einigen Tagen lähmender Ohnmacht spürte ich plötzlich das Bedürfnis, ihn anzurufen.
Ich stand gerade von meinem Stuhl auf, um zum Telefon zu gehen, als es klingelte. Er war am Apparat.
Seit mehr als sechs Monaten hatten wir nicht mehr miteinander gesprochen. Oh! Wie unvergeßlich sind doch solche Augenblicke. Sie gleichen einem Frühlingsregen, einer kühlen Morgendämmerung, einem Lichtstrahl, der unsere innere Einsamkeit erhellt.

Er sprach darüber, wie es ihm ging, und wie weit er war in dieser langen Auseinandersetzung mit den Toten.
Und dann sagte er ein bekanntes Wort, ein einfaches Wort, dessen Sinn er zwar nicht erst jetzt entdeckt, aber den er zum ersten Mal wirklich empfunden hatte: trauern. Trauern …
Ich hörte dieses Wort. Auch für mich war es natürlich nicht neu, aber ich war noch weit davon – oh, so weit davon entfernt, es wie er zu empfinden. Aber es war mir, als hörte ich es zum ersten Mal. Er hatte genau das gesagt, was für mich wichtig war, und zwar genau in dem Moment, in dem ich es brauchte.
Und dann fügte er hinzu, daß er, fünfzig Jahre nach ihrem Tod – und zwar erst seit kurzem, vielleicht seit fünf oder sechs Monaten –, endlich von seinen Eltern sprechen konnte, ohne in Tränen auszubrechen.
Als ich wieder allein war, eingehüllt in das Schweigen, das bis zu unserem nächsten Wiedersehen dauern würde, dachte ich über seine Worte nach.
Trauern.
Annehmen …
Und dann dachte ich an seine letzten Worte, die mich gleichermaßen erleuchtet und niedergeschmettert hatten:
»Fünfzig Jahre hat es gedauert, bevor ich von ihnen sprechen konnte, ohne zu weinen …«
Ja, und? Hieß das, daß mir noch zwanzig Jahre bevorstanden?

Trauern.
Ich weiß nicht, was das bedeutet. Noch nicht.
Werde ich es jemals wissen?
Ich weiß, daß es nicht darum geht, die Toten zu verleugnen, ja, noch nicht einmal darum, sie nicht mehr zu vermissen, sondern vielmehr darum, sich anders an sie zu erinnern und dem Schmerz, den man empfindet, den Schrecken zu nehmen.
Frieden zu schließen mit dem Tod.

Im Moment führe ich einen wütenden Kampf gegen mein Leid, und gleichzeitig ist mir dieses Leid unendlich wichtig. Bei dem Gedanken, zu trauern, spüre ich eine Auflehnung in mir, die mich paradoxerweise dazu drängt, dieses Leid zu hegen, zu pflegen, ganz so wie eine kostbare Perle, die man trägt, die man mit dem Körper warm hält, aus Angst davor, daß sie ihren Glanz verlieren und sterben könnte.

Ist mein Bedauern nicht seit so langer Zeit die Ergänzung meines Lebenswillens? Schmerz und Kraft sind Zwillinge und nähren sich gegenseitig – würde ich nicht das eine verlieren, wenn ich das andere abstumpfen ließe? Was wird geschehen, wenn mein Bedauern, mein Schmerz gereift und ruhig geworden sind, wenn das Leben nicht mehr ihr genaues Gegenteil sein wird?

Frieden schließen …

Habe ich einen falschen Weg zu diesem Ziel gewählt? Nachdem ich mich so lange geweigert habe zu leiden, verringert sich mein Widerstand und brechen die Schutzwälle, hinter denen ich mich verschanzt habe, einer nach dem anderen in sich zusammen. Aber je mehr ich mich öffne, um so heftiger spüre ich den hartnäckigen Schmerz, der von IHNEN kommt, fast so, als würde dieser Schmerz in mir zusammengekauert heimlich lauern und nur darauf warten, daß ich ihn erkenne, um dann völlig von mir Besitz zu ergreifen.

Dieser Schmerz ist da. Er wird immer spürbarer, immer gegenwärtiger. Und selbst die Zeit kann da keine Abhilfe schaffen …

Was muß man tun, um ihn zu bezähmen? Oder aus der Welt zu schaffen?

Ich denke an diese untröstlichen alten Leute, die am Ende ihres Lebens ständig über all ihre Kümmernisse nachgrübeln, ganz so, als ob die, die vor ihnen gestorben sind, mehr und mehr von ihnen Besitz ergriffen hätten. Und wenn das Leben ansonsten mit ihnen nicht zu schlimm umgegangen ist, dann zeigt alle Welt nur wenig Geduld mit ihnen: »Aber was ist denn bloß los? Hör auf zu weinen,

heute ist doch Weihnachten ... Wir sind da, und wir haben dich gern. Sieh' mal, wir haben dir einen Schal und Schokolade mitgebracht. Und schau, deine Enkel sind auch da ... Vergiß dein Unglück. Das Leben geht weiter, wein' doch nicht ...«
Aber man kann sagen, was man will. Für manche sind die Toten gegenwärtiger als ihre Enkel.
Ist es das, was mich erwartet, wenn es mir nicht rechtzeitig gelingt, zu trauern?
Ich sollte versuchen, vorher erwachsen zu werden.
Ja, das sollte ich wirklich ....
Aber ich denke so oft an SIE. Auch jetzt noch. Was kann ich nur tun, damit sie endlich zu »normalen Toten« werden? Wie soll ich es nur anstellen, um nicht mehr zu denken, daß dieser Todesfall vor dreißig Jahren – dieser sinnlose Tod, der sich zutrug, als meine Schwester und ich sie noch so sehr brauchten – nicht ein furchtbarer, unerhörter Irrtum war?
Was kann ich tun, um endlich zu akzeptieren, daß so etwas geschehen KONNTE? Wie kann ich einen Tod annehmen, an den sie selbst nicht geglaubt haben? Meine beiden schönen Entschlafenen, haben sie nicht selbst geglaubt, daß sie nur einen Moment lang einschlafen würden, um danach wieder aufzustehen ...?
Ich habe ihnen dieses Buch nicht gewidmet, denn die erste Seite, die ich niedergeschrieben hatte, steckte voller Wut. Ja, hinter all den zivilisierten Worten verbarg sich eine schreckliche Wut darüber, daß sie uns im Stich gelassen hatten.
Und dann habe ich im Zusammenhang mit ihrer Beerdigung noch geschrieben, daß sie »zu wirklichen Toten werden müssen, die man in die Erde bettet und nicht mehr sieht«.
Aber sie nicht mehr zu sehen, reichte nicht aus.
Denn ich habe keinen Moment lang aufgehört, gegen diesen Tod anzukämpfen, stumm nach ihnen zu rufen, sie in mir zu behalten, verewigt in meinem Bedauern.
Jetzt ist es an der Zeit – und allein schon der Gedanke daran zer-

reißt mir das Herz –, daß sie »wirkliche Tote werden, die man nicht mehr RUFT«. Sie sind von mir gegangen, und jetzt muß ich sie wirklich von mir gehen lassen.
Es ist an der Zeit, die Waffen zu strecken, Frieden zu schließen … und erwachsen zu werden.
Aber ich kann nicht, ich will nicht.
Ich möchte meinem Bedauern kein Ende bereiten. Ist es nicht für mich die einzige Erinnerung, die ich an meine lebendigen Eltern habe, der einzig greifbare, physische Beweis, daß sie einmal existiert haben. Sind SIE nicht IN MIR?
Und genau das ist das einzige, woran ich auch glaube.
Das und an meine Angst, meine schreckliche Angst …
Ich bin der Überzeugung, der festen und unerschütterlichen Überzeugung – und diese Überzeugung ist eigentlich der Kern meines Lebens –, daß mein allgegenwärtiges, derart kindliches Bedauern euch, die IHR irgendwo seid, an mich bindet. Es kettet eure vielleicht leidenden Seelen an mich, diese Seelen, die gequält werden von dem Bedauern, eure Kinder im Stich gelassen zu haben. Und mein Bedauern zwingt euch, euch um mich zu kümmern. Wem verdanke ich denn wohl all die Glücksfälle, die mir seit eurem Tod regelmäßig widerfahren sind, wenn nicht euch?
Ich habe mich lange Zeit gefragt, warum ich mich so sehr gewehrt habe, an einen Gott oder an irgendeine Macht zu glauben, die stärker und barmherziger ist als der Mensch.
Wie könnte ich auch an einen Gott glauben, wo ihr doch für mich die einzigen übermenschlichen Wesen seid? Wie sollte ich an einen Gott glauben, der das Leid in der Welt geschehen läßt und der es zu allem Überfluß zugelassen hat, daß ihr mir entrissen wurdet?
Ihr seid meine Götter. Meine einzigen Götter.
Ich glaube nur an euch.
Und da sollte ich aufhören, nach euch zu rufen?
Sollte ich etwa dieses kleine neunjährige Mädchen, das nach euch schreit, in mir heranwachsen lassen?

Ich habe solche Angst …
Ich habe Angst, daß ihr euch von mir entfernt, wenn ich euren Tod betrauere, daß ihr endlich Frieden findet und von mir geht: »Sie ist jetzt groß, sie braucht uns nicht mehr, lassen wir sie allein, und gönnen wir uns endlich unsere ewige Ruhe …« Ich habe Angst, daß ihr mich noch einmal zurücklaßt, alleine in dieser großen Welt ohne euch … Alleine mit meinen Problemen, noch einsamer als an jenem Morgen, als ich neun Jahre alt war und in diesem weißen, stillen Badezimmer stand, wo ihr zu meinen Füßen lagt.
Euch von mir gehen zu lassen …
Innerlich schreie ich auf vor Kälte und Einsamkeit.
Ich will nicht. Ich will euch festhalten.
Ich will nicht erwachsen werden …
Und doch, es muß sein. Ich muß trauern – nicht wahr, mein lieber, alter Freund?
Jetzt aber schnell: Sprich jetzt über dein allgegenwärtiges Bedauern. Schon drängen in die versiegelte Kammer des im Leid erstarrten Kindes mit aller Macht stürmische Gedanken, die alles durcheinanderwirbeln …

Mein treuer Begleiter, mein Bedauern.
Ich möchte nicht, daß es verblaßt – es leistet mir immer Gesellschaft.
Die Leute wundern sich manchmal, daß ich tagelang allein an einem abgeschiedenen Ort bleiben kann, ohne daß mich Angstgefühle oder Langeweile quälen.
Mein Bedauern läßt das nicht zu. Wie könnte ich auch Leere empfinden, wo ich doch so voll von IHNEN bin?
Und dabei wunderte ich mich selbst oft, daß ich nie das Bedürfnis hatte, die Stille um mich mit Musik zu füllen.
Ich brauche keine Musik. Mein Bedauern singt in mir, summt in meinen Ohren, füllt meinen Kopf ganz aus, mit einem sanften,

hypnotisierenden Singsang, der jede andere Musik überflüssig macht.
Wenn man solch ein Bedauern im Herzen trägt, existieren weder Schweigen noch Einsamkeit. Es wiegt mich in den Schlaf, es hält mich warm, es beschäftigt mich. Dieses Bedauern, das ich für euch empfinde, fühlt sich wie etwas Rundes, Warmes an, ganz tief unten in meinem Bauch. Es ist gegenwärtig, für immer bei mir. Ich gehe mit ihm schwanger, wie mit einem Kind. Ja, das Bedauern existiert gleich zweifach in mir: das Bedauern um ihn und um sie. Beide sind sie ineinander verwoben und lebendig in mir. Euer Tod hat euch für immer in mir eingeschlossen.
Ich bin besessen von euch.
Ich liebe euch.

Da wäre ich nun also!
Und wenn ich sehe, wie weit ich bin, welch langer Weg noch vor mir liegt, bevor ich endlich von ihnen sprechen kann, ohne in Tränen auszubrechen, dann scheinen mir zwanzig Jahre eigentlich eine kurze Zeit …

Dieses Buch wurde in der Creuse vollendet, im September 1991

Mein tiefempfundener Dank geht an Georges Fèvre. Mit unendlicher Sorgfalt hat er diese Bilder entwickelt. Er tat es für den, der es selbst nicht mehr tun konnte.

Knaur

Mut zum Leben

(75009)

(2338)

(2438)

(75000)

(75012)

(75007)

Knaur

Mut zum Leben

(813)

(2350)

(2329)

(75002)

(75006)

(75010)